Innovationspolitik in globalisierten Arenen

Klaus Grimmer/Stefan Kuhlmann/
Frieder Meyer-Krahmer (Hrsg.)

Innovationspolitik in globalisierten Arenen

Neue Aufgaben für Forschung
und Lehre:
Forschungs-, Technologie- und
Innovationspolitik im Wandel

Leske + Budrich, Opladen 1999

Gedruckt auf säurefreiem und alterungsbeständigem Papier.

Die Deutsche Bibliothek – CIP-Einheitsaufnahme
Innovationspolitik in globalisierten Arenen : neue Aufgaben für Forschung und Lehre :
Forschungs-, Technologie- und Innovationspolitik im Wandel / Hrsg.: Klaus Grimmer ;
Stefan Kuhlmann ; Frieder Meyer-Krahmer. – Opladen : Leske + Budrich, 1999
ISBN 3-8100-2563-1
NE: Grimmer, Klaus [Hrsg.];

© 1999 Leske + Budrich, Opladen

Das Werk einschließlich aller seiner Teile ist urheberrechtlich geschützt. Jede Verwertung außerhalb der engen Grenzen des Urheberrechtsgesetzes ist ohne Zustimmung des Verlages unzulässig und strafbar. Das gilt insbesondere für Vervielfältigungen, Übersetzungen, Mikroverfilmungen und die Einspeicherung und Verarbeitung in elektronischen Systemen.

Druck: DruckPartner Rübelmann, Hemsbach
Printed in Germany

Vorwort

Die Politik ist gefordert. Sie soll durch Innovationen in Wirtschaft und Technik, im Sozialbereich und im Umweltschutz, im Bildungsbereich, den Medien und auch im Rüstungsbereich die politisch-gesellschaftliche Entwicklung positiv fördern, sie soll Innovationen mit negativen Gesamtwirkungen verhindern. Welches Instrumentarium steht ihr hier zur Verfügung – bei globalen ökonomischen Akteuren einerseits und noch immer überwiegend nationalstaatlichen Strukturen andererseits? Welche Unterstützung bietet die Politikwissenschaft? Stellt sie gesicherte Theorien über das Verhältnis von Politik und Innovation oder zumindest gute Ratschläge zur Verfügung. Letzteres geschieht in sehr unterschiedlicher Form. Gesichertes Wissen, systematisch aufbereitet, gibt es bislang wenig. Innovationspolitik muß erst noch ein – interdisziplinäres – Thema für die Politikwissenschaft werden. Und dies ist notwendig, damit die Politikwissenschaft selbst zukunftsfähig bleibt und einen Beitrag zur Gestaltung der Überlebensbedingungen und Modernisierung der Gesellschaft leisten kann.

Um hierzu einen Anstoß zu geben, veranstaltete der Fachbereich Gesellschaftswissenschaften der Universität Gesamthochschule Kassel in Gemeinschaft mit dem Institut für Systemtechnik und Innovationsforschung (ISI) der Fraunhofer-Gesellschaft in Karlsruhe einen Workshop mit dem Titel „Innovationspolitik in globalisierten Arenen. Neue Aufgaben für Forschung und Lehre: Forschungs-, Technologie- und Innovationspolitik im Wandel".

Die Themenstellung war bewußt breit angelegt, die Ergebnisse des Workshops sollen auch eine Grundlage für die Verankerung der Innovationspolitik in Forschung und Lehre an der Universität Gesamthochschule Kassel bilden. Zu Vortrag und Diskussion wurden renommierte aus- und inländische Wissenschaftlerinnen und Wissenschaftler eingeladen. Um die inhaltliche Ausgestaltung des Workshops hat sich vor allem Stefan Kuhlmann bemüht.

Beiträge des Workshops werden hier für eine breitere Öffentlichkeit – nicht nur die Science Community – publiziert, um Innovationspolitik zu einem festen und politisch relevanten Bestandteil politikwissenschaftlicher Forschung und Lehre zu machen.

Der Workshop wurde von der Universität Gesamthochschule Kassel mit für solche Zwecke verfügbaren Sondermitteln gefördert. Die Gestaltung des Buch-Layout hatten Asta Loidl und Brigitte Weis am ISI übernommen. Dafür bedanken wir uns.

Karlsruhe und Kassel, Mai 1999

Klaus Grimmer
Stefan Kuhlmann
Frieder Meyer-Krahmer

Inhaltsverzeichnis

Seite

EINFÜHRUNG

Stefan Kuhlmann
Politisches System und Innovationssystem
in „postnationalen" Arenen 11

GLOBALISIERUNG UND POLITISCHE HANDLUNGSSPIELRÄUME

Frieder Meyer-Krahmer
Was bedeutet Globalisierung für Aufgaben und
Handlungsspielräume nationaler Innovationspolitiken? 43

Rolf-Dieter Postlep
Anforderungen an eine innovative Politik
der Regionen in globalisierten Arenen 75

Edgar Grande
Innovationspolitik im europäischen Mehrebenensystem:
Zur neuen Architektur des Staatlichen 87

Georg Simonis
Die Gestaltung sozio-technischer Innovationen als Gegenstand
politikwissenschaftlicher Forschung und Lehre 105

INNOVATIONSPOLITIK IN AUSGEWÄHLTEN FELDERN

Andreas Balthasar
„Second generation governance instruments":
Eine erfolgversprechende innovationspolitische Antwort
des Staates auf die Herausforderung globalisierter Arenen 121

Renate Martinsen
Biotechnologiepolitik – Optionen und Grenzen
der politischen Gestaltbarkeit einer Zukunftstechnologie
vor dem Hintergrund eines globalen Innovationswettlaufs   135

Eike Hennig
Globalisierung und Innovation in internationalen Städten
Oder: Wie ließe sich eine Differenz von Frankfurt a.M.
und Los Angeles bestimmen?   163

INNOVATIONSPOLITIK IN DER UNIVERSITÄT

Philip Shapira / Richard Barke
Teaching Science and Technology Policy:
The Case of the Public Policy School at
Georgia Institute of Technology   183

Klaus Grimmer
Neue Anforderungen an die politikwissenschaftliche Lehre
angesichts globalisierter Policy-Arenen   205

Die Autoren   213

Einführung

Stefan Kuhlmann

Politisches System und Innovationssystem in „postnationalen" Arenen

Das Feld der Innovationspolitik ist in besonderem Maße geeignet, die Institutionen, die Funktionsweisen und die Pathologien politischer Systeme moderner Nationalstaaten zu diskutieren.

Wissenschaft, Technologie und darauf gründende Innovationen spielen heute eine tragende Rolle in den Volkswirtschaften der industrialisierten Länder und bilden eine treibende Kraft ihres internationalen Wettbewerbs. Alle diese Länder verfolgen mittlerweile, mehr oder weniger explizit, eine „Innovationspolitik", hier verstanden als Integral wissenschafts-, bildungs-, forschungs-, technologiepolitischer sowie auf industrielle Modernisierung gerichteter staatlicher Initiativen. Innovationspolitik will letztlich die Wettbewerbsfähigkeit einer Volkswirtschaft oder ausgewählter Sektoren stärken, um durch wirtschaftlichen Erfolg die gesellschaftliche Wohlfahrt zu steigern.

Während die Nationalstaaten innovationspolitisch wetteifern, treten seit zwei Jahrzehnten immer häufiger starke industrielle oder finanzkapitalistische Akteure – multinationale Unternehmen, internationale strategische Allianzen nationaler Unternehmen – auf den Plan, die global und „quer" zu den nationalen Innovationssystemen agieren, auch in den Bereichen Forschung, Technologieentwicklung und Innovation. Sie nutzen die komparativen Vorteile der verschiedenen nationalen Infrastrukturen und Politiken, sind aber von den „lokal" gebundenen politischen Systemen kaum beeinflußbar, geschweige denn steuerbar. Dies wirft Fragen nach den verbliebenen Handlungsmöglichkeiten nationaler Politik und nach dem Erfordernis sowie den Chancen transnationaler Innovationspolitiken auf. Für die Politikwissenschaft stellt sich hier die Frage nach dem *Verhältnis von politischem System und Innovationssystem im Kontext „postnationaler" Arenen*.

Die beiden Begriffe „politisches System" und „Innovationssystem" stammen aus unterschiedlichen Kontexten: der eine aus der amerikanischen Politikwissenschaft, der andere aus der Innovationsforschung, die stark von den evolutorischen und neo-institutionalistischen Diskursen der Ökonomie geprägt ist. Die *kombinierte Verwendung der beiden Systembegriffe* geschieht im folgenden in *pragmatischer* Absicht: Sie hilft dabei, wesentliche gesellschaftliche Funktionsbereiche voneinander zu unterscheiden – im vorliegenden Zusammenhang das politische System und das Innovationssystem. Hierbei können auch weitere Subsysteme – so etwa das Forschungssystem, verstanden als funktional differenziertes Geflecht von Forschungseinrichtungen einschließlich ihrer Interaktionen – unterschieden werden. Als System ist also zu verstehen ein Konglomerat funktional miteinander verflochtener Akteure, Institutionen und Prozesse, wobei jeweils gewisse charakteristische Kernfunktionen das Abgrenzungskriterium gegenüber anderen gesellschaftlichen Teilsystemen bilden.

Der pragmatische Vorteil dieses Begriffsverständnisses gegenüber der vor allem in Deutschland in den neunziger Jahren viel diskutierten autopoietischen Variante der soziologischen Systemtheorie (Luhmann 1984) liegt darin, daß diese die Eigenbezüglichkeit gesellschaftlicher Systeme als den Normalfall und dynamische intersystemische Interaktionen als den zu erklärenden Ausnahmefall betrachtet. Ein pragmatisches Verständnis hingegen erlaubt es, die Evolution von Akteuren, Institutionen und Prozessen funktionalen Systemen zuzuordnen und ihre intersystemischen Verflechtungen sowie ihre systemüberschreitende Dynamik zu untersuchen.

1. Politik und Innovation in verflochtenen Systemen

Die Erscheinungsformen, Akteure, Orte, Instrumente und Wirkungsweisen der Innovationspolitik bilden ein lohnendes Objekt politikwissenschaftlicher Analyse – diese Feststellung durchzieht alle Beiträge dieses Buches: Gezielte Forschung und Lehre zum Schwerpunkt Innovationspolitik sind sinnvoll wegen der Bedeutung des Politikfeldes selbst, aber auch, weil es als Testfall der Leistungsfähigkeit politischer Systeme in globalisierten Arenen insgesamt gelten kann. Eine ganze Reihe von Autoren hat in den vergangenen Jahren gerade dieses Politikfeld als Beispiel für die empirische Beschreibung und die Analyse neuartiger Formen staatlicher Politik verwendet (z.B. Grimmer et al. 1992; Willke 1992, 174; Grande 1993; Görlitz 1995, 149ff; Braun 1997). Von dieser Überlegung wird auch der vorliegende Beitrag geleitet.

Das „*Innovationssystem*"[1] einer Gesellschaft umfaßt nach international akzeptiertem Verständnis die „Kulturlandschaft" all jener Institutionen, die

---

1 Diesem Begriff liegt das *Innovationsverständnis* der ökonomischen Innovationsforschung zugrunde. Bereits J. *Schumpeter* unterschied folgende Typen von Innovation (Schumpeter 1934): (1) die Einführung eines neuen *Produkts*, (2) die Einführung einer neuen *Produktionsmethode*, (2) das Öffnen eines neuen *Marktes*, (4) die Akquisition neuer *Angebotsmärkte* von Rohstoffen oder unfertiger Erzeugnisse, (5) die *Reorganisation* einer Industrie. Das „*Oslo-Manual*" der OECD unterscheidet heute in bezug auf technologische Innovationen zwischen *Produkt- und Prozeßinnovationen*. Als Produktinnovation wird die Kommerzialisierung (Vermarktung) eines technisch veränderten Produkts bezeichnet. Eine Prozeßinnovation liegt dann vor, wenn eine bedeutende Änderung in der Produktionstechnik für ein bestimmtes Teil vorgenommen wird. Dies kann neue Anlagen, Management-

wissenschaftlich forschen, Wissen akkumulieren und vermitteln, die Arbeitskräfte ausbilden, die Technologie entwickeln, die innovative Produkte und Verfahren hervorbringen sowie verbreiten; hierzu gehören auch einschlägige regulative Regimes (Standards, Normen, Recht) sowie die staatlichen Investitionen in entsprechende Infrastrukturen.

Das Innovationssystem erstreckt sich also über Schulen, Universitäten, Forschungsinstitute (Bildungs- und Wissenschaftssystem), industrielle Unternehmen (Wirtschaftssystem), die in diesem Felde tätigen politisch-administrativen und intermediären Instanzen (politisches System) sowie die formellen und informellen Netzwerke der Akteure dieser Institutionen. Als „hybrides System" repräsentiert es einen Ausschnitt der Gesellschaft – wie in *Abbildung 1* schematisch dargestellt –, der weit in andere Bereiche hineinstrahlt, etwa über das Bildungswesen, oder über unternehmerische Innovationstätigkeit sowie deren sozio-ökonomischen Effekte: Das Innovationssystem prägt die Modernisierungsprozesse einer Gesellschaft entscheidend.

Kein Innovationssystem gleicht dem anderen, ebenso wenig wie eine Gesellschaft der anderen. Leistungsfähige Innovationssysteme entfalten ihre besonderen Profile und Stärken nur langsam, im Laufe von Jahrzehnten oder sogar Jahrhunderten. Sie beruhen auf stabilen Austauschbeziehungen zwischen den Institutionen der Wissenschaft und Technik, der Industrie sowie des politischen Systems. Sie ermöglichen die Ausprägung eines für das jeweilige System charakteristischen Spektrums von verschiedenartigen, unverwechselbaren Rollendefinitionen der hier tätigen Akteure, bringen eigene Verhandlungsarenen hervor, und fördern verläßliche gegenseitige Verhaltenserwartungen. Sie bilden schließlich besondere intermediäre Instanzen (in Deutschland etwa die Bund-Länder-Konferenz für Bildungsplanung und Forschungsförderung, den Wissenschaftsrat, die „Präsidentenrunde" der großen Forschungseinrichtungen[2]), welche die Transaktionen der Akteure im Innovationsgeschehen vereinfachen und verstetigen.

---

oder Organisationsmethoden beinhalten (OECD 1992, 10). Dieser Innovationsbegriff unterscheidet sich übrigens nur in seinem Gegenstand, nicht aber in der Betrachtungsweise von der Definition, die etwa Frank R. Pfetsch für Innovationen des politischen Systems selber verwendet (Pfetsch 1995, 126ff). Er enthält allerdings kein normatives Moment, das man ihm jedoch bewußt beifügen kann, wie dies etwa Georg Simonis (im vorliegenden Band) im Bereich sozialverträglicher Technikgestaltung tut. Das Vorkommen, der Umfang, die Richtung und die Qualität von Innovationen in diesem, meinem Sinne sind, das zeigen unsere Arbeiten, nicht keinesfalls zufallsbestimmt. Das Innovationsgeschehen vollzieht sich als Problemverarbeitungsprozeß innerhalb bestimmter historischer *technologischer Paradigmen (vgl. Dosi et al. 1988; siehe auch Schwitalla 1993, 266ff; Grupp 1997*, 8 1 ff). In diesem Kontext – so lautet heute eine verbreitete Grundauffassung der internationalen Innovationsforschung – bilden die Innovationsakteure, vor allem Wirtschaftsunternehmen und Forschungseinrichtungen, auf regionaler, nationaler oder sektoraler Ebene *Innovationssysteme* aus (vgl. Lundvall 1992, 2ff).

2   Alle drei Institutionen sind „intermediär" – obwohl sie „korporatistisch" gemeinsame Interessen vertreten –, da ihre jeweiligen Mitglieder zugleich durchaus unterschiedliche

Abbildung 1: Innovationssystem als hybrides System

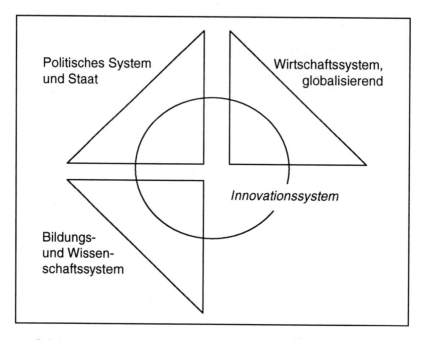

Solche hybriden Infrastrukturen und Netzwerke entstehen offensichtlich nicht spontan und ungesteuert: In den vergangenen 150 Jahren wurde dieser Bereich der Gesellschaft auch durch *nationalstaatliche* (sowie, vor allem in Deutschland, regionale) *politische Interventionen* gestaltet. Die nationalen *politischen Systeme*, selber zunehmend ausdifferenziert, entfalteten innovationspolitische Aktivitäten, indem sie als Katalysator, Förderer und Regulator der vielerorts entstehenden Innovationsinstanzen wirkten: Der Aufbau und die wachsende wirtschaftliche Bedeutung etwa der Ingenieurschulen und technischen Hochschulen in Frankreich, Deutschland oder den USA dokumentieren dieses anschaulich. Die Innovationssysteme der Industrieländer haben sich im Laufe des 20. Jahrhunderts *ko-evolutionär mit ihren nationalen politischen Systemen* entfaltet, jeweils ein länderspezifisches Gepräge angenommen, stabilisiert und verfestigt. Wegen dieser engen Verflechtung mit den politischen Systemen hat man zu Recht von „nationalen Innovationssystemen" gesprochen; wo regionale innovationspolitische Institutionen relativ weitrei-

---

Elemente des Innovationssystems repräsentieren (Bund vs. Länder; Grundlagen- vs. angewandte Forschung; ...).

chende Autonomie besitzen – wie im föderalen Deutschland –, lassen sich auch Ansätze regionaler Innovationssysteme ausmachen (z.B. Howells 1999) (Baden-Württemberg hier wird häufig als Beispiel genannt).

Die fortschreitende Internationalisierung der Märkte sowie deren Umwälzungen infolge neuer technologischer Regimes zwangen nationale und regionale Innovationssysteme immer wieder zu Anpassungsreaktionen – so etwa als die Industriestaaten nach dem zweiten Weltkrieg und verstärkt seit den sechziger und siebziger Jahren mit dem Siegeszug der „Hochtechnologien" ein breites Spektrum technologiepolitischer Interventionen entwickelten und einen „technology race" in Gang setzten (Roobeek 1990). Das Spektrum entsprechender Instrumente der Forschungs- und Technologiepolitik ist mittlerweile weit ausdifferenziert (siehe *Abbildung 2*): Es reicht von der institutionellen Förderung von Forschungseinrichtungen über verschiedene Formen finanzieller Anreize zur Durchführung von Forschung und experimenteller Entwicklung in öffentlichen oder industriellen Forschungslaboratorien bis zur Gestaltung einer „innovationsorientierten" Infrastruktur einschließlich der Institutionen und Mechanismen des Technologietransfers. In Deutschland beherrschten diese Instrumente die Praxis der Forschungs- und Technologiepolitik in den vergangenen drei Jahrzehnten. Als weitere Instrumente sind auch Steuerungsversuche der öffentlichen Nachfrage, Maßnahmen der Aus- und Fortbildung und die regulativen Möglichkeiten der Ordnungspolitik zu nennen.

Seit den achtziger Jahren nahm man die Anpassungsfähigkeit der Innovationssysteme immer deutlicher als kritischen Faktor der internationalen Wettbewerbsfähigkeit der beteiligten ökonomischen Akteure wahr (z.B. Porter 1990). Im Übergang zum 21. Jahrhundert erleben die nationalen (und regionalen) Innovationssysteme umwälzende Erschütterungen: Der wachsende Sog „globalisierender" Wirtschaftsbeziehungen wirft eingeschliffene regionale oder nationale Arbeitsteilungen zwischen Industrieunternehmen, Ausbildungs- und Forschungsinstitutionen sowie Verwaltung und Politik durcheinander und entwertet viele ihrer traditionellen Stärken. Zu einer Gleichschaltung der nationalen Innovationssysteme, die letztlich ihre Aufhebung zur Folge hätte, führte Globalisierung bisher jedoch nicht. Die verschiedenen Innovationskulturen reagieren vielmehr sehr unterschiedlich, was sie teils in Krisen führt, teils stabilisiert, teils auch ungeahnte, neuartige Chancen im veränderten globalen Kontext freilegt.

Die beobachtbaren Anpassungs- und Integrationsleistungen der Innovationssysteme können die originären Innovationsakteure in Industrie und Wissenschaft nicht allein aus eigener Kraft erbringen. Vieles deutet darauf hin, daß auch künftig die vermittelnden, ordnenden und umverteilenden *Kapazitäten politischer Systeme* und der Institutionen „staatlicher" Politik unverzichtbar bleiben:

Abbildung 2: Instrumente staatlicher Forschungs- und Technologiepolitik (nach: Meyer-Krahmer/ Kuntze 1992)

Instrumente im engeren Verständnis	Instrumente im weiteren Verständnis
1. Institutionelle Förderung • Großforschungseinrichtungen • Max-Planck-Gesellschaft • Fraunhofer-Gesellschaft • Hochschulen • Andere Einrichtungen	4. Aus- und Fortbildung • Schulen, Hochschulen, Unternehmen
	5. „Diskursive" Maßnahmen • Evaluation von Innovationspolitik • Technikfolgenabschätzung
2. Finanzielle Forschungs- und Innovationsanreize	• Langfristvisionen • *Awareness*-Maßnahmen
• Forschungsprogramme und Verbundprojekte • Innovationsprogramme (Indirekte Förderung) • Risikokapital	6. Öffentliche Nachfrage
3. Sonstige Infrastruktur u. Technologietransfer • Information und Beratung für KMU • „Demonstrationszentren" • „Technologiezentren" • Kooperation, Netzwerke	7. Benachbarte Politikfelder • Industrie- und Wettbewerbspolitik • Regulative Politik, z.B. Beeinflussung der privaten Nachfrage • Sozialpolitik

- Staatliche Politik – so fordern Unternehmen, aber auch Arbeitnehmervertreter – soll den wirtschaftlichen Akteuren *„lokale" Rahmenbedingungen* bereitstellen, die vor Ort und weltweit wettbewerbsfähiges Wirtschaften erleichtern. Sie soll die Innovationsfaktoren Bildung und Forschung unterstützen, soll innovationsfreundliche regulative Rahmenbedingungen schaffen und soll hinreichende sozialpolitische Leistungen zur Sicherung des sozialen Friedens in der Gesellschaft erbringen.
- Dabei konkurrieren in globalem Maßstab viele „lokale" politische Systeme miteinander, was die Chancen politischer Beeinflussung oder gar *Steuerung internationaler industrieller Forschungs- und Technologieverbünde und multinationaler Unternehmen* erschwert. Hier tut sich ein „governance gap" oberhalb nationaler oder regionaler politischer Systeme auf, welches deren staatliche Politik allein nicht überwinden kann.
- Zusehends entstehen deshalb neben den klassischen, nationalen auch *transnationale quasi-staatliche Governance-Mechanismen*, etwa im Rahmen der Europäischen Union, die der Politik möglicherweise neue Chan-

cen bieten, die von den Akteuren aber noch erkannt, institutionell verarbeitet und mit klassischen nationalen Staatsfunktionen in Einklang gebracht werden müssen[3].

Das Funktionenspektrum politischer Systeme spreizt sich also, und es birgt neuartige innere Widersprüche. Die verbliebene Reichweite, die Selbstblokkaden sowie die mögliche Gestaltungskraft „spätmoderner", immer noch vorwiegend nationaler politischer Systeme und ihrer Interventionen lassen sich geradezu paradigmatisch an ihrem Vermögen oder ihrer Unfähigkeit zeigen, Innovationssysteme vor selbstbezüglicher Erstarrung zu bewahren, sie zu öffnen und zu beleben[4].

2. Funktionen des politischen Systems im Wandel

Wozu taugt der *Begriff „politisches System"* im skizzierten Zusammenhang? Er wurde bekanntlich im Kontext funktionalistischer sozialwissenschaftlicher Analysen im Anschluß an Talcott Parson's Theoriebildung geprägt und insbesondere von David Easton (1953) in die Politikwissenschaft eingeführt. Eastons Verständnis im Rahmen vergleichender Policyanalyse weiterentwikkelnd definierte Gabriel Almond das politische System als jenes in allen unabhängigen Gesellschaften vorkommende Interaktionssystem, das die Funktionen der Integration und Adaptation (intern und gegenüber anderen Gesellschaften) durch die Anwendung (oder Androhung) von mehr oder weniger physischer Gewalt erfüllt. Das politische System ist danach das legitime, die Ordnung gewährleistende oder transformierende System in der Gesellschaft (Almond 1960, 7).

Im Verlauf der siebziger Jahre entwickelte sich der Term „politisches System" zu einem allgemein anerkannten Basisbegriff der Politikwissenschaft (z.B. Grimmer 1993), ja sogar der Alltagssprache, wobei der spezifische systemtheoretische Bezug zeitweise verblaßte. Zu den wichtigsten Elementen des politischen Systems in diesem Sinne, das sich nicht trennscharf von seiner

---

[3] Der Ruf nach leistungsfähigen *transnationalen politischen Steuerungsmechanismen* im Angesicht globalisierender Ökonomie wird lauter. Reinicke (1998, 228) stellt fest: „The current state of global governance, however, at best resembles a loose set of cross-national policy patchworks conspicious for its missing links and unnecessary overlaps".

[4] Trotz fortschreitender globaler wirtschaftlicher Integration seien es weiterhin die Nationalstaaten, ihre Gesellschaften und die immer noch national verwurzelten „multinationalen" Unternehmen, die miteinander um Wettbewerbsvorteile ringen, so argumentiert beispielsweise Pauly 1999; hier spiegele sich „the continued power of at least some national authorities to steer the process of industrial development and innovation, no perhaps in an oldstyle dirigiste manner, but certainly in more subtle ways". Ähnlich argumentieren Pavitt/Patel 1999.

Umwelt abgrenzen läßt[5] und dessen Beschreibung – in Deutschland – in der Regel auf das „Regierungssystem" konzentriert wird (z.B. Ellwein/ Hesse 1987), gehören die Verfassungsmäßigkeit politischer Herrschaft, d.h. die Grundrechte garantierende, demokratische, parlamentarische, gewaltenteilige, rechtsstaatliche Institutionalisierung des Nationalstaates und daraus abgeleiteter Instanzen, weiterhin ein umfassender, bis ins späte 20. Jahrhundert wachsender Katalog staatlicher Gewährleistungsaufgaben gegenüber Gesellschaft und Wirtschaft (z.B. Offe 1990), mehr oder weniger institutionalisierte Formen der Rückbindung staatlichen Handelns an (meist korporatistische) sozio-ökonomische Interessensorganisationen oder auch „neue soziale Bewegungen", sowie schließlich eine politische Öffentlichkeit und Kultur, welche die politische Meinungs- und Willensbildung prägt, und deren Institutionen zusehends mediatisiert arbeiten.

Analysen des politischen Systems in diesem generalisierten Sinne nahmen seit den achtziger Jahren – als das Vertrauen in die Steuerungsfähigkeit des politischen Systems zusehends schwand – die Interessenlagen der (korporatistischen) Akteure und Interessengruppen sowie die Logiken ihrer Interessensdurchsetzung und gegenseitigen Blockaden in den Blick (z.B. Lehmbruch/ Schmitter 1982). Außerdem zeigte sich, daß Akteurskalküle im politischen System nicht allein ökonomischen „rational choice"-Kriterien folgen, sondern auch den evolutionär gewachsenen Wertmustern gesellschaftlicher, ökonomischer und politischer Institutionen folgen (z.B. Powell/ diMaggio 1991; Göhler 1994[6]). Man trachtete deshalb danach, die System-, die Akteurs- und die Institutionenperspektiven zu integrieren, um einen leistungsfähigen Ansatz für die Analyse moderner politischer Systeme zu gewinnen („akteurzentrierter Institutionalismus", vgl. Mayntz/ Scharpf 1995). Auch der von Luhmann autopoietisch gewendete systemtheoretische Begriff des politischen Systems wurde mit Blick auf die Interaktionsfähigkeit dieses Teils der Gesellschaft mit seiner Umwelt akteursorientiert geöffnet (z.B. Willke 1992; Münch 1996).

Den Fokus solcher Analysen des politischen Systems bildete allerdings bis in die jüngste Zeit – jedenfalls in Deutschland – überwiegend der territorial definierte Nationalstaat sowie das Spektrum seiner Institutionen (z.B. Voigt 1998). Daß es seit nahezu einem Vierteljahrhundert einen deutlichen Trend zur transnationalen Verschränkung und Aggregation von Funktionen politischer Systeme auf der Ebene der Europäischen Union, ja sogar Ansätze zu einem überwölbenden europäischen politischen System gibt, wurde erst

---

5   „Entsprechende Entwürfe verschleiern eher die Wirklichkeit, also die vielen Einflußbahnen, die Umsetzung wirtschaftlicher in politische Macht, die Berücksichtigung von Gruppeninteressen, die sich außerhalb der legalen, kritischer Öffentlichkeit einsichtigen Wege der Willensbildung Geltung verschaffen" (Ellwein/Hesse 1987, 3).

6   Eine Perspektive, die allerdings bereits die frühe funktionalistische Analyse mit der Kategorie der „political socialisation" zu erfassen suchte; vgl. Almond 1960, 26-33.

relativ spät zu einer akzeptierten Perspektive in der Politikwissenschaft (z.B. Kohler-Koch 1992 und 1996). Unter den Bedingungen der Globalisierung der kapitalistischen Reproduktionsmechanismen sowie wachsender globaler Interdependenz und Konkurrenz staatlicher Gestaltungsversuche sozio-ökonomischen Handelns verliert die Kategorie „politisches System" ihren Nutzen in der politischen Analyse nicht – im Gegenteil: Sie zeigt ihre Leistungsfähigkeit nicht allein beim klassischen politischen Systemvergleich (z.b. Almond/ Coleman 1960). Die (pragmatische) *Systemperspektive* wird künftig ein unverzichtbares Hilfsmittel für die Untersuchung und Beschreibung des wachsenden internationalen Wettbewerbs der sozio-ökonomischen Leistungsfähigkeit konkurrierender politischer (insbesondere politisch-administrativer) Systeme, verstanden als „Standortfaktoren", bilden. Eine systemische Betrachtungsweise kann die Relevanz, den Funktionswandel, die Integrations- und Adaptationspotentiale staatlicher und anderer politischer Institutionen sowie die Handlungsstrategien ihrer Akteure verständlich machen. Dies gilt um so mehr, als zusehends auch transnationale Komplementarität und gegenseitige Abhängigkeiten der Leistungen politischer verschiedener Systeme, also ihre „lokalen" und „überlokalen" Funktionen gleichzeitig in den Blick treten, so etwa

- bei der Herstellung günstiger „lokaler" Bedingungen für Wohlstand und sozialen Frieden als Konsumvoraussetzungen auch in Exportmärkten, also im Einflußgebiet anderer politischer Systeme,
- bei der Sicherung von Absatzmärkten durch regulative Garantien des Marktzugangs auch für ausländische Unternehmen,
- bei der Bewältigung und Vermeidung globaler Effekte lokal verursachter Störungen des terrestrischen Öko-Haushalts,

oder eben bei der Gestaltung von regionalen, nationalen oder sektoralen Innovationssystemen, die nicht nur im Wettbewerb sondern auch komplementär zueinander wirken, deren besonderes Profil daher von Interesse für viele internationale Akteure ist.

3. Funktionen des Innovationssystems im Wandel

Nationale Innovationssysteme wurden von den Sozialwissenschaften „entdeckt" (zunächst von den Ökonomen[7]), als man – mit zunehmender Bedeu-

---

7 Wegweisend waren Freeman 1987; Lundvall 1992; Nelson 1993; Edquist 1997. Sie alle thematisieren, wenigstens am Rande, auch die Schnittstelle von Markt und Staat als gestaltende Variable von Innovationssystemen. Solche Arbeiten wurden möglich, nachdem Autoren wie Douglass North (1992) das naive Staatsverständnis vieler Ökonomen, das staatlichen Instanzen nur die Rolle des „Auspuzers" beim „Marktversagen" überläßt,

tung internationaler Hochtechnologiemärkte – nach Erklärungen für die *unterschiedliche Wettbewerbsfähigkeit* von Volkswirtschaften, insbesondere ihrer „technologische Leistungsfähigkeit"[8] und ihres Innovationsvermögens, suchte. Man erkannte, daß verschiedenartige nationale und regionale „Innovationskulturen", jeweils verwurzelt in historisch gewachsenen, unverwechselbaren industriellen, wissenschaftlichen, staatlichen und politisch-administrativen Institutionen und interinstitutionellen Netzwerken, die Fähigkeit ökonomischer und politisch-administrativer Akteure zur Hervorbringung erfolgreicher Innovationen nachhaltig prägen[9]. Vergleichende empirische Untersuchungen konnten dies sogar auf der Ebene einzelner technologischer Entwicklungen anschaulich machen[10].

In den 1980er Jahren gerieten die während des Jahrhunderts eingeschliffenen Muster nationaler und regionaler Innovationssysteme wieder in Bewegung: Die lange Zeit vorteilhaften besonderen Eigenschaften mancher „Innovationskultur" verloren an Bedeutung, so etwa die Dominanz des Ingenieurwesens im deutschen Maschinenbau, während andere unversehens zum Schlüsselfaktor internationaler Wettbewerbsfähigkeit avancierten, so etwa die Fähigkeit zu interdisziplinärer Kooperation und Produktentwicklung (vgl. Kuhlmann/ Reger 1996). Dies sind Auswirkungen zweier eng miteinander verbundener säkularer Phänomene – der *Internationalisierung von Märkten* und bedeutender Veränderungen des *Charakters von Innovationsprozessen*. Beide Entwicklungen werden im folgenden kurz skizziert.

überwanden und nicht länger nur wenige formgebundene sondern auch „formlose", kulturelle Regulative sowie öffentlich-private Institutionen, also insgesamt die Leistungen politischer Systeme, als Voraussetzungen funktionierender Märkte zu verstehen begannen. Eine Rekonstruktion der Genese des Begriffs „nationale Innovationssysteme" liefern Lundvall/ Maskell 1999.

8   Unter dieser Überschrift faßt eine regelmäßig im Auftrag des Bundesforschungsministeriums durchgeführte die Forschungs-, Entwicklungs- und Innovationsanstrengungen der deutschen Wirtschaft auch im Lichte der zunehmenden Internationalisierung von Unternehmen und des Auftretens neuer Wettbewerber aus Schwellenländern zusammen (BMBF 1999). Eine umfassende Auseinandersetzung mit dem Innovationsbegriff im Kontext technischen und ökonomischen Wandels sowie der Meßbarkeit solcher Innovationen liefert Grupp 1997.

9   So etwa Keck 1993 am Beispiel des deutschen Innovationssystems. Wenngleich längst nicht erschöpfend bearbeitet, so wurden in den neunziger Jahren doch vielfältige Erscheinungs- und Funktionsweisen nationaler Innovationssysteme vergleichend analysiert, so etwa nationale Forschungssysteme (z.B. van der Meulen/ Rip 1994; Whitley 1998), Unternehmenskulturen (z.B. Whitley/ Kristensen 1996; Lundvall 1998) sowie generell die national/regional verschiedene „embeddedness of institutions" (Hollingsworth/Boyer 1997).

10 So etwa Jansen 1996 für die Entwicklung der Hochtemperatursupraleitung in Deutschland und Großbritannien sowie am Beispiel der Biotechnologie-Industrien der USA und Deutschlands Giesecke 1999.

3.1 Internationalisierung der Märkte

Die offensichtliche und sich beschleunigende Marktintegration von der nationalen über die internationale hin zur globalen Dimension beruht auf dem historischen Zusammentreffen tiefgreifender politischer Ereignisse, Veränderungen der globalen politischen Ökonomie sowie neuer sozio-technischer Grundlagen des globalisierten Marktgeschehens; zugleich beeinflussen sich diese drei Entwicklungen gegenseitig (vgl. Lundvall/ Borrás 1998, 23-40).

Einen treibenden *politischen Faktor* bildeten ohne Zweifel der ökonomische Zusammenbruch und die Transformation der Volkswirtschaften des früheren Ostblocks. In der Folge haben sich bekanntlich nicht nur die Gewichte zwischen Ost und West verschoben, sondern geriet auch das sozioökonomische Verhältnis zwischen erster und dritter Welt in Bewegung. Die angestoßene Integration eines Teils der früheren Entwicklungsländer, „Schwellenländer" sowie Transformationsländer in die globale ökonomische Dynamik – aber auch umgekehrt der Exklusion anderer Volkswirtschaften – wird auf absehbare Zeit nicht zum Abschluß kommen.

Parallel zu diesen politischen Entwicklungen erzeugte seit den 80er Jahren die Liberalisierung der Finanzmärkte und die Erleichterung internationaler Kapitalbewegungen eine neue weltumspannenden ökonomische Dynamik. Vor allem nahmen ausländische Direktinvestitionen in globalem Maßstab zu und konzentrierten sich insbesondere auf jene Volkswirtschaften, die kurzfristige Gewinnmaximierung versprachen. Diese Globalisierung des Finanzkapitals hat widersprüchliche Effekte für das Innovationsgeschehen: Auf der einen Seite führt sie zu gesteigertem Wettbewerb und drängt die Unternehmen zu beschleunigter Innovationstätigkeit. Auf der anderen Seite verstärkt sich die Neigung zur Realisierung möglichst kurzfristiger Profite. Als Ergebnis sinkt die Bereitschaft der Unternehmen zur Investition in den Aufbau und die Pflege langfristig wirksamer technologischer Kompetenz: das Innovationsgeschehen droht „oberflächlich" zu werden; tatsächlich konnte man ab der Mitte der 90er Jahre in allen Industrieländern ein Nachlassen der industriellen Investitionen in Forschung und Entwicklung erkennen.

Diese Trends wurden auch durch die weltweite Liberalisierung des Handels verstärkt (etwa durch die GATT – Uruguay Runde 1993). Noch weiter gingen die Handelsliberalisierungen in den parallel sich formierenden transnationalen Handels- und Wirtschaftsunionen: Am weitesten entwickelte sich die europäische Integration mit den Verträgen von Maastricht und Amsterdam sowie schließlich der Einführung einer gemeinsamen Währung seit 1999. Aber auch die NAFTA (Mexiko, USA und Kanada), die ASEAN-Kooperation (Indonesien, Malaysia, Philippinen, Singapur, Thailand, Brunei und Vietnam) wie auch der Mercosur (Argentinien, Uruguay, Paraguay und Brasilien) erleichtern seit den 90er Jahren den internationalen Freihandel und tragen somit zur Beschleunigung des internationalen ökonomischen Austausches bei.

Diese politischen und ökonomischen Entwicklungen wären weniger nachhaltig, hätten sich nicht gleichzeitig die *Infrastrukturen und Technologien* für den Transfer und den Austausch von Informationen, Gütern und Menschen nachhaltig verändert. Ohne Zweifel führten die weltweit dichteren und schnelleren Transportverbindungen auf der Schiene, in der Luft, auf der Straße und zur See zu einem heftigen Anwachsen der Mobilität von Passagieren und Gütern bei deutlich verringerten Kosten. Die oben genannten politisch-ökonomischen Liberalisierungen haben dies ebenso erleichtert wie beträchtliche Investitionen in moderne Verkehrstechnologien, von Hochgeschwindigkeitszügen bis zu Großflugzeugen. Im Ergebnis ist die Erreichbarkeit und „Konnektivität" vieler Standorte auf dem Globus so günstig wie noch nie, wodurch der „globale Marktplatz" tatsächlich physisch greifbar wird – andererseits können Orte, die verkehrsinfrastrukturell wenig entwickelt sind, auch als abgeschnitten vom globalen Markt gelten.

Als ebenso wichtiger technologischer Katalysator verdichteter internationaler Marktbeziehungen wirken die Informations- und Kommunikationstechnologien, also Computer und entsprechende Software-Produkte, Telekommunikationstechniken und entsprechende Infrastrukturen, die seit etwa 30 Jahren mit hoher Geschwindigkeit immer weitere Bereiche von Wirtschaft und Gesellschaft durchdringen. Es ist offensichtlich und vielfach erforscht, daß die „Informatisierung" das ökonomische Geschehen, sowohl bei der Herstellung von Produkten als auch bei ihren Transaktionen, sowie unsere Lebensstile nachhaltig verändert.

All dies trug und trägt zur Globalisierung ökonomischer Operationen bei, verschafft einem Teil der Akteure neue wirtschaftliche Chancen und setzt sie zugleich unter verschärften Wettbewerbsdruck: „One of the most widely accepted ideas about the economic effects of globalisation is that it has substantially increased market competition" (Lundvall/ Borrás 1998, 28). Dabei sollte aber nicht vergessen werden, daß (noch) nicht jedes ökonomische Geschehen in globalen Dimensionen erfolgt: Ganze Sektoren verharren vorläufig in den Grenzen nationaler und regionaler Märkte. Auch wird die internationale Mobilität von Arbeitskräften dauerhaft geringer bleiben als die von Kapital. Ohne Zweifel aber haben die Wirkkräfte gesteigerter internationaler Verflechtung die Rahmenbedingungen für Innovationen neu definiert und die Funktionsweisen überlieferter Innovationssysteme herausgefordert.

3.2 Wandel der Innovationsbedingungen

Im Zuge der ökonomischen Verflechtung hat sich das Innovationsgeschehen selbst verändert und dabei seinerseits den internationalen Verflechtungsprozeß beeinflußt. Zunächst ist festzuhalten, daß das Innovationsgeschehen seit geraumer Zeit *Beschleunigung* erfährt. Die Entwicklungszeit von Hochtechnologieprodukten hat sich in den vergangenen Jahren signifikant verkürzt; die

Hervorbringung einer neuen Idee und ihre Kommerzialisierung am Markt folgen heute so schnell aufeinander wie nie. Veränderte Markterfordernisse und der Einsatz von Informations- und Kommunikationstechnik, wie oben angesprochen, haben wesentlich dazu beigetragen.

In nahezu allen als ökonomisch bedeutsam erachteten Gebieten neuer Technologien wächst die „*Wissenschaftsbindung*" des Innovationsgeschehens; die Funktionen und Verfahrensweisen der „zielgerichteten" Grundlagenforschung und ihre Schnittstellen zur Entwicklung von marktfähigen Produkten erfordern wachsende Aufmerksamkeit (Schmoch et al. 1996a; Meyer-Krahmer/ Schmoch 1998). Ein oft verwendetes Beispiel hierfür bildet die neue Bedeutung molekularbiologischer Forschungen für die pharmazeutische Industrie und die praktizierende Medizin.

Dabei erfordern komplexe Produkte und Prozesse eine dichtere Verflechtung und „Fusion" (Kodama 1995) heterogener Technikentwicklungen, wodurch traditionelle Grenzziehungen zwischen Wissens- und Technikgebieten verschwinden und *interdisziplinäre Kompetenzen* im Innovationsprozeß an Bedeutung gewinnen (Schmoch et al. 1996b).

Die genannten Trends steigern insgesamt das Erfordernis der *Kooperation* von Innovationsakteuren: Mit wachsender Komplexität des erforderlichen Wissens sind isolierte Akteure immer weniger in der Lage dieses ohne externe Unterstützung hinreichend zu beherrschen. Innovationsorientierte Kooperation und die Pflege entsprechender Netzwerke gehören mittlerweile zum alltäglichen Innovationsgeschehen – als horizontale Kooperation innerhalb von Unternehmen, als koordinierte Arbeitsteilung zwischen (selbst konkurrierenden) Unternehmen sowie im Rahmen gemeinsamer Forschungs- und Entwicklungsvorhaben zwischen Unternehmen und öffentlichen Forschungseinrichtungen*)*, die „complementary assets" (Teece 1986) im Bereich des technologisches Know-how bereitstellen, zusehends auch in internationalen Verflechtungen[11].

Nur scheinbar im Widerspruch zu diesem wachsenden Kooperationserfordernis steht ein Trend zur Herausbildung von besonders starken, an einen bestimmten Standort gebundenen, thematisch fokussierten Innovationskapazitäten, die weltweit im Wettbewerb mit nur ein oder zwei anderen Standorten stehen, wobei sich die Rangfolge durchaus ändern kann (z.B. Automobilbau in Deutschland und den USA; gentechnologische Pharmazeutik in den USA; Heimelektronik und Bürotechnik in Japan; Segmente der Werkzeugmaschinenindustrie in Italien usf.). Man hat diese „locations" anschaulich auch als „*Industrial Hollywoods*" beschrieben[12]: Wer erfolgreich innovieren will,

---

11 Hierzu ausführlicher z.B. Balthaser im vorliegenden Band; Jungmittag et al. 1999; Niosi 1999; Gerybadze et al. 1997; Mansfield/Lee 1996; Wolff et al. 1994; Rotering 1990, Hagedoorn/Schakenraad 1990, 3-37; Link/Rees 1990, 28; Haklisch et al. 1986.
12 Hierzu Meyer-Krahmer et al. 1998, 44; siehe auch Beitrag von Meyer-Krahmer im vorliegenden Band.

muß sich an den Maßstäben dieser Zentren, die ein besonders leistungsfähiger Teil regionaler, nationaler oder sektoraler Innovationssysteme sind, orientieren und gegebenenfalls mit ihnen kooperieren. Internationalisierung und Lokalisierung gehen hier offensichtlich Hand in Hand.

Einer neuen Dynamik ist schließlich auch das Verhältnis von kodifiziertem und nicht-kodifiziertem Wissen im Innovationsprozeß ausgesetzt; diese Unterscheidung bezieht sich auf das Ausmaß, in dem Wissensbestände fixiert und transferiert werden können. Die schnell gewachsene Leistungsfähigkeit von Computern und informationstechnologischen Netzwerken hat die Möglichkeiten der Kodifizierung und des Transfers von Wissen erhöht und damit seinen Umlauf beschleunigt. Allerdings ist solches Wissen nur dann wirklich nutzbar, wenn es vom Anwender für seine je spezifischen Zwecke dekodifiziert und angepaßt werden kann – dies erfordert weitreichende „Übersetzungsfähigkeiten", die ihrerseits kaum kodifizierbar sind („tacit knowledge"). Man hat diese Fähigkeiten auch als „absorptive capacity" bezeichnet (Cohen/ Levinthal 1990). Der insgesamt wachsende Bestand an kodifiziertem Wissen ist im Innovationsprozeß letztlich nur dann effektiv nutzbar, wenn zugleich die *Lernfähigkeit der Innovationsakteure* weiter wächst: Hier liegt eine der entscheidenden Herausforderungen der Institutionen von Innovationssystemen[13].

Zusammenfassend kann festgehalten werden: Globalisierte Märkte, Umwälzungen der geopolitischen Situation, neuartige Kommunikationsinfrastrukturen und Technologien, gewandelte Dynamik von Innovationsprozessen und wachsende Anforderungen an die Lernfähigkeit der Innovationsakteure kennzeichnen die aktuelle Lage der in den Weltmarkt eingebundenen Innovationssysteme. Mehr denn je stehen sie bei der Bewältigung des Modernisierungsdrucks in internationalem Wettbewerb, arbeiten wegen der engen ökonomischen Verflechtungen jedoch auch komplementär und in Abhängigkeit voneinander.

Eine Gleichschaltung des Leistungsspektrums verschiedener Innovationssysteme ist dabei keinesfalls zu erwarten: „Innovation systems do different things, and they do them differently"[14]. Es gibt aber gemeinsame *Determinanten* ihrer Funktionalität, die in erfolgreichen Innovationssystemen sogar zur Selbstverstärkung neigen: Dazu gehören

- besondere Modalitäten der Wissensproduktion und -verarbeitung,
- ein ausgeprägtes Netzwerk interdependenter Institutionen,

---

13 Man spricht deshalb auch besser „about 'a learning economy' than a 'knowledge-based economy', since the high pace of change means that specialised knowledge becomes much more of a short-lived resource and that it is rather the capability to learn and adapt to new conditions that increasingly determines the performance of individuals, firms, regions and countries" (Lundvall/ Borrás 1998, 31).
14 So Bengt-Åke Lundvall in Vorträgen.

- eine spezifische Arbeitsteilung innerhalb von Wirtschaftsunternehmen, zwischen diesen und zwischen öffentlichen und privaten Organisationen, mithin ein unverwechselbares Profil der Verflechtung mit dem zugehörigen „lokalen" politischen System.

Schon immer haben die beteiligten politischen Systeme die Ausprägung dieser Determinanten von Innovationssystemen nachhaltig beeinflußt – fördernd oder hemmend. Heute ist eine entscheidende *Frage*, was nationale und auch transnationale politische Systeme – insbesondere *staatliche Instanzen* – dazu *beitragen* können, das Spannungsverhältnis zwischen lokaler Unverwechselbarkeit von Innovationssystemen einerseits und dem Erfordernis ihrer ubiquitären Anschlußkompetenz andererseits auszugleichen und – normativ formuliert – in „gesellschaftliches Gestaltungsvermögen" zu verwandeln[15], das ein „Einholen globalisierter Märkte durch die politische Einflußnahme auf deren Rahmenbedingungen" (Habermas 1998, 82) erleichtert.

4. Innovationspolitik als Beispiel für den Wandel politischer Systeme: Forschungsfragen

Wenn Politikwissenschaft zur Steigerung des gesellschaftlichen Gestaltungsvermögens beitragen will, muß sie – im Felde der Innovationspolitik – zunächst die treibenden Kräfte der globalen sozio-ökonomischen Entwicklung erkennen und die relativen Einflußmöglichkeiten politischer Interventionen bestimmen, um auf dieser Grundlage Beiträge zur Verbesserung der Lernfähigkeit politischer Akteure zu leisten. Beides, die Mechanik der treibenden Kräfte sowie die Lernfähigkeit innovationspolitischer Akteure im Kontext wirtschaftlicher Globalisierung, ist politikwissenschaftlich noch unzureichend erforscht und verstanden. Auch der vorliegende Beitrag und die übrigen Beiträge dieses Buches liefern lediglich einige Bausteine für ein umfangreicheres *Forschungsprogramm zur Dynamik von Innovationssystemen und politischen Systemen*, das im folgenden nur knapp skizziert werden kann.

4.1 Staatliche und transnationale Innovationspolitik in „postnationalen" Multiaktor-Mehrebenen-Arenen

Ein solches Forschungsprogramm geht von einer Reihe konzeptioneller politikwissenschaftlicher Annahmen aus: Eine erste Annahme besteht darin, daß

---

15 Simonis im vorliegenden Band: „Die Stellung einer Gesellschaft in der Hierarchie der internationalen Arbeitsteilung hängt tendenziell weniger von der Fähigkeit ab, neue Technologien zu erfinden, sondern von ihrem gesellschaftlichen Gestaltungsvermögen".

– wie oben angesprochen – auch in globalisierten Arenen *konstitutive Leistungen von politischen Systemen*, insbesondere nationalen und transnationalen staatlichen Instanzen, erwartet und erbracht werden. Ein minimaler Aufgabenkatalog umfaßt marktschaffende, markterhaltende, marktbeschränkende sowie marktkorrigierende Interventionen (vgl. Scharpf 1998a, 42/43; siehe auch Donges/ Freytag 1998).

Staatliche (nationale und transnationale) Innovationspolitik erfolgt – dies eine weitere Annahme – als emergenter Prozeß zwischen multiplen eigenlogischen Akteurgruppen (überwiegend, aber nicht allein korporatistischen) in Innovationssystemen und zwischen diesen. Die Akteurgruppen arrangieren sich in *Multiaktor-Arenen* (Kuhlmann 1998), welche sich über politisch-administrative Mehrebenensysteme (Grande in diesem Band) erstrecken; entsprechend bilden sich Policy-Netzwerke (in technologischen oder sektoralen Clustern, bzw. regional, national, EU ...). „Staatliche" Instanzen übernehmen in Multiaktor-Arenen der Innovationspolitik die Funktion mehr *moderierenden* als steuernden „hierarchischer Schattens" (Scharpf 1993).

Die skizzierten Herausforderungen zwingen sowohl staatliche Akteure der Innovationspolitik als auch jene Unternehmen, die, nicht problemlos in globalem Maßstab agieren können, sich auf ihre *lokalen, immobilen Spezialisierungen* und Kompetenzen zu konzentrieren, also auf Wettbewerbsfaktoren, die unverwechselbar und noch nicht ubiquitär sind, derer sich nicht jeder einfach bedienen kann.

Zugleich werden bedeutsame politische Leistungen für das Innovationssystem, vor allem Ressourcenallokationen und Regulationen, teils auf regionalen, teils nationalen, teils supranationalen Ebenen erbracht. Effektive „politische Systeme" in diesem Sinne arbeiten offensichtlich in „postnationalen" Arenen: als regionale, nationale, *transnationale Mehrebenensysteme* zugleich. Ihre Arbeitsteilungen bilden sich aber erst langsam aus, wobei vielfältige Friktionen wahrscheinlich sind[16].

Innovationspolitische Analysen müssen als Querschnittanalysen angelegt sein; sie sind Analysen zentraler Funktionsweisen des politischen Systems. Die Metapher „Politikverflechtung" mag hier vorläufig als Schlüsselbegriff

---

16 Die Debatte über die Funktionen der verschiedenen Ebenen – nicht nur bezogen auf die Innovationspolitik – ist in vollem Gange. Perspektiven der *regionalen* Ebene diskutiert u.a. Postlep im vorliegenden Band. Das Spektrum der verbliebenen oder sogar neu entstehenden Aufgaben *nationaler* politischer Instanzen ist in der Literatur noch umstritten – kaum bestritten wird jedoch, *daß* Nationalstaaten vorläufig, oder erst recht jetzt, unverzichtbar sind: Sie fungieren idealiter wenigstens als Garanten von Rechtsstaatlichkeit „vor Ort" sowie als Lieferant von Legitimität der wachsenden Zahl transnationaler politischer Arrangements (so etwa Hirst/Thompson 1996, 170-194; ähnlich Streeck 1996, 314). Der unübersehbare Funktionszuwachs *transnationaler* quasi-staatlicher Instanzen findet bisher selten eine Entsprechung in politisch deutlich erklärten und weithin akzeptierten Aufgabendefinitionen (Reinicke 1998, 229); wo starke transnationale quasi-staatliche Instanzen entstehen, bleibt ihre Arbeitsteilung mit nationalen Autoritäten noch weithin opak (so Streeck 1996; 299, am Beispiel der Europäischen Union).

stehen für eine historische Institutionenanalyse der Elemente des Innovationssystems sowie ihrer politischen Funktionen und Eigendynamiken; entsprechende theoretische Konzepte sind weiter zu stabilisieren.

Eine entscheidende Frage ist derzeit, wie politische Initiativen und Entscheidungen jenseits geographisch oder über eine bestimmte Klientel definierter Einheiten *demokratisch legitimiert* werden können (Scharpf 1998b) – ganz abgesehen von der Frage nach der Transparenz entsprechend verflochtener politischer Entscheidungsprozesse. Angesichts der Bedeutung postnationaler Multiaktor-Mehrebenen-Arenen bedarf es also neuer Überlegungen zu einer Demokratietheorie der Innovationspolitik.

4.2 Erweiterungen von Innovationspolitik

Innovationspolitische Analysen erstrecken sich damit zwangsläufig über viele Felder der nationalen und entstehenden transnationalen politischen Systeme und betrachten politisches Handeln in mehreren Dimensionen. Dabei kann es nützlich sein, ein Forschungskonzept zugrunde zu legen, das aus verschiedenen Policytypen einerseits und involvierten Akteuren, Institutionen sowie Prozessen andererseits besteht. Es lassen sich wenigstens *drei Policytypen* unterscheiden (vgl. auch Lundvall / Borrás 1998):

- Policies, die auf die *Innovations- und Lernfähigkeit* zielen (vor allem die Entwicklung der Humanressourcen sowie die technologieorientierte Innovationspolitik im engeren Sinne);
- Policies, die den *generellen sozio-ökonomischen Wandel* betreffen (vor allem Wettbewerbspolitik, Handelspolitik sowie die Wirtschaftspolitik im allgemeinen);
- Policies, welche die *Verlierer des sozio-ökonomischen Wandels* auffangen sollen (vor allem Sozial- und Regionalprogramme mit Umverteilungszielen).

Innovationspolitik in diesem Sinne erfaßt ein sehr breites Spektrum von Akteuren, Institutionen und politischen Prozessen, wobei man die Policies der ersten Dimension, die auf die eine Stärkung der Innovations- und Lernfähigkeit zielen, als den Kern der Innovationspolitik betrachten und die beiden übrigen Dimensionen – Policies, die den sozio-ökonomischen Wandel vorantreiben, und solche, die ihn „sozialverträglich" machen sollen – als Übergangsbereiche und Nahtstellen zur Industriepolitik einerseits und Sozialpolitik andererseits kennzeichnen kann (siehe auch *Abbildung 3*).

Die genannten Policytypen, Akteurgruppen, Institutionen und Prozesse der Innovationspolitik bilden eine Matrix, deren Zellen die empirischen Felder des Forschungsprogramms zur Dynamik von Innovationssystemen und politischen Systemen beschreiben. Bisherige Analysen im Rahmen dieser

Matrix betrachteten in erster Linie die Wechselwirkungen mit dem nationalen politischen System.

Abbildung 3: Spektrum der Analyse von Innovationspolitik

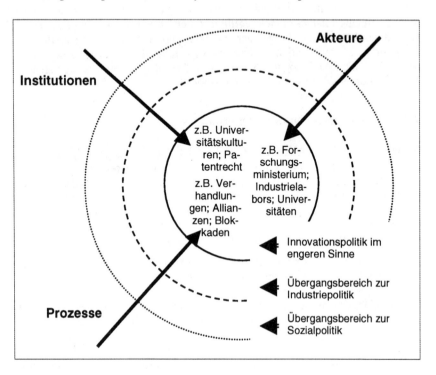

Vielfältige, heterogene Akteure

Den Kern jeder Analyse der Dynamik von Innovationssystemen und politischen Systemen bildet die Erforschung der Interessenlagen und Initiativen der Akteure der Innovationspolitik. Dazu gehören in erster Linie staatliche Institute der *Wissenschaft, Forschung und Ausbildung,* sowohl grundlagenorientierte wie industrienahe; immer häufiger werden solche Einrichtungen auch als halbstaatliche Organisationen bzw. als öffentlich-private Partnerschaften betrieben, was ihre staatliche Steuerbarkeit verändert. Nicht vergessen darf man in diesem Zusammenhang, daß über 60% der Forschung in Deutschland von privatwirtschaftlichen Unternehmen durchgeführt wird. Auch große Teile der Aus- und Fortbildung liegen in halbstaatlicher oder privater Hand. Im

Bereich von Ausbildung und Forschung treten zusehends international tätige Akteure auf: Die halbstaatliche deutsche Fraunhofer-Gesellschaft betreibt Informations- und Forschungsstützpunkte inzwischen auch in den USA und in Südostasien; amerikanische und australische Universitäten bauen Außenstellen in Europa auf; amerikanische und europäische Universitäten bieten ganze Studiengänge samt Zertifikat global per Internet an[17].

Neben staatlichen Instanzen sind *Unternehmen der Privatwirtschaft* wichtige Akteure in den Arenen der Innovationspolitik, vor allem als Abnehmer und Anwender von innovationsrelevanten Leistungen – wie ausgebildeten Arbeitskräften, technischen Informationen, Forschungsergebnissen: Je nachdem, ob sie zur regionalen mittelständischen produzierenden Wirtschaft (wie weite Teile des Maschinenbaus in Deutschland), zu wissensintensiven Dienstleistungsunternehmen (wie Unternehmensberatungen oder Multimediaverlagshäuser) oder zu multinational tätigen Großunternehmen (wie einige Unternehmen der Elektro- und Informationstechnik) gehören, richten sie verschiedene Erwartungen an eine Innovationspolitik und verfügen in unterschiedlichem Maße über Einflußmöglichkeiten. Häufig werden die Interessen der Unternehmen von teils miteinander kooperierenden, teils konkurrierenden Interessensverbänden eingebracht. Eine weitere wichtige Instanz der Wirtschaftssystems bilden die *Arbeitnehmerorganisationen*, die sich erst seit einiger Zeit explizit in die Innovationspolitik einmischen.

Als politische bzw. *politisch-administrative Akteure* treten in den Arenen der Innovationspolitik die Wissenschafts-, Forschungs- und Wirtschaftsministerien des Bundes und der Länder, entsprechende Ausschüsse der Parlamente, interministerielle Instanzen wie die Bund-Länder-Konferenz für Bildungsplanung und Forschungsförderung auf – wobei *kein generell dominanter Akteur* erkennbar ist. Eher indirekt wirken auch Finanzministerien (Steuerpolitik), Umweltministerien (Emissionsregeln; Genehmigungen etc.) und andere Ressorts mit. An einer Schnittstelle von Staat, Forschung und Wirtschaft sind schließlich sind Instanzen der technischen Normung tätig (wie das Deutsche Institut für Normung) (Blind 1997; Voelzkow 1996), deren Wirken großen Einfluß auf das Innovationsgeschehen hat. Neben diese nationalen und regionalen treten in Europa außerdem transnationale Akteure politische Akteure der Innovationspolitik: Hierzu gehören verschiedene Generaldirektorate der Europäischen Kommission, das Europäische Parlament sowie europäische Normungsinstanzen (Grande 1995; Reger/ Kuhlmann 1995; Peterson/ Sharp 1998; Edler 1999).

In den Übergangsbereichen zur *Industriepolitik* geraten politische Akteure der Wettbewerbspolitik (etwa die Europäische Kommission) oder der internationalen Handelspolitik (GATT) in den Blick, und an der Schnittstelle zur *Sozialpolitik* wirkt das gesamte bekannte Spektrum einschlägiger Akteure mit, als Folge der Währungsunion künftig auch in europäischer Dimension.

---

17 Hierzu Ausführungen im Beitrag von Shapira im vorliegenden Band.

Langlebige Institutionen

Eine ganze Reihe von historisch gewachsenen Institutionen[18] prägen die Spielräume der Akteure der Innovationspolitik. Als Beispiel können hier die verschiedenartigen Ausbildungs- und Forschungstraditionen und –kulturen der *Universitäten* verschiedener Bundesländer in Deutschland sowie anderer europäischer Länder genannt werden, im Hinblick auf ihre Autonomie, ihr Eliteverständnis, ihre Effektivität oder die Industrienähe; diese wird nicht zuletzt von der Ausgestaltung der Rechte auf geistiges Eigentum, insbesondere dem *Patentrecht* geprägt (Schmoch 1997).

Institutionen der Innovationspolitik in diesem Sinne bilden auch um die Mitte des 20. Jahrhunderts in Deutschland (und anderen Ländern) entstandenen nationalen *Großforschungseinrichtungen*, deren Forschungs- und Innovationsverhalten sich von dem der Universitäten ebenso wie von dem der Industrie unterscheidet; sie beanspruchen nach wie vor große Anteile der staatlichen Forschungsförderung, geraten allerdings Flexibilitäts- und Effektivitätsproblemen zusehends in Funktions- und Legitimationskrisen.

Auch die institutionelle Charakteristik der *Industrieforschung* ist von Sektor zu Sektor sehr unterschiedlich geprägt, was sich in ihrem Verhältnis zur Innovationspolitik niederschlägt: So war die nachrichtentechnische Industrieforschung Deutschlands (aber auch anderer Länder) bis zur Marktöffnung in den neunziger Jahren von großer Staatsnähe gekennzeichnet, und sie findet seither erst langsam zu internationaler Orientierung und Konkurrenzfähigkeit, wozu auch die Forschungsförderungsprogramme der Europäischen Kommission (ESPRIT u.a.) beigetragen haben (Grande/ Häusler 1994). Die pharmazeutische Industrieforschung hingegen kann eher als „staatsfern" gelten, ihre wichtigste Schnittstelle zur Innovationspolitik bestand in der Vergangenheit vor allem in engen Kooperationen mit einschlägigen Instituten staatlicher Universitäten; heute nehmen außerdem die staatliche Gesundheitspolitik und Umweltpolitik indirekt gestaltenden Einfluß auf das Innovationsverhalten dieser Industrie.

In den Übergangsbereichen zur *Industriepolitik* und an der Schnittstelle zur *Sozialpolitik* beispielsweise treten die ausgeprägt korporatistischen und konsensorientierten Institutionen der Tarifverhandlungskultur Deutschlands in den Blick, die auch dem nationalen Innovationssystem zu sozialer Stabilität

---

18 Verstanden im Sinne einer institutionentheoretischen Betrachtungsweise politischer Prozesse: Institutionen erbringen Orientierungsleistungen als grenzüberschreitende Medien zwischen ausdifferenzierten Teilsystemen, indem sie Geltung auch in solchen Kontexten beanspruchen, in denen sie nicht unmittelbar „beheimatet" sind (hierzu etwa Rehberg 1994; Beyer et al. 1994). Institutionen speichern in ihrem „Eigensinn" historische Erfahrung, die damit das aktuelle Handeln ihrer Angehörigen prägen (DiMaggio/Powell 1991; Göhler 1994; Lepsius 1995).

verhilft, andererseits innovationsförderliche, flexiblere beschäftigungspolitische Initiativen einschränken kann (Streeck 1997).

Eine industriepolitische Institution mit nachhaltigen Effekten für das Innovationssystem bildet die Finanzierungskultur der Banken und sonstiger Kapitaleigner: Einer der bedeutendsten Unterschiede zwischen dem deutschen und dem amerikanischen Innovationssystem besteht in der weitaus größeren amerikanischen Bereitschaft zum Einsatz von Risikokapital für technologieorientierte Unternehmensgründungen und die Realisierung von Innovationen am Markt (Kulicke 1996).

Komplexe Prozesse

Zu den Prozessen der Innovationspolitik im engeren Sinne gehören insbesondere alle Entscheidungen über die Allokation von Ressourcen, insbesondere von Finanzen, Personal und technischen Ausstattungen in öffentlichen und privaten Einrichtungen, die Forschung, technologische Entwicklung oder Ausbildung betreiben. Je nach dem, ob es um Entscheidungen über Förderprogramme, über Neustrukturierungen der institutionellen „Forschungslandschaft", über Leistungskriterien und Evaluationsverfahren oder über Regulationen der geistigen Eigentumsrechte an Forschungsergebnissen und technischen Innovationen geht, werden solche Entscheidungen in unterschiedlich zusammengesetzten Arenen ausgefochten, entstanden historisch *vielfältige „Verhandlungssysteme"*, die teils effektiv arbeiten, teils durch „unauflösbare" Kontroversen blockiert werden[19].

Die Prozeßdimension der Innovationspolitik weist, ebenso wie oben anhand der Dimensionen der Akteure und der Institutionen diskutiert, Schnittstellen zur Industriepolitik und zur Sozialpolitik auf, die hier nicht im einzelnen dargelegt werden müssen.

Potentiale politischer Systeme

Die bisher aufgespannte und nur exemplarisch gefüllte Matrix von Policytypen, Akteuren, Institutionen und Prozessen der Innovationspolitik ist offensichtlich höchst variantenreich, um so mehr dann, wenn man mehrere (nationale) politische Systeme und entstehende postnationale „Mehrebenensysteme" in den Blick nimmt. Die scheinbar einfache Frage nach dem Leistungsvermögen staatlicher Politik in diesem Zusammenhang erweist sich bei näherer Betrachtung als höchst komplex: Welcher „Staat", welche „Staatlichkeit" erbringt hier eigentlich welche Leistung? Innovationspolitische Initiativen im oben skizzierten Sinne werden von vielfältigen „staatlichen", halbstaatlichen,

---

19 Hierzu auch der Beitrag von Martinsen im vorliegenden Band.

„non-governmental" und privaten Akteuren angestoßen, durchgesetzt, entfaltet und ausgenutzt, im regionalen, nationalen und transnationalen Umfeld. Ein hegemonialer staatlicher Akteur, der diese Vielfalt ordnete, ist vorläufig nicht erkennbar, vielmehr zeichnet sich eine *Spreizung von Staatsfunktionen* in erweiterten politischen Systemen ab.

Mit der Europäisierung von Wirtschaft und Politik und zunehmender Globalisierung der innovationspolitischen Konkurrenz wachsen allerdings auch die Erwartungen an die Fähigkeit des politischen Systems, die Vielfalt innovationspolitischer Initiativen zu bündeln, zu integrieren und effektiver zu machen. Der Vertrag von Maastricht etwa forderte erstmals eine effektivere Abstimmung der nationalen und der europäischen Innovationspolitiken. Bislang erwiesen sich weder die nationalen Regierungen noch die Europäische Kommission dazu in der Lage. Es ist aber wohl nur eine Frage der Zeit, wann der Druck auf die Innovationssysteme so zunimmt, daß dieser auch im (europäischen) politischen System zu Veränderungen drängt – sei es zu besserer Abstimmung und höherer Integration innovationspolitischer Initiativen oder nur zu erklärter „laissez faire"-Politik, die auf die Effektivität der Konkurrenz regionaler Innovationssysteme setzt: In jedem Fall wären wir Zeugen auch von Weiterentwicklungen des politischen Systems.

Verbesserung der Lernfähigkeit der Akteure

Die innovationspolitischen Arenen sind in den vergangenen zwei Jahrzehnten also unübersichtlicher geworden. Neben nationale Regierungen traten, eigenständig operierend, regionale und transnationale politisch-administrative Institutionen, die teils miteinander kooperieren, teils aber auch um knappe Mittel und Einfluß konkurrieren. Zugleich müssen nationale Politikmacher erleben, wie multinationale Unternehmen ihre Innovationsprojekte weltweit betreiben und dabei förderpolitische Angebote nach Bedarf nutzen, unabhängig vom Ort der späteren Verwendung der Innovationsergebnisse. Der nationalen Politik verbleiben zwar Handlungsräume, doch sie ist zu deutlichen Änderungen ihres Designs gezwungen: Hierarchische Steuerungsversuche haben in dieser unübersichtlichen Umwelt kaum eine Chance.

Dabei entsteht eine prekäre Scherenentwicklung: Der Entscheidungsapparat sieht sich gleichzeitig wachsenden Anforderungen und abnehmenden Spielräumen gegenüber. Hier ist vor allem *politische Moderation* gefragt; sie arbeitet mit transparenten Informationsangeboten an alle beteiligten Akteure, in Kombination mit eher „weichen", flexiblen Instrumenten der politischen Willensbildung. Entscheidend scheint dabei zu sein, daß die *unterschiedlichen Perspektiven* und Interessen konkurrierender Akteure systematisch ins Kalkül gezogen werden, also transparent und debattierbar gemacht werden; dazu gehört auch, den Wert des Wissens dieser Akteure über die Funktionsweisen und Modernisierungserfordernisse ihrer Handlungskontexte hoch zu bewerten: es geht um „*verteilte Intelligenz*" für innovationspolitische Entscheidungsprozesse (Kuhlmann et al. 1999; ähnlich auch Sabel 1996, 296f). Diese kann von anwendungsorientierter politikwissenschaftlicher Forschung und Lehre nachhaltig unterstützt werden.

5. Konsequenzen für die politikwissenschaftliche Lehre

Studierende der Politikwissenschaft, die in ihrem späteren Berufsleben als Lehrer, Forscher, Administratoren, Berater, Unternehmer oder in anderen Funktionen an der Modernisierung von Innovationssystemen mitwirken wollen, können eine wissenschaftliche Ausbildung erwarten, welche die im vorliegenden Buch skizzierte interdependente Dynamik von politischen Systemen und Innovationssystemen verständlich und die Möglichkeiten und Grenzen ihrer Beherrschbarkeit sichtbar macht[20].

Dazu müssen zunächst politische Theorie, politische Institutionenlehre, Policyanalyse und Komparatistik stärker als bisher verzahnt werden – die Auseinandersetzung mit der politischen Gestaltbarkeit von Innovationssystemen liefert, wie im vorliegenden Beitrag diskutiert, ein ausgezeichnetes Anwendungsfeld hierfür. Auf dieser Grundlage können die Charakteristika der Innovationspolitik systematisch ausgeleuchtet werden: Hierzu gehört die intensive Befassung mit ihren spezifischen Arenen ebenso wie mit den Möglichkeiten und Grenzen „gesellschaftlicher" Techniksteuerung, womit auch Schnittstellen zur Techniksoziologe entstehen. Nicht nur um die Arbeiten der internationalen (vorwiegend wirtschaftswissenschaftlichen) Innovationsforschung angemessen rezipieren zu können, sind außerdem Wissensbestände im Bereich der politischen Ökonomie auszubauen. Schließlich müssen auch politik- und sozialwissenschaftlichen Methodenkompetenzen für ertragreiche empirische innovationspolitische Analysen verstärkt werden. Im Kontext globaler Herausforderungen von politischen Systemen und Innovationssystemen ist all dies nur im Rahmen einer nachhaltig internationalen Orientierung der Lehre, der Forschung und der Studierenden sinnvoll.

---

20 Hierzu insbesondere der Beitrag von Grimmer im vorliegenden Band.

Literatur

Almond, G.A. (1960): Introduction: A Functional Approach to Comparative Politics. In: Almond, G.A./ Coleman, J.S. (Hg..): The Politics of the Developing Areas, Princeton (Princeton University Press), 3-64

Almond, G.A./ Coleman, J.S. (Hg.) (1960): The Politics of the Developing Areas, Princeton (Princeton University Press)

Beyer, L./ Grimmer, K./ Kneissler, TH./ Urlen, M. (1994): Verwaltungsorganisation und Institution. In: Die Eigenart der Institutionen. Zum Profil politischer Institutionentheorie, Baden-Baden (Nomos), 245-271

Blind, K. (1997): The Implications of Standardization on Technical Change and Macroeconomic Performance: An Outline of a New Research Project. In: University of the German Federal Armed Forces: Interdisciplinary Workshop on „Standardization Research" at the University of the German Federal Armed Forces in Hamburg, May 1997. Hamburg, 1997

BMBF (Bundesministerium für Bildung und Forschung) (1999): Zur technologischen Leistungsfähigkeit Deutschlands. Zusammenfassender Endbericht 1998. Gutachten vorgelegt durch das Zentrum für Europäische Wirtschaftsforschung, Mannheim, das Niedersächsische Institut für Wirtschaftsforschung, Hannover, das Deutsche Institut für Wirtschaftsforschung, Berlin, das Fraunhofer-Institut für Systemtechnik und Innovationsforschung, Karlsruhe, die Wissenschaftsstatistik im Stifterverband für die Deutsche Wissenschaft, Essen, das Wissenschaftszentrum für Sozialforschung, Berlin. Bonn (BMBF)

Braun, D. (1997): Die politische Steuerung der Wissenschaft. Ein Beitrag zum „Kooperativen Staat", Frankfurt/New York (Campus)

Cohen, W. M./ Levinthal, D. A. (1990): Absorptive Capacity: A new Perspective on Learning and Innovation. In: Administrative Science Quarterly, 35 (1990), 128-152

Dosi. G./ Freeman, C./ Nelson. R./ Silverberg, G./ Soete, L. (Hg.) (1988.): Technical Change and Economic Theory, London (Pinter)

DiMaggio, P. J./ Powell, W. W.(1991): Introduction. In: Powell, W.W./ DiMaggio, P.J. (Hg.): The New Institutionalism in Organizational Analysis, Chicago/ London (The University of Chicago Press), 2-38

Donges, J.B./ Freytag, A. (Hg.) (1998): Die Rolle des Staates in einer globalisierten Wirtschaft, Stuttgart (Lucius&Lucius) (Schriften zur Wirtschaftspolitik, Neue Folge, Bd.6)

Easton, D. (1953): The Political System. An Inquiry into the State of Political Science, New York (Alfred A. Knopf)

Edler, J. (1999): Institutionalisierung europäischer Politik. Die Genese des Forschungsprogramms BRITE als reflexiver sozialer Prozess, Diss. Universität Mannheim

Edquist, Ch. (Hg.) (1997): Systems of Innovation. Technologies, Institutions and Organizations, London/Washington (Pinter)

Ellwein, Th./ Hesse, J. J. (1987): Das Regierungssystem der Bundesrepublik Deutschland, 6. neubearbeitete und erweiterte Auflage, Opladen (Westdeutscher Verlag)

Freeman, C. (1987): Technology Policy and Economic Performance: Lessons from Japan, London (Pinter)

Gerybadze, A./ Meyer-Krahmer, F./ Reger, G. (1997): Globales Management von Forschung und Innovation. Stuttgart (Schäffer-Poeschel)
Giesecke, S. (1999): The contrasting roles of government in the development of biotechnology industry in the U.S. and Germany. Paper presented at the conference „National Systems of Innovation and the Idea-Innovation Chain", Netherlands Institute for Advanced Study in the Humanities and Social Sciences (NIAS), Wassenaar, January 27-29, 1999
Göhler, G. (1994): Politische Institutionen und ihr Kontext. In: Göhler, G. (Hg.): Die Eigenart der Institutionen. Zum Profil politischer Institutionentheorie, Baden-Baden (Nomos), 19-46
Görlitz, A. (1995): Politische Steuerung. Ein Studienbuch, Opladen (Leske+Budrich)
Grande, E. (1993): Die neue Architektur des Staates. In: Czada, R./ Schmidt, M. G. (Hg.): Verhandlungsdemokratie, Interessenvermittlung, Regierbarkeit. Festschrift für Gerhard Lehmbruch, Opladen (Westdeutscher Verlag), 51-71
Grande, E. (1995): Forschungspolitik in der Politikverflechtungsfalle? Institutionelle Strukturen, Konfliktdimensionen und Verhandlungslogiken europäischer Forschungs- und Technologiepolitik. In: Politische Vierteljahresschrift, 36, 3, 460-483
Grande, E./ Häusler, J. (1994): Industrieforschung und Forschungspolitik. Staatliche Steuerungspotentiale in der Informationstechnik, Frankfurt/ New York (Campus)
Grimmer, K. (1993): Grundzüge des politischen Systems der Bundesrepublik Deutschland. In: Graf von Westphalen, R. (Hg.): Parlamentslehre. Das parlamentarische Regierungssystem im technischen Zeitalter, München/Wien (Oldenbourg), 113-165
Grimmer, K./ Häusler, J./ Kuhlmann, S./ Simonis, G. (Hg.) (1992): Politische Techniksteuerung – Forschungsstand und Forschungsperspektiven, Opladen (Leske + Budrich)
Grupp, H. (1997): Messung und Erklärung des Technischen Wandels. Grundzüge einer empirischen Innovationsökonomik, Berlin/Heidelberg (Springer)
Habermas, J. (1998): Jenseits des Nationalstaats? Bemerkungen zu Folgeproblemen der wirtschaftlichen Globalisierung. In: Beck, U. (Hg.): Politik der Globalisierung, Frankfurt (Suhrkamp), 67-84
Hagedoorn, J./ Schakenraad, J. (1990): Inter-firm partnerships and co-operative strategies in core technologies. In: Freeman, C./ Soete, L. (eds.): New explorations in the economics of technological change, London, 3-37
Haklisch, C./ Fusfeld, H./ Levenson, A. (1986): Trends in Collective Industrial Research. New York University, Center of Science and Technology Policy, New York
Hirst, P./ Thompson, G. (1996): Globalization in Question. The International Economy and the Possibilities of Governance, Cambridge (Polity Press)
Hollingsworth, R./ Boyer, R. (Hg.) (1997): Contemporary Capitalism. The Embeddedness of Institutions, Cambridge University Press
Howells, J. (1999): Regional systems of innovation? In: Archibugi, D./ Howells, J./ Michie, J. (Hg.): Innovation Policy in a Global Economy, Cambridge (Cambridge University Press), 67-93
Jansen, D. (1996): Nationale Innovationssysteme, soziales Kapital und Innovationsstrategien von Unternehmen. In: Soziale Welt, Jg. 47, H. 4, 411ff
Jungmittag, A./ Meyer-Krahmer, F./ Reger, G. (1999): Globalisation of R&D and Technology Markets – Trends, Motives, Consequences. In: Meyer-Krahmer, F.

(Hg.): Globalisation of R&D and Technology Markets: Consequences for National Innovation Policies, Heidelberg/New York (Physica-Verlag, series „Technology, Innovation, and Policy" Vol.9), 37-78

Keck, O. (1993): The National System for Technical Innovation in Germany. In: Nelson, R. R. (Hg.): National Innovation Systems. A Comparative Analysis, New York/Oxford (Oxford University Press), 115-157

Kohler-Koch, B. (Hg.) (1992): Staat und Demokratie in Europa. 18. Wissenschaftlicher Kongreß der Deutschen Vereinigung für Politische Wissenschaft, Opladen (Leske+Budrich)

Kohler-Koch, B. (1996): Catching up with change: the transformation of governance in the European Union. In: Journal of European Public Policy, 3, 3, 359-380

Kodama, F. (1995): Emerging Patterns of Innovation. Sources of Japan's Technological Edge, Boston (Harvard Business School Press)

Kuhlmann, S. (1998): Politikmoderation. Evaluationsverfahren in der Forschungs- und Technologiepolitik, Baden-Baden: Nomos

Kuhlmann, S. et al. (1999): Distributed Intelligence in Complex Innovation Systems. Final report of the Advanced Science & Technology Policy Planning Network (ASTPP), Karlsruhe/Brussels (im Erscheinen)

Kuhlmann, S./ Reger, G. (1996): Technology-intensive SMEs: Policies Supporting the Management of Growing Technological Complexity. In: Cannell, W./ Dankbaar, B. (Hg.): Technology Management and Public Policy in the European Union, Luxembourg/ Oxford (Office for Official Publications of the European Communities/ Oxford University Press), 73-102

Kulicke, M. (1996): Die Finanzierung technologieorientierter Unternehmensgründungen. In: Koschatzky, K. (Hg.): Technologieunternehmen im Innovationsprozeß: Management, Finanzierung und regionale Netzwerke. Heidelberg (Physica-Verlag), 127-152 (Technik, Wirtschaft und Politik. Schriftenreihe des Fraunhofer-Instituts für Systemtechnik und Innovationsforschung (ISI), Band 23)

Lehmbruch, G./ Schmitter, Ph. C. (Hg.) (1982): Patterns of Corporatist Policy-Making. Beverly Hills/ London

Lepsius, M. R. (1995): Institutionenanalyse und Institutionenpolitik. In: Nedelmann, B. (Hg.): Politische Institutionen im Wandel, Opladen (Westdeutscher Verlag) (Kölner Zeitschrift für Soziologie und Sozialpsychologie, Sonderheft 35), 392-403

Link, A. N./ Rees, J. (1990): Firm Size, University Based Research, and the Returns to R&D. In: Small Business Economics, 2, 25-31

Luhmann, N. (1984): Soziale Systeme, Frankfurt (Suhrkamp)

Lundvall, B.-Å. (Hg.) (1992): National Systems of Innovation: Towards a Theory of Innovation and Interactive Learning, London (Pinter)

Lundvall, B.-Å. (1998): National Business Systems and National Systems of Innovation. In: International Studies of Management and Organization (edited by N. J. Foss; forthcoming)

Lundvall, B.-Å./ Borrás, S. (1998): The globalising learning economy: Implications for innovation policy, Luxembourg (Office for Official Publications of the European Communities) (Targeted Socio-Economic Research)

Lundvall, B.-Å./ Maskell, P. (1999): Nation states and economic development – From national systems of production to national systems of knowledge creation and learning. In: Clark, G. L./ Feldmann, M. P. Gertler, M. S. (Hg.): Handbook of Economic Geography, Oxford (Oxford University Press) (im Erscheinen)

Mansfield, E./ Lee, J.-Y. (1996): The modern university: contributor to industrial innovation and recipient of industrial R&D support. In: Research Policy 25, 1047-1058

Mayntz, R./ Scharpf, F. W. (Hg.) (1995): Gesellschaftliche Selbstregelung und politische Steuerung, Frankfurt/ New York (Campus)

Meyer-Krahmer, F./ Kuntze, U. (1992): Bestandsaufnahme der Forschungs- und Technologiepolitik. In: Grimmer, K./ Häusler, J./ Kuhlmann, S./ Simonis, G. (Hg.): Politische Techniksteuerung – Forschungsstand und Forschungsperspektiven, Opladen (Leske+Budrich), 95-118

Meyer-Krahmer, F./ Schmoch, U. (1998): Science-based technologies: university-industry interactions in four fields. In: Research Policy 27, 835-851

Meyer-Krahmer, F./ Reger, G./ Archibugi, D./ Durand, Th./ Molero, J./ Pavitt, K./ Soete, L./ Sölvell, Ö. (1998): Internationalisation of Research and Technology: Trends, Issues, and Implications for Science and Technology Policies in Europe. Brussels/ Luxembourg (ETAN Working Paper, prepared for the European Commission)

Münch, R. (1996): Risikopolitik, Frankfurt/M. (Suhrkamp)

Nelson, R. R. (Hg.) (1993): National Innovation Systems: A Comparative Analysis, Oxford/New York (Oxford University Press)

Niosi, J. (Hg.) (1999): The Internationalization of Industrial R&D. In: Research Policy (Special Issue), vol. 28, nos. 2-3, 107-336

North, D. C. (1992): Institutionen, institutioneller Wandel und Wirtschaftsleistung. Tübingen (Mohr)

OECD (Hg.), OECD Proposed Guidelines for Collecting and Interpreting Technological Innovation Data (Oslo Manual), Paris 1992

Offe, C. (1990): Staatliches Handeln und Strukturen der kollektiven Willensbildung – Aspekte einer sozialwissenschaftlichen Staatstheorie. In: Ellwein Th./ Hesse, J. J. (Hg.): Staatswissenschaften: Vergessene Disziplin oder neue Herausforderung? Baden-Baden (Nomos), 173-190

Pauly, L. W. (1999): Globalisation and the multinational corporation. Paper presented at the conference „National Systems of Innovation and the Idea-Innovation Chain", Netherlands Institute for Advanced Study in the Humanities and Social Sciences (NIAS), Wassenaar, January 27-29, 1999

Pavitt, K./ Patel, P. (1999): Global corporations and national systems of innovation: who dominates whom? In: Innovation Policy in a Global Economy, Cambridge (Cambridge University Press), 94-119

Peterson, J./ Sharp, M. (1998): Technology Policy in the European Union, New York (St. Martin's Press)

Pfetsch, F. R. (1995): Handlund und Reflexion. Theoretische Dimensionen des Politischen, Darmstadt (Wiss. Buchgesellschaft)

Porter M. E. (1990): The Competitive Advantage of Nations, London (Macmillan)

Powell, W. W./ DiMaggio, P. J. (Hg.) (1991): The New Institutionalism in Organizational Analysis, Chicago/ London (The University of Chicago Press)

Rammert, W. (1997): Innovation im Netz. Neue Zeiten für technische Innovationen: heterogen verteilt und interaktiv vernetzt. In: Soziale Welt, Jg. 48, H. 4, 397ff

Reger, G./ Kuhlmann, S. (1995) : European Technology Policy in Germany, Heidelberg 1995 (Physica/Springer series „Technology, Innovation, and Policy" vol. 2)
Rehberg, K.-S. (1994): Institutionen als symbolische Ordnungen. Leitfragen und Grundkategorien zur Theorie und Analyse institutioneller Mechanismen. In: Göhler, G. (Hg.): Die Eigenart der Institutionen. Zum Profil politischer Institutionentheorie, Baden-Baden (Nomos), 47-84.
Reinicke, W. H. (1998): Global Public Policy. Governing without Government? Washington D.C. (Brookings Institution Press)
Roobeek, A. J. M. (1990): Beyond the Technology Race. An Analysis of Technology Policy in Seven Industrial Countries, Amsterdam et al. (Elsevier)
Rotering, Ch. (1990): Forschungs- und Entwicklungskooperationen zwischen Unternehmen. Eine empirische Analyse, Stuttgart (Poeschel)
Sabel, Ch. (1996): A measure of federalism: assessing manufacturing technology centers. In: Research Policy, vol. 25, 281-307
Scharpf, F.W. (Hg.) (1993): Games and Hierarchies and Networks, Frankfurt/ Boulder (Campus/ Westview)
Scharpf, F.W. (1998a): Globalisierung als Beschränkung der Handlungsmöglichkeiten nationalstaatlicher Politik. In: Schenk, K.-E./ Schmidtchen, D./ Streit, M. E./ Vanberg, V. (Hg.): Jahrbuch für Neue Politische Ökonomie. 17. Band: Globalisierung, Systemwettbewerb und nationalstaatliche Politik, Tübingen (Mohr), 41-66
Scharpf, F. W. (1998b): Demokratie in der transnationalen Politik. In: Beck, U. (Hg.): Politik der Globalisierung, Frankfurt (Suhrkamp), 228-253
Schmoch, U. (1997): Institutionen und Funktionsweisen der Kooperation von Wissenschaft und Wirtschaft am Beispiel des Technologietransfers in Deutschland und den USA. In: Kuhlmann, S. (Hg.): Industrienahe Forschungsförderung im Spannungsfeld zwischen Ökologie und Ökonomie, Bern (Schweizerischer Wissenschaftsrat), 17-26
Schmoch, U./ Hinze, S./ Jäckel, G./ Kirsch, N./ Meyer-Krahmer, F./ Münt, G. (1996a): The Role of the Scientific Community in the Generation of Technology. In: Reger, G./ Schmoch, U. (Hg.): Organisation of Science and Technology at the Watershed. The Academic and Industrial Perspective, Heidelberg (Physica/Springer, Series „Technology, Innovation, and Policy, Vol. 3), 1-138
Schmoch, U./ Breiner, S:/ Cuhls, K./ Hinze, S./ Münt, G. (1996b): The Organisation of Interdisciplinarity – Research Structures in the Areas of Medical Lasers and Neural Networks. In: Reger, G./ Schmoch, U. (Hg.): Organisation of Science and Technology at the Watershed. The Academic and Industrial Perspective, Heidelberg (Physica/Springer, Series „Technology, Innovation, and Policy, Vol. 3), 267-372
Schumpeter, Joseph A., The Theory of Economic Development, Cambridge 1934 (Harvard University Press)
Schwitalla, B. (1993): Messung und Erklärung industrieller Innovationsaktivitäten, Heidelberg (Physica/Springer)
Streeck, W. (1996): Public Power beyond the Nation State: The Case of the European Community. In: Boyer, R./ Drache, D. (Hg.): States against Markets. The Limits of Globalization, London /New York (Routledge), 299-315
Streeck, W. (1997): German Capitalism: Does it Exist? Can it Survive? In: New Political Economy, 2(2), 237-256

Teece, D. (1986): Profiting from Technological Innovation: Implications for Integration, Collaboration, Licensing and Public Policy. In: Research Policy 15 (6), 285-305

van der Meulen, B./ Rip, A. (1994): Research Institutes in Transition, Delft (Eburon)

Voelzkow, H. (1996): Private Regierungen in der Techniksteuerung. Eine sozialwissenschaftliche Analyse der technischen Normung, Frankfurt/NewYork (Campus)

Voigt, R. (Hg.) (1998): Der neue Nationalstaat, Baden-Baden (Nomos)

Willke, H. (1992): Ironie des Staates. Die Grundlinien einer Staatstheorie polyzentrischer Gesellschaft, Frankfurt a.M. (Suhrkamp)

Whitley, R. (1998): Innovation Strategies, Business Systems and the Organisation of Research. Paper prepared for the Sociology of Sciences Yearbook meeting held at Krusenberg/Sweden, September 24-27, 1998

Whitley, R./ Kristensen, P. H. (Hg.) (1996): The Changing European Firm: Limits to Convergence, London (Routledge)

Wolff, H./ Becher, G./ Delpho, H./ Kuhlmann, S./ Kuntze, U./ Stock, J. (1994): FuE-Kooperation von kleinen und mittleren Unternehmen. Bewertung der Fördermaßnahmen des Bundesforschungsministeriums, Heidelberg (Physica/Springer Reihe „Technik, Wirtschaft und Politik", Bd. 5).

Globalisierung und politische Handlungsspielräume

Frieder Meyer-Krahmer

Was bedeutet Globalisierung für Aufgaben und Handlungsspielräume nationaler Innovationspolitiken?

1. Aufgaben und Akteure nationaler Forschungs-, Technologie- und Innovationspolitik

In allen entwickelten westlichen Industriestaaten finden sich staatliche Aktivitäten zur Förderung der angewandten Forschung, der technologischen Entwicklung und der industriellen Innovation, die als Technologie- und Innovationspolitik bezeichnet werden. Unter Innovationspolitik wird meist die Schnittmenge von Industriepolitik und Forschungs- und Technologiepolitik verstanden.

Welche Aufgaben hat die staatliche Technologiepolitik? Sie ist einer der Akteure (vgl. Bruder 1986; Meyer-Krahmer 1997; Krull/ Meyer-Krahmer 1996)

- zum Aufbau und zur Strukturierung der Forschungslandschaft eines Landes,
- zur Schaffung von monetären und anderen Rahmenbedingungen für Grundlagenforschung, langfristig anwendungsorientierte Forschung und Industrieforschung,
- zum Aufbau und zur Strukturierung einer „innovationsorientierten Infrastruktur",
- zur bewußten und manchmal auch unbewußten Einflußnahme auf die Technologieentwicklung hinsichtlich bestimmter Ziele (Wettbewerbsfähigkeit, Lebensbedingungen, Infrastruktur, Langzeitprogramme).

Unter Technologiepolitik soll hier primär die auf naturwissenschaftlich-technische Bereiche konzentrierte Politik verstanden werden, wenn auch mit der zunehmenden Beachtung des Systemzusammenhangs wirtschafts- und sozialwissenschaftliche Forschung immer relevanter wird. Ihr Gegenstand ist weiterhin vornehmlich die langfristig und kurzfristig anwendungsorientierte Forschung, weniger die Grundlagenforschung, die – mit fließenden Übergängen – eher der Wissenschaftspolitik zuzuordnen ist.

Die Innovationspolitik weist vielfältige Schnittstellen zu anderen Politikbereichen auf, insbesondere zur Bildungspolitik (Aus-, Fort- und Weiterbildung), zur Wirtschaftspolitik (Strukturwandel, Anpassungsverhalten der Unternehmen), zur Rechts- und Innenpolitik, Umwelt- und Verkehrspolitik u.a.m. Diese Politikbereiche bestimmen entweder Randbedingungen von

Forschung und Innovation auf der Angebotsseite (wie vorhandene Infrastruktur, qualifiziertes Personal) oder auf der Nachfrageseite (wie Straßenbau, Umweltregularien oder Produktanforderungen). Wie die Innovationsforschung gezeigt hat (von Hippel 1988), werden Innovationen ganz wesentlich durch die Nachfrage determiniert; der Kopplung dieser verschiedenen Politikbereiche kommt somit besondere Bedeutung zu.

Die wissenschaftlichen Akteure in der Innovationspolitik sind die forschenden Einrichtungen selbst, deren Gesamtheit die „Forschungslandschaft" der Bundesrepublik Deutschland darstellt (eine genauere Darstellung z.b. bei Krull/ Meyer-Krahmer 1996). Der wichtigste Akteur – soweit es die Finanzierung von FuE betrifft – ist die Wirtschaft. Der politische Hauptakteur war in der Bundesrepublik Deutschland über lange Zeit der Bund. Im Laufe der Entwicklung der Technologiepolitik sind in zunehmendem Umfang sowohl regionale als auch supranationale Akteure wichtig geworden. Das Spektrum der beteiligten Institutionen hat sich stark erweitert: heute stehen neben den Hauptakteuren auf Bundesebene die Bundesländer, Kommunen, halbstaatliche und private Institutionen (Industrie- und Handelskammern, Transferinstitutionen, Arbeitsgemeinschaft industrieller Forschungsvereinigungen, Banken) sowie die Europäische Union. Der Wechsel von der Forschungs- zur Innovationsförderung wurde von einer Dezentralisierung und einer Zunahme der institutionellen Vielfalt der beteiligten Akteure begleitet.

Forschung und Entwicklung (FuE) sind für die Position der deutschen Wirtschaft im internationalen Wettbewerb und für den öffentlichen und privaten Wohlstand dieses Landes – neben Humankapital, Ausbildungssystem und einer guten Infrastruktur – entscheidend. Durch die Rezession und die deutsche Vereinigung investieren Wirtschaft und Staat allerdings zu wenig in diesen Standortfaktor. Die FuE-Aufwendungen der Wirtschaft wachsen seit 1989 jährlich nur noch halb so stark wie in den 80er Jahren (1981-89: 8 %; 1989-1997: 3 %). Das FuE-Personal der Wirtschaft hat in den letzten Jahren sogar abgenommen. Die gesamten Aufwendungen des Bundesministeriums für Forschung und Technologie (BMFT; seit 1994 Bundesministerium für Bildung, Wissenschaft, Forschung und Technologie, BMBF) pro Kopf der Bevölkerung sind von 1989 bis 1995 zurückgegangen. Auch wenn in diesem Falle statistische Abgrenzungsfragen ein Rolle spielen, spiegelt sich hierin die vereinigungsbedingte Vergrößerung des Wirtschaftsraums und eine unterproportionale Erhöhung des BMBF-Budgets wider, denn absolut hat es sich durchaus erhöht (1990: 9 Mrd. DM, 1997: 10,5 Mrd. DM FuE der zusammengefaßten Ministerien). Beim Anteil der gesamten FuE-Aufwendungen am Bruttoinlandsprodukt ist die Bundesrepublik international deutlich zurückgefallen. Auch Struktur und Effizienz des Forschungssystems sind verbesserungsbedürftig, wenn sich die technologische Wettbewerbsposition der Bundesrepublik Deutschland nicht weiter verschlechtern soll.

Die Technologie- und Innovationspolitik in der Bundesrepublik Deutschland befand sich früher eher im Windschatten der politischen Kontroversen und hat erst seit der Arbeit der Kommission für wirtschaftlichen und sozialen Wandel mehr Resonanz gefunden, ist aber auch zunehmend einem Kreuzfeuer der Kritik ausgesetzt. Die wirtschaftswissenschaftlichen Standpunkte, die in dieser Debatte vertreten werden, reichen von streng liberalen Positionen (vgl. Oberender 1987; Streit 1984) über Ansätze, die sich in der strukturpolitischen Diskussion (vgl. z.B. Gahlen/ Stadler 1986), insbesondere auch um qualitatives Wachstum finden, bis zu Ansätzen einer „pragmatischen Technologiepolitik" (Kohn 1984). Diese Diskussion leidet u. a. an zwei grundlegenden Problemen: Zum einen fehlt es bisher an einer umfassenden Theorie des technischen Wandels einschließlich der Bestimmung der Rolle staatlichen Handelns; diese Lücke dürfte auch für absehbare Zeit nicht schließbar sein (Dosi/ Freeman/ Nelson/ Silverberg/ Soete 1988). Zum anderen liegt ein grundsätzliches Problem dieser Debatte darin, daß für die Ableitung konkreten staatlichen Handelns eine ganze Reihe von Annahmen über die Entstehung und Verbreitung von neuen Techniken, das Innovationsverhalten von Unternehmen und über die Wirkungsketten, die staatliche Aktivitäten und unternehmerisches technisches Neuerungsverhalten verknüpfen, verwendet wird, für die es z. T. keine empirisch gesicherte Basis gibt. Dennoch deuten die vorliegenden Untersuchungen eher darauf hin, daß staatliche Technologiepolitik technische Entwicklungen weitaus weniger beeinflußt als in der Planungseuphorie z.B. der 70er Jahre angenommen wurde (Becher/ Kuhlmann 1995). Die Vorstellung, der Staat würde den technischen Fortschritt gar „steuern", ist inzwischen zu Recht aufgegeben worden.

2. Gründe für eine staatliche Technologie- und Innovationspolitik und überholte Prämissen nationaler Politik

Die theoretische Literatur über mögliche Begründungen staatlicher Technologiepolitik ist begrenzt (Dasgupta/ Stoneman 1987; Mowery 1994; Fritsch 1995). Für die Bundesrepublik Deutschland ist es charakteristisch, daß in diesem Feld eine intensive ordnungspolitische Debatte entbrannt ist, die sich überwiegend damit beschäftigt, die Argumente gegen eine klassische Industriepolitik (die primär der Erhaltung gefährdeter traditioneller Industriezweige wie Kohle und Landwirtschaft dient) auf die Förderung von Technologien zu übertragen. In der internationalen Diskussion findet sich – mit wenigen Ausnahmen – diese Debatte nicht. Die bisherigen Ansätze beruhen primär auf der public choice-Theorie, der Industrieökonomik, evolutionären Ansätzen und der neuen Wachstumstheorie (siehe Klodt 1995; Fritsch 1995; Smith 1991; Meyer-Krahmer 1997).

Es gibt beträchtliche Unterschiede in den Begründungen für staatliche Technologiepolitik z.B. in Japan, Deutschland und den Vereinigten Staaten. Die japanische Technologiepolitik hebt sowohl auf die Erzeugung von Netzwerken, Kooperationen und Ausstrahlungseffekten (Spillover) als auch auf die Diffusion, Anwendung und den strukturellen Wandel ab. Während die letztere Begründung ebenso einen wichtigen Schwerpunkt in Deutschland darstellt, ist erst in jüngster Zeit in den USA und Deutschland die Frage der Netzwerke und der Spillover-Effekte bedeutsamer geworden. Markteintritt und öffentliche Güter, insbesondere nationale Sicherheit und Gesundheit, sind zentrale Politikbegründungen in den USA und weniger bedeutsam in Deutschland und Japan. In Deutschland dagegen ist der Aufbau der FuE-Infrastruktur als Politikargument stärker ausgeprägt. Die japanische Regierung hat ihre Versuche der Unterstützung von Grundlagenforschung überwiegend am Universitätssystem vorbei betrieben (seit 1996 ändert sich dies allerdings), während in den USA der Schwerpunkt im gegenteiligen Ansatz beruhte, indem die Verbindung zwischen Forschungsinfrastruktur und Unternehmen ausgebaut wurde. Darüber hinaus wird in Deutschland besondere Aufmerksamkeit auf intermediäre Forschungseinrichtungen (zwischen Universitäten und Unternehmen angesiedelt) gerichtet.

Jeder nationalen Technologie- und Innovationspolitik liegen bestimmte meist implizite Prämissen über das Innovationsgeschehen, das Verhalten der Akteure und die wirtschaftlichen und sozialen Auswirkungen zugrunde. In vielen OECD-Staaten findet sich auch gegenwärtig noch eine überwiegend „nationale" Fiktion von Politik. Es ist fraglich, ob diese Prämissen mit Globalisierung verträglich sind. Eine der häufigsten und wichtigsten Prämissen geht davon aus, der Nutzen der öffentlichen Ressourcenallokation in Forschung, Entwicklung und Innovation fließe überwiegend der nationalen Volkswirtschaft zu. Es herrscht die Vorstellung, nationale Technologie- und Innovationspolitik verursache primär positive Effekte für das eigene Land. Ein zweite Prämisse schlägt sich darin nieder, daß in einer Reihe von Ländern ausländische Unternehmen von nationalen Förderprogrammen ausgeschlossen bzw. bestenfalls als selbstfinanzierte, mitwirkende Unternehmen toleriert werden. Die zugrundeliegende Prämisse ist, daß der Abfluß von Know-how durch die Involvierung solcher Unternehmen der nationalen Technologie- und Innovationsförderung in höherem Maße gegeben ist als im Falle ihres Ausschlusses. Dagegen ist es fraglich, ob ein solcher Know-how Abfluß primär durch Nationalität des Hauptsitzes – so die Prämisse –, sondern vielmehr durch den Internationalisierungsgrad der beteiligten Akteure und Unternehmen bestimmt wird. Eine letzte wichtige Prämisse einer Politik, die einer nationalen Fiktion folgt, ist schließlich die Vorstellung, daß der Kompetenzgewinn durch nationale Wissensproduktion aus wirtschaftlicher, technologischer, militärischer o. ä. Sicht günstiger als die Nutzung extern verfügbaren Know-hows zu beurteilen ist. Angesichts der Tatsache, daß z.B. im Falle der Bundesrepublik Deutschland rund 80 % des weltweit erzeugten Wissens außerhalb Deutschlands produziert werden, ist auch diese Prämisse in Frage gestellt. Aus diesem Grunde wird dieser Beitrag auch von dem Interesse geleitet, die neueren Entwicklungen im FuE-Management international tätiger Unternehmen mit dem Ziel zu untersuchen, ob technologie- und innovationspolitische Konzepte überhaupt noch von realitätsgerechten Prämissen ausgehen.

3. Globalisierung von Forschung und Entwicklung

Die wachsende Integration vieler Länder in eine weltweite Arbeitsteilung, der Abbau von Handelsbarrieren und nationaler Regulierungen sowie eine zunehmende Mobilität der Produktionsfaktoren werden heute in der öffentlichen und wissenschaftlichen Diskussion mit dem Begriff „Globalisierung" beschrieben, um eine neue Qualität der Internationalisierung der Wirtschaft hervorzuheben[1]. Auf dieser allgemeinen Ebene umfaßt die Globalisierung der Industrie die grenzüberschreitenden Operationen von Unternehmen zur Ausgestaltung ihrer Forschung und Entwicklung, ihrer Produktion, ihres Bezugs von Vorleistungen, ihres Marketings und ihrer finanzwirtschaftlichen Aktivitäten. Als wesentliches Kennzeichen – oder neue Qualität – wird dabei die Aufteilung verschiedener Unternehmensaktivitäten auf verschiedene Länder angesehen. Dieser Umstand unterscheidet die Globalisierung von bisherigen Formen der Internationalisierung, bei denen ein Unternehmen zwar in verschiedenen Ländern agiert, aber noch eindeutig einem Staat zugeordnet werden kann. Heute wird es zunehmend schwieriger, international (global) operierende Unternehmen mit einem nationalen Etikett zu versehen. So fand traditionell die internationale Expansion von Unternehmen hauptsächlich über den Außenhandel statt, dem dann unter bestimmten Voraussetzungen Direktinvestitionen im Ausland folgten. Diese Internationalisierung der Produktion durch Direktinvestitionen hat seit den achtziger Jahren ein starkes Wachstum erfahren. Parallel dazu haben sich die traditionellen Vorgehensweisen bei der Durchführung von Forschung und Entwicklung (FuE) geändert und die Generierung von technologischen Innovationen wird zunehmend durch den allgemein attestierten Trend zur Globalisierung beeinflußt. Multinationale Unternehmen internationalisieren also nach dem Absatz und der Produktion auch ihre FuE. Welche Bedeutung und welche Konsequenzen diese Entwicklung hat, ist und bleibt jedoch kontrovers.

---

1 Die folgenden Ausführungen basieren auf Jungmittag/ Meyer-Krahmer/ Reger (1998); dort finden sich eine detaillierte Faktendokumentation und ausführliche Literaturhinweise.

In den Medien wurde die zunehmende internationale Generierung, Übertragung und Diffusion von Technologien mit dem Schlagwort „technologische Globalisierung" oder „Techno-Globalismus" beschrieben, der dann auch im wissenschaftlichen Bereich aufgegriffen wurde. Damit dieser zunächst schillernde Begriff jenseits eines allgemeinen Schlagwortes tatsächlich inhaltliche Bedeutung erlangt und zur Beschreibung der Globalisierung von FuE und Technologiemärkten beitragen kann, muß er jedoch zunächst genauer definiert werden. Eine derartige Definition (oder Taxonomie) sollte zumindest drei Prozesse unterscheiden: Die *internationale (globale) Verwertung* von auf nationaler Ebene entwickelten Technologien: die Unternehmen versuchen, ihre Technologie international zu verwerten, sei es durch Exporte, Auslandsproduktion oder Lizenzvergaben. Dabei handelt es sich um keine neue Entwicklung, trotzdem wächst ihre Bedeutung auch weiterhin.

- Die *internationale (globale) technologische Zusammenarbeit* von Partnern in mehr als einem Land zur Entwicklung von Know-how und Innovationen, wobei jeder Partner seine institutionelle Identität behält und auch Eigentumsverhältnisse nicht geändert werden: diese Kooperationen können sowohl zwischen Unternehmen erfolgen (z.B. durch gemeinsame FuE-Projekte, den Austausch von technischen Informationen, Joint Ventures oder strategischen Allianzen) als auch durch gemeinsame wissenschaftliche Projekte und den Austausch von Wissenschaftlern oder Studenten. Typische Akteure sind hier nationale und multinationale Unternehmen sowie Hochschulen und öffentliche FuE-Einrichtungen. Formen der internationalen technologischen Zusammenarbeit gewinnen weiter na Bedeutung und werden auch von der Politik durch entsprechende Programme gefördert.
- Die *internationale (globale) Generierung von Technologien* erfolgt durch multinationale Unternehmen, die über Ländergrenzen hinweg FuE-Strategien zur Kreierung von Innovationen durch den Aufbau von Forschungsnetzwerken entwickeln. Hierzu zählen FuE- und Innovationsaktivitäten, die gleichzeitig in den Heimat- und Gastländern stattfinden, der Erwerb von ausländischen FuE-Einrichtungen und die Neugründung von FuE-Einrichtungen in den Gastländern. Es gibt eine Reihe von empirischen Evidenzen, daß diese Aktivitäten zumindest für Großunternehmen in einer Reihe von Industriezweigen an Bedeutung gewinnen. Jedoch ist das Bild hier keineswegs einheitlich.

Eine weitere Möglichkeit stellt das „global sourcing" von Technologien über den Außenhandel (Import von Hoch- und Spitzentechnologiegütern) dar. Es ist sicher ein Ausdruck der Internationalisierung von Technologiemärkten, aber nicht mit der Internationalisierung von FuE verbunden.

Die drei skizzierten unterschiedlichen Prozesse tragen auch zur analytischen Klarheit bei, weil das Ausmaß ihres Wirkens durch unterschiedliche Indikatoren beschrieben werden kann. Das ökonomische Äquivalent zur globalen Verwertung von auf nationaler Ebene entwickelter Technologien sind zunächst einmal die Außenhandelsströme. Sie sind wiederum mit Patentanmeldungen auf den ausländischen Märkten verbunden. Hinzu kommen Direktinvestitionen zum Aufbau von Auslandsniederlassungen, die ausschließlich der FuE nachgelagerten Stufen der Wertschöpfungskette dienen. Die globale technologische Zusammenarbeit spiegelt sich im Unternehmensbereich in internationalen Joint-Ventures wider, die wiederum durch die Anzahl entsprechender Kooperationsverträge abgebildet werden können. Bei akademischen und öffentlichen Forschungseinrichtungen kann der internationale wissenschaftliche Austausch durch die Anzahl von transnationalen Koautorenschaften gemessen werden. Etwas schwieriger stellt sich aufgrund der Datenlage die approximative Messung der globalen Generierung von Technologien dar. Sie erfordern zunächst einmal Direktinvestitionen in FuE-Einrichtungen, entweder in Form des Erwerbs von bestehenden ausländischen FuE-Einrichtungen oder der Neugründung in den Gastländern. Der FuE-Output kann dann näherungsweise durch die Patentanmeldungen von ausländisch kontrollierten Unternehmen erfaßt werden.

Die aufgrund dieser Indikatoren beobachtbaren globalen Trends werden im folgenden skizziert. Die auf der Makroebene gewonnenen Erkenntnisse werden dann durch detailliertere Ergebnisse aus einer neuen Studie „Internationalisierung industrieller FuE in ausgewählten Technikfeldern", die von ISI, DIW und ZEW im Auftrag des BMBF erstellt wurde, ergänzt. Abschließend wird auf die Motive und Konsequenzen der Globalisierung von FuE eingegangen.

Es ist unmittelbar naheliegend, daß Unternehmen mit einer starken Exportorientierung auch versuchen, ihre technologischen Vorteile (als eine Ausprägung von firmenspezifischen Vorteilen), die sich in ihren Innovationen ausdrücken, international zu verwerten. Zudem sind technologieintensive Güter in besonderem Maße international handelbar. So zeigen empirische Untersuchungen, daß zwischen der Entwicklung von technischen und außenwirtschaftlichen Spezialisierungsmustern häufig enge Zusammenhänge bestehen.

Stets ist es jedoch notwendig, daß ein Unternehmen die internationale Verwertung von auf nationaler Ebene entstandenen Innovationen durch Patente im Ausland absichert. Grundsätzlich sind Patentabsicherungen eng verbunden mit der Verfolgung von kommerziellen Strategien. Schon weil Patente für industrielle Anwendungen nutzbar sein müssen und weil der Patentschutz relativ teuer ist, sind dann Patentregistrierungen im Ausland ein geeigneter Indikator für Strategien, die auf ausländische Märkte zielen.

Insgesamt sind die für die erste Hälfte der neunziger Jahre konstatierbaren Entwicklungen nicht neu. Sie wurden auch bereits für die achtziger Jahre beobachtet. Zusammengenommen zeigen sie, daß die internationale Verwertung von Innovationen auch in der ersten Hälfte der neunziger Jahre weiterhin massiv zugenommen hat.

Diese Entwicklung gibt noch keine Rückschlüsse auf die Internationalisierung von FuE im Sinne des dritten Prozesses der technologischen Globalisierung „Internationale (globale) Generierung von Technologien" zu ziehen. Hierzu müssen die FuE-Aktivitäten der Unternehmen im Ausland näher betrachtet werden.

Zwischen verschiedenen Ländern variiert die relative Bedeutung von ausländischen FuE-Aktivitäten erheblich. So entfallen in Europa 11,9% der technologischen Aktivitäten auf ausländische (d.h. nichteuropäische) Großunternehmen, wenn man als Maßgröße die aus Europa stammenden US-Patente dieser Unternehmen zugrunde legt. Für Japan beträgt dieser Wert nur 1% und für die USA 4,2%. Innerhalb Europas liegen die Anteile aus den einzelnen Ländern stammenden US-Patente ausländischer Großunternehmen zwischen 2,9% (Finnland) und 49,1% (Belgien). Im Mittelfeld liegen nach der Schweiz (5,4%) mit Werten um 10% Deutschland, Frankreich, Italien, die Niederlande, Österreich und Schweden, während für Großbritannien der Anteil 20,2% beträgt. Von einzelnen Ländern erstellte Statistiken, die z. T. auf Umfragen beruhen, zeigen zudem, daß der Anteil ausländischer FuE an der gesamten FuE des jeweiligen Landes oft größer ist als der Anteil der aus dem Land stammenden Patente ausländischer Großunternehmen. So beträgt der Anteil ausländischer FuE in Japan 5,2%, in den USA, Deutschland und Frankreich zwischen 15,2% und 15,9%, in Großbritannien 25,8%, in Kanada 40,6% und in Irland 67%. Dabei ist der Anteil ausländischer FuE in den Ländern besonders hoch, in denen ausländische Unternehmen stark im verarbeitenden Gewerbe vertreten sind. Aufgrund dieser Diskrepanzen sollte bei weiteren Untersuchungen geprüft werden, ob – und gegebenenfalls aus welchen Gründen – die Patentindikatoren das Ausmaß der Internationalisierung von FuE und deren zunehmende Dynamik in den letzten Jahren unterschätzen.

Bei der regionalen Verteilung der FuE-Aktivitäten im Ausland lassen sich deutliche Schwerpunkte ausmachen. So belegt eine Sonderauswertung des SV-Wissenschaftsstatistik, die in Beise/ Belitz (1997) wiedergegeben wird, daß sich die FuE-Aktivitäten deutscher Unternehmen auf Europa und die USA konzentrieren. Umgekehrt fließt ein Großteil der FuE-Ausgaben US-amerikanischer Unternehmen im Ausland in europäische Länder. Nach den vom US-Handelsministerium veröffentlichten vorläufigen Daten betrugen die gesamten US-amerikanischen FuE-Ausgaben des Verarbeitenden Gewerbes im Ausland 1994 10,147 Mrd. US-$. Davon entfielen 25,9% auf Deutschland, 19,1% auf Großbritannien und 11,3% auf Frankreich. Parallel zur Schwerpunktsetzung in Europa steigen aber auch die US-amerikanischen FuE-Ausgaben in Japan beständig an: sie hatten 1982 noch einen Anteil von 2,3%, 1990 von 4,5% und 1994 schließlich von 7,8%. Zielland der im Ausland FuE-betreibenden japanischen Unternehmen ist vor allem die USA. An zweiter Stelle steht Europa. Für Japan gewinnen aber auch die anderen asiatischen Länder an Bedeutung.

Abbildung 1: FuE-Ausgaben ausländischer Unternehmen in den USA 1977 – 1994

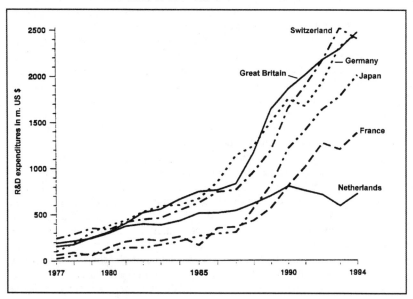

Quelle: US Handelsministerium, zitiert nach Beise/ Belitz (1997)

Auch wenn die Blickrichtung umgekehrt wird, ist ersichtlich, daß die USA ein wesentliches Empfängerland von ausländischen FuE-Aufwendungen sind. *Abbildung 1* zeigt, daß die Industriestaaten dort ihre FuE-Aktivitäten beständig ausgebaut haben. Dabei erfolgte mit Ausnahme der Niederlande bei allen hier betrachteten Ländern in der zweiten Hälfte der achtziger Jahre eine Zunahme der Wachstumsrate der FuE-Aufwendungen. An der Spitze befanden sich 1994 Deutschland, Großbritannien und die Schweiz, gefolgt von Japan. Die vorläufigen Angaben des US-Handelsministeriums für die FuE-Ausgaben ausländischer Unternehmen für das Jahr 1995 zeigen an, daß die bundesdeutschen Unternehmen ihre Aufwendungen nochmals erheblich gesteigert haben und nun etwa 3,9 Mrd. US-$ für FuE (1994: noch 2,5 Mrd. US-$) ausgeben. Sie würden damit deutlich vor schweizerischen und britischen Unternehmen über das größte FuE-Potential in den USA verfügen. Der große Anstieg der

FuE-Aufwendungen bundesdeutscher Unternehmen in den USA von 1994 auf 1995 ist wesentlich auf den Boom bei den Unternehmensübernahmen – vor allem durch große Akquisitionen im Pharmabereich – zurückzuführen, bei denen auch FuE-Kapazitäten in den Besitz bundesdeutscher Unternehmen übergingen.

Ein ähnliches Bild ergibt sich auch, wenn man die Anzahl der unabhängigen Forschungszentren ausländischer Unternehmen in den USA im Jahr 1994. Hier nimmt Japan, gefolgt von Großbritannien und Deutschland, die Spitzenstellung ein. Betrachtet man zudem die technologischen Schwerpunkte der ausländischen Forschungszentren, so zeigt sich, daß die Unternehmen vor allem in den Feldern in den USA forschen, in denen sie den Heimatländern technologische Stärken aufweisen. So konzentrieren sich die Zentren aus Japan und Korea auf die Bereiche Computer und Elektronik. Die europäischen Unternehmen haben ihre Schwerpunkte in den Bereichen Chemie, Pharmazie, Biotechnologie und Werkstoffe. Ferner forschen deutsche und niederländische Unternehmen vor allem in dem Bereich Elektronik, britische Unternehmen in den Bereichen Feinmechanik, Meß- und Steuertechnik und schwedische Unternehmen im Maschinenbau.

Die zunehmende Internationalisierung von FuE liefert letztlich aber nur Indizien für die internationale (globale) Generierung von Technologien. Ein weiterer aussagekräftiger Indikator ist hier – unterteilt nach Herkunftsländern – die geographische Verteilung der Patentierungen in den USA von großen Unternehmen, die im Ausland operieren. Danach erfolgt die internationale Generierung von Technologien im wesentlichen durch europäische Unternehmen. Japanische Unternehmen nehmen fast gar nicht und US-amerikanische Unternehmen kaum an ihr teil. Die europäischen Unternehmen verteilen ihre Aktivitäten wiederum auf die USA und das europäische Ausland. Dabei sind jedoch deutliche Unterschiede zwischen den verschiedenen europäischen Ländern festzustellen.

Betrachtet man die geographische Verteilung der internationalen technologischen Kooperationsabkommen so wird deutlich, daß sich die größte Anhäufung von solchen Joint Ventures in den USA findet. An 2906 technologischen Kooperationsabkommen (das sind 63% aller in der Datenbank erfaßten Abkommen) ist zumindest ein Unternehmen mit Standort USA beteiligt. Zudem kooperieren europäische Unternehmen mehr mit US-amerikanischen Unternehmen (Gesamtanteil 21,2%) als mit anderen europäischen Unternehmen (Gesamtanteil 18,4%). Japanische Unternehmen präferieren ebenfalls technologische Kooperationen mit Unternehmen, die einen Standort in den USA aufweisen. Kooperationen mit Unternehmen an Standorten außerhalb der Triade spielen dagegen mit einem Anteil von 7,8% nur eine untergeordnete Rolle.

Sind die Akteure Wissenschaftler aus Hochschulen und öffentlichen FuE-Einrichtungen, so kann der Grad der internationalen technologischen Zusammenarbeit durch die Anzahl der in internationaler Koautorenschaft erstellten Publikationen approximiert werden. In *Abbildung 2* ist die Entwicklung des Anteils der im Science Citation Index erfaßten mit deutscher Beteiligung in internationaler Ko-Autorenschaft erstellten Publikationen wiedergegeben.

Abbildung 2: Anteil der Ko-Publikationen deutscher Autoren mit Ausländern an den gesamten Publikationen deutscher Autoren 1980 – 1996

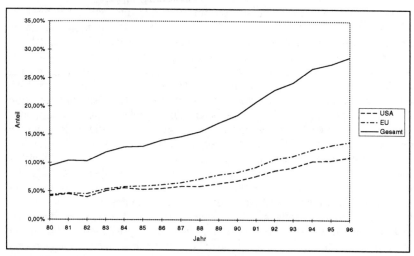

Quelle: Science Citation Index, eigene Berechnungen

Bei der relativen Betrachtung zeigt sich der deutliche Anstieg der mit deutscher Beteiligung in internationaler Ko-Autorenschaft erstellten Publikationen. Betrug der Anteil dieser Publikationen an den gesamten Publikationen deutscher Autoren 1980 noch 9%, so ist er bis 1996 kontinuierlich auf 29% angestiegen. Publizierten bis Mitte der zweiten Hälfte deutsche Autoren etwas in gleichem Umfang mit US-amerikanischen und europäischen Ko-Autoren, so weisen nun die Ko-Autoren aus anderen europäischen Ländern ein deutlich höheres Gewicht auf (1996: US-amerikanische Ko-Autoren 11% und Ko-Autoren aus anderen europäischen Ländern 14%).

Internationalisierung industrieller FuE in ausgewählten Technikfeldern

Die Muster der Internationalisierung industrieller FuE in drei Schlüsseltechnologien – Pharmazeutik, Halbleitertechnologie und Telekommunikationstechnik – sind ausführlich in einer neuen Studie von ISI, DIW und ZEW (1997) für das BMBF analysiert worden. Dabei ergaben sich eine Reihe von – bisherige Analysen vertiefenden und ergänzenden – Ergebnissen, die im folgenden kurz dargestellt werden sollen.

Nach Gordon (1994) folgt die Globalisierung in verschiedenen Unternehmensfunktionen unterschiedlichen Regimen: Die Internationalisierung der Absatzmärkte wird durch das Regime der Suche von Märkten mit hohen Einkommens- und niedrigen Preiselastizitäten bei freiem Welthandel bestimmt (wir heben in diesem Zusammenhang besonders auf „Lead Märkte" ab), die Transnationalisierung der Produktionsstandorte vom Regime der Produktionsmöglichkeiten (Arbeitskräfte, Kosten, sonstige komparative Vorteile, Marktnähe) getrieben; schließlich ist die Internationalisierung von FuE durch die Erlangung von Systemkompetenz durch globales „R & D Sourcing" geprägt. Es interessiert insbesondere die Frage, welches dieser Regime bei der Standortwahl von FuE ausschlaggebend ist (vgl. *Abbildung 3*).

Die Internationalisierung der Unternehmen ist in den Branchen unterschiedlich stark fortgeschritten. Unterschiede im Liberalisierungsgrad des internationalen Handels, der Regulierung von Direktinvestitionsströmen, der regionalen Nachfragespezifik, den Größenvorteilen in der Produktion und der Internationalisierung technischen Wissens führen zu Unterschieden des Internationalisierungsgrads der Branchen. Für die drei ausgewählten Technikfelder hat sich gezeigt, daß die Internationalisierung der FuE wesentlich von drei Faktoren beeinflußt wird, und zwar von der:

- frühzeitigen Bindung der FuE-Tätigkeit an den führenden, innovativen Kunden („Lead User") oder den führenden Markt („Lead Market"),
- frühzeitigen Verzahnung der unternehmenseigenen FuE mit wissenschaftlicher Exzellenz und dem Forschungssystem,
- engen Kopplung zwischen Produktion und FuE.

Die Analyse belegt, daß international agierende Unternehmen in Wertschöpfungs- und Prozeßketten denken. Kriterien der Standortwahl von FuE sind folglich nicht nur Angebotsfaktoren wie eine gut ausgebaute Forschungsinfrastruktur sondern auch Nachfragefaktoren, die zunehmend eine wichtigere Rolle in den Unternehmensentscheidungen spielen. Erst durch die Verknüpfung verschiedener Wertschöpfungsketten können schwer transferierbare Leistungsverbünde geschaffen werden und sich die Bundesrepublik in ausgewählten Bereichen als Standort für schwer verlagerbare Kompetenzzentren international etablieren.

Die Bedeutung von „Lead Markets" für die Verankerung bestehender und die Neuansiedlung industrieller FuE-Aktivitäten hat zugenommen. Diese Funktion eines Marktes ist entscheidend für Innovationen, die erst in engem Kontakt mit anspruchsvollen, innovativen Kunden heranreifen. In Technikfeldern mit hoher Wissenschaftsbindung sind die Ergebnisse der wissenschaftlichen Forschung eine treibende Kraft für die Internationalisierung von Innovationsprozessen. In beiden Fällen ist die regionale Nähe zu den externen Partnern, wie Kunden, Wettbewerbern und wissenschaftlichen Einrichtungen, vorteilhaft. Bei einer engen Verzahnung von Produktion und FuE-Aktivitäten folgt die Internationalisierung der FuE der Internationalisierung der Produktion. Die Internationalisierung der Produktion ist dann die beherrschende Triebkraft der Internationalisierung von FuE.

Abbildung 3: Einflußfaktoren auf die Internationalisierung von FuE in ausgewählten Technikfeldern

Bedeutung der Kopplung der FuE	Pharmazeutik		Halbleitertechnik	Telekommunikationstechnik
	Präklinik	Klinische Forschung		
„Lead Market"	niedrig	sehr hoch	sehr hoch	sehr hoch
Wissenschaft/ Forschungssystem	sehr hoch	hoch	niedrig	niedrig
Produktion	niedrig	niedrig	hoch	niedrig

Quelle: ISI, DIW, ZEW (1997), S. 136.

Ein zentrales Ergebnis der Untersuchung ist, daß in den drei betrachteten Technikbereichen die entscheidenden Einflußfaktoren auf die Internationalisierung unterschiedlich sind (vgl. *Abbildung 3*). Die Innovationsdynamik der beiden Bereiche Halbleiter- und Telekommunikationstechnik ist erheblich durch „Lead Markets" getrieben. Bei der Halbleitertechnik hat zudem die Kopplung der Produktion mit FuE eine hohe Bedeutung. In der pharmazeutischen Industrie muß deutlich zwischen der Präklinik und der klinischen Forschung unterschieden werden: In der Präklinik treibt die wissenschaftliche Entwicklung und in der klinischen Forschung der „Lead Market" die Innovationsdynamik voran.

Motive und Konsequenzen der Globalisierung von FuE

Die empirischen Befunde zeigen, daß der Internationalisierungsgrad der Verwertung von neuen Technologien, aber auch der Forschung, Produktentwicklung und Innovation selbst in den 80er und 90er Jahren kontinuierlich zugenommen hat. Diese Globalisierung von Forschung, Innovation und Technologiemärkten ist vergleichsweise weit vorangeschritten in Branchen und Produktsegmenten mit hoher Wissensgenerierung und starker länderspezifischer Differenzierung von Produkten und Forschungssystemen. Treiber des Globalisierungsprozeßes waren bislang bestimmte Segmente der chemisch-pharmazeutischen Industrie (v.a. Agrarchemikalien, Pharmakologie, Biotechnologie) sowie die informationstechnische Industrie (Halbleiter, EDV, Telekommunikation, Konsumelektronik). Ein gewisser Nachholbedarf in Bezug auf die Internationalisierung von FuE ist dort zu verzeichnen, wo Produktion und Montage als Anteil an der Wertschöpfung noch im Vordergrund stehen, wie in der Automobilindustrie oder im Maschinen- und Anlagenbau; auch diese werden im Verlauf der 90er Jahre in den Strudel der Globalisierung gerissen. Bei sehr weitgehend globalisierten Unternehmen finden sich allerdings in bestimmten Branchen bereits Gegentendenzen einer „De-Globalisierung", da sich durch die gewachsene Komplexität eine effiziente Steuerung immer schwieriger gestaltet.

Wichtigste Motive für die anhaltende Globalisierung der FuE- und Innovationsaktivitäten sind:

- Zugang zu führenden Forschungsergebnissen und Talenten;
- Vor-Ort-Präsenz, Lernen in „Lead Markets" und Anpassung an sophistizierte Kundenbedürfnisse;
- Aufbau und Verstärkung von FuE an den Standorten, wo die größten Nutzeffekte anfallen und der höchste Cash-flow generiert wird;
- Monitoring und Aufgreifen von regulatorischen Rahmenbedingungen und Standardisierungen;
- Unterstützung von Produktion und Vertrieb vor Ort durch lokale FuE-Kapazitäten.

Motiv und Zielrichtung der FuE-Internationalisierung ist damit nicht primär – wie dies in der Vergangenheit der Fall war – der gleichzeitige Unterhalt mehrerer, weltweit verteilter FuE-Einheiten, sondern die Globalisierung von Lernprozessen entlang der gesamten Wertschöpfungskette (Forschung, Entwicklung, Produktion, Marketing/ Vertrieb, Servicebeziehungen, Einbindung in Zuliefer- und Logistiknetze). Entscheidende Kenngröße für die Intensität länderübergreifender Lern- und Innovationsprozesse ist die Höhe der Wissensgenerierung als Anteil der Wertschöpfung im Konzern.

Viele der führenden Unternehmen – dies gilt derzeit insbesondere für deutsche Großkonzerne – planen, mittelfristig ihre weltweiten FuE-Kapazitäten auszubauen, allerdings in der Regel nicht in den Ländern ihres Stammsitzes. Angesichts eines *latenten Aufwuchspotentials von weltweiten Forschungskapazitäten*, deren Standorte noch nicht entschieden sind, wird sich die nationale Technologiepolitik verstärkt auch auf die Strategien ausländischer Unternehmen einrichten müssen. Hier bieten sich Chancen zugunsten des Standorts Deutschland hinsichtlich der Ansiedlung ausländischer FuE sowie dem Aufbau von Kompetenzzentren.

Etablierung weltweiter Kompetenzzentren in FuE

Waren die 80er Jahre eine Periode, in der die FuE-Internationalisierung mit Dezentralisierung und räumlicher Verteilung von Aktivitäten einherging, so sind die 90er Jahre durch weiterhin anhaltende Internationalisierung bei gleichzeitiger Bündelung, Fokussierung und strategischer Schwerpunktsetzung gekennzeichnet. Die führenden FuE-betreibenden internationalen Unternehmen verfolgen die Strategie, mit FuE und Produktentwicklung genau dort präsent zu sein, wo in ihrem Produktsegment bzw. Technologiefeld die weltweit besten Bedingungen für Innovation und Wissensgenerierung erfüllt sind. Sie begnügen sich nicht mehr mit Standorten, die im weltweiten Technologiewettlauf „gerade mithalten", sondern sie suchen gezielt die einzigartigen Spitzenzentren.

Obwohl die Mehrzahl der großen, FuE-betreibenden internationalen Unternehmen noch immer die Strategie verfolgt, die Kompetenzbasis für Kerntechnologien im Stammland zu halten, sind Umdenkungsprozesse im Gange. Die Dynamik der Veränderung hängt dabei zum einen von der globalen Technologiestrategie, zum anderen von der Größe und der Ressourcenbasis des Stammlands ab. Die großen Schweizer Chemiefirmen haben FuE in weit höherem Maße frühzeitiger internationalisiert als beispielsweise die deutschen. Innerhalb einer Branche bzw. eines Produktsegments kann daher grob zwischen zwei Mustern unterschieden werden: Bei Konzernen mit starker Forschungs- und Marktbasis im Stammland übernehmen die Auslandsniederlassungen auch weiterhin vorwiegend nur Scanning- und Explorationsfunktionen sowie Aufgaben der Anwendungsentwicklung (dies gilt insbesondere für Unternehmen aus Japan, den USA und Deutschland mit Ausnahme der Chemie). Im Vergleich dazu haben Konzerne mit einer gering entwickelten Forschungs- und Marktbasis im Stammland eine Vorreiterrolle bei der Globalisierung eingenommen. In Konzernen mit Stammsitz in Schweden, den Niederlanden oder der Schweiz, vereinzelt auch in Unternehmen aus den großen Industriestaaten, findet eine zunehmende Verlagerung von FuE-Aktivitäten in ausländische Spitzenzentren statt, wobei durchaus auch die Bündelung von „Core Technologies" in ausländischen Kompetenzzentren in Betracht gezogen wird.

Management der zentralen Forschung und von Zukunftsgeschäften

Die meisten internationalen Großunternehmen haben beim Übergang von der 1. Generation (Dominanz der zentralen Forschung) zur 2. Generation des FuE-Managements (Divisionalisierung, Unterordnung der Forschung unter Sparteninteressen) im Verlauf der 80er Jahre ihre Grundlagenforschung stark ausgehöhlt. Zu Beginn der 90er Jahre wurde eine Art Synthese in der 3. Generation des FuE-Managements angestrebt (Gleichzeitigkeit und Ausbalancierung von Bereichsentwicklung und Grundlagenforschung, Portfoliobildung). Die empirischen Untersuchungen in den 21 Unternehmen zeigen allerdings, daß das FuE-Management der 3. Generation allen Unternehmen mehr oder weniger große Probleme bereitet und bislang noch mit verschiedenen Modellen experimentiert wird, die alle als „zweitbeste" Varianten anzusehen sind.

Besonders konsequent gehen japanische Konzerne bei der Erschließung trächtiger Gebiete vor, die langjährige Vorlaufforschung erfordern. Gegründet wird ein neues Forschungslaboratorium mit klarer Mission und guter finanzieller und personeller Ausstattung. Sobald sich abzeichnet, daß das Thema geschäftsfähig ist, wird – wie beispielsweise bei Matsushita Electric – das Laboratorium in eine bestehende Sparte eingegliedert; die neue Technologie wird zum Ausbau bestehender Geschäftsfelder genutzt. Alternativ dazu bildet das Laboratorium den Nukleus für eine neuzugründende Geschäftssparte, sofern die Unternehmung in diesem Markt bislang nicht tätig ist. Hierfür gibt es mehrere gute Beispiele für die Etablierung ausländischer FuE-Labors und der anschließenden Gründung von „Spin-offs" bei den Firmen Canon, Mitsubishi Electric, Sharp und Matsushita Electric.

Fazit ist, daß die befragten Unternehmen versuchen, eine Balance zwischen der zentralen Forschung und der Entwicklung in den Divisionen bzw. Geschäftsbereichen herzustellen; bisher hat sich hier noch keine „Best Practice" finden lassen. Grundlegende Forschung im Ausland wird in den untersuchten japanischen Unternehmen hervorragend als Instrument zur Erschließung langfristig erfolgversprechender Geschäftsfelder genutzt. Dieses Beispiel zeigt, wie wichtig nicht nur globales „Technology Sourcing" ist, sondern daß auch geschicktes An- und Einkoppeln in Forschungssysteme anderer Länder praktiziert werden muß. Unternehmen und Forschungsinstitutionen, in ihren Bemühungen in dieser Weise stärker international präsent zu sein, werden damit zwangsläufig in den Focus nationaler Technologiepolitik geraten.

Insgesamt ergibt sich daraus, daß sich die in vielen Ländern anzutreffende Prämisse einer nationalen Forschungs- und Technologiepolitik, der Nutzen der öffentlichen Ressourcenallokation in diesem Bereich fließe überwiegend der nationalen Volkswirtschaft zu, zunehmend auflöst. Nicht nur das im nationalen Innovationssystem produzierte Know-how, sondern auch andere öffentliche Investitionen, z.B. in der Ausbildung, geraten zunehmend in den Sog des internationalen Wissensaustauschs. Damit erweitert sich der Focus der Politik: Es geht nicht allein um die Appropriierung national generierten Wissens, sondern um die Verstärkung eines nutzenstiftenden, interaktiv-länderübergreifenden Wissensaustauschs. Die Absorption weltweit entstandenen Wissens ist möglicherweise ebenso wichtig wie die Förderung der Wissensproduktion im eigenen Land.

4. Konsequenzen für die nationale Innovationspolitik

Es wäre ein Trugschluß anzunehmen, daß durch die Globalisierung von FuE und Innovationen die nationale Innovationspolitik an Bedeutung verlieren würden. Die internationale Verwertung von Innovationen erfordert, daß die nationalen Regierungen Bedingungen schaffen, unter denen neue Technologien innerhalb der Länder verwertet werden können. Internationale technologische Kooperationen beruhen auf den nationalen technologischen Fähigkeiten und Möglichkeiten, die den Kooperationspartner zur Verfügung stehen (Archibugi/ Michie 1995). Auch die internationale Generierung von Innovationen erfordert eine effiziente nationale Innovationspolitik, die sich den neuen Herausforderungen stellen. Diese Auffassung wird gestützt durch neuere Ergebnisse der Innovationsforschung, die zeigen, daß angesichts der zunehmenden internationalen Mobilität von Unternehmen und Technologien sowie der wachsenden Angleichung wichtiger Angebotsbedingungen (Infrastruktur, Humankapital) effizienten nationalen Innovationssystemen bei der Organisation und Unterstützung von Innovationen eine große Bedeutung zukommt (Porter 1990; Lundvall 1992 und Nelson 1993).

4.1 Aufgaben der Bildungs-, Forschungs- und Technologiepolitik

Die Standortdiskussion suggeriert häufig die Vorstellung, es gehe um die Verteidigung einer nationalen Festung (des Wirtschaftsstandorts oder weiterer nationaler Domänen wie z.B. Wissenschaft, Kultur) und die Erweiterung der Möglichkeiten von Wirtschaftssubjekten dieses Standorts, einseitig in anderen Ländern Geschäfte betreiben zu können. Globalisierung zwingt jedoch in eine andere Richtung: Sie impliziert gegenseitige Öffnung und Durchlässigkeit von rechtlichen und wirtschaftlichen Grenzen, der Wissenschafts- und Forschungssysteme, der Mobilität der Menschen, der Kulturen, Organisations- und Managementsysteme. Eine proaktive nationale Technologiepolitik wird sich deshalb auch ausländischen Unternehmen und Forschungseinrichtungen öffnen.

In der Bundesrepublik Deutschland ist eine erhebliche Anzahl von ausländischen Unternehmen tätig, die Forschung und Entwicklung – zum Teil in eigenen FuE-Labors – betreiben. Die Öffnung des nationalen Forschungssystems für ausländische Unternehmen oder die Errichtung ausländischer Forschungsstätten ist häufig mit der Befürchtung verbunden, hierdurch würden lediglich Horchposten installiert und national aufgebautes Wissen abgezogen. Diesen Unternehmen und Einrichtungen wird oftmals mit einem gewissen Vorbehalt gegenübergetreten, da ein einseitiger Wissens- und Technologieabfluß zur ausländischen Zentrale hin befürchtet wird. Der „Knowledge and Technology Drain" erfolge – so die Befürchtung – ohne positive Wirkungen für das deutsche Innovationssystem und erhöhe langfristig lediglich die Innovations- und Wettbewerbsfähigkeit ausländischer Konkurrenten. Für die Wirkungen ist aber weniger der geographische Stammsitz des Mutterunternehmens ausschlaggebend, sondern vielmehr welche Art der FuE-Tätigkeiten bzw. welche Produktion und Dienstleistungen angesiedelt werden (z.B. eigenständige Forschung vs. lokale Horchposten, hochqualifizierte Fertigung vs. verlängerte Werkbänke).

Über die Auswirkung ausländischer FuE-Einheiten auf den deutschen Standort besteht noch Unklarheit. Entscheidend dürften aber nicht die Besitzverhältnisse, sondern die Bereitschaft ausländischer Unternehmen sein, die gesamte Wertschöpfungskette einschließlich Forschung und Entwicklung zu etablieren. Einige wenige US-amerikanische Untersuchungen zeigen, daß die in einer Volkswirtschaft geleistete FuE zunehmend weltweit verwendet wird, so daß die Vorstellung, eine nationale Technologiepolitik verursache primär positive Effekte für das eigene Land, hinfällig wird. Eine stärkere Einbeziehung ausländischer Unternehmen in die nationale Technologiepolitik ist damit letztlich unvermeidbar, und es geht darum, diesen Prozeß möglichst nutzbringend für die Bundesrepublik zu gestalten. Japan unterstützt beispielsweise die Präsenz deutscher Forschungseinrichtungen im eigenen Land. „Nutzbringend" heißt vor diesem Hintergrund, *möglichst hohe Spillover-Wirkungen im Inland zu erzeugen.* Die Involvierung z.B. von Sony in regionalen DAB-Pilotprojekten (Digital Audio Broadcasting) führt zum Aufbau von hochwertigen FuE- und gegebenenfalls auch Produktionskapazitäten in Deutschland.

Mit Hilfe einer Matrix können die FuE-Aktivitäten am Standort einer ersten Bewertung unterzogen werden (vgl. *Abbildung 5*). Ist sowohl die Autonomie als auch die Kompetenz der lokalen FuE-Einheit gering, so kann von einer „Local Antenna" gesprochen werden. Diese beobachtet neuste Technologie- bzw. Markttrends und transferiert Informationen ins Stammland des Konzerns, wobei der Transfer *einseitig* erfolgt (Fall (1)).

Abbildung 5: Matrix zur Bewertung lokaler FuE-Einheiten

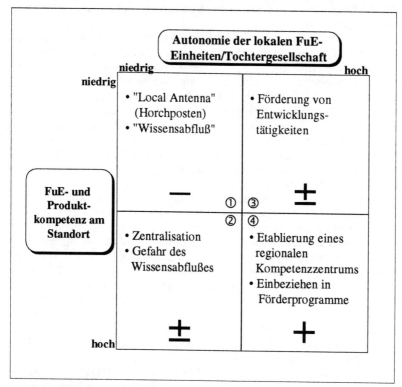

Quelle: Gerybadze/ Meyer-Krahmer/ Reger (1997), S. 213.

Bei einer niedrigen Autonomie aber hohen Kompetenz ist das FuE-Management durch Zentralisation der Entscheidungsprozesse gekennzeichnet (Fall (2)). Es werden zwar eigenständige FuE-Aktivitäten durchgeführt, nennenswerte Spillover-Effekte im Inland dürften sich jedoch aufgrund der Entscheidungszentralisation in Grenzen halten. Wenn die Autonomie hoch ist, aber die Kompetenz gering, wird Wissen eher vor Ort genutzt (Fall (3)). Hier handelt es sich meist um produktionsunterstützende Technologiezentren und die Nutzung lokaler Marktchancen. Ist die Leistungsfähigkeit sowie die Entscheidungsbefugnis der lokalen FuE-Einheit hoch, handelt es sich um ein FuE-Kompetenzzentrum, das auch zu integrierten weltweiten FuE-Aktivitäten beiträgt. In diesem Fall (4) dürfte die stärkere Einbeziehung in die nationale Technologiepolitik ausgesprochen nutzbringend sein. Hinsichtlich des Falls (2) und (3) halten sich Vor- und Nachteile in etwa die Waage; zumindest bei

(3) kann sich durch Kompetenzzugewinn eine positive Entwicklung zu einem wirklich führenden FuE-Zentrum im Konzern vollziehen, die auch für den Standort sinnvoll ist.

Einige Länder wie beispielsweise Großbritannien, Kanada oder Singapur verfolgen eine gezielte Standortpolitik, um ausländische FuE anzuziehen. Je nach technologischer Spezialisierung der Volkswirtschaft lassen sich unterschiedliche Muster einer solchen Standortpolitik feststellen: Die USA, als in vielen Gebieten führende Weltmacht in der Forschung, verhält sich als „Bastion", um übermäßigen Wissens- und Technologieabfluß zu vermeiden. Japan dagegen verfolgt (noch) den Kurs eines „Claims", der sich nach wie vor über weiche Zugangsbarrieren abzuschotten versucht. Andere Länder wie z.B. Singapur verfolgen eine strategische Standortpolitik, die durch gezielte Schwerpunktsetzung und den Aufbau von Kompetenzzentren auf die Einwerbung ausländischer FuE zielt.

Im Rahmen der Strukturberichterstattung an das Bundeswirtschaftsministerium wurden in jüngerer Zeit zwei Berichte vorgelegt. Das HWWA-Institut für Wirtschaftsforschung (1995) kommt in seiner Untersuchung zu dem Ergebnis, daß die Globalisierung der deutschen Wirtschaft (primär bezogen auf die Produktion) dazu führe, daß die Strukturpolitik wachsende Bedeutung erhalte. Bei zunehmender Internationalisierung der Produktion bedeute eine Verbesserung der Standortqualität vor allem Qualifikation und Flexibilisierung der Arbeitskräfte, Förderung der Investitionen und Beschleunigung staatlicher Entscheidungen. Die finanzielle Unterstützung der inländischen Unternehmen, auch die staatliche Technologieförderung, verliere hingegen zunehmend ihre Treffsicherheit, da nicht sicher sei, ob sie auch am deutschen Standort einkommenswirksam werde.

Die Untersuchung von Gerybadze/ Meyer-Krahmer/ Reger (1997) kommt hinsichtlich der erwähnten Treffsicherheit traditioneller Technologiepolitik (z.B. Subventionierung von FuE) zu ähnlichen Ergebnissen. Gerade dieser Umstand gibt jedoch Veranlassung, für ein anderes Konzept der Technologieförderung zu plädieren: sowohl deutsche Forschungseinrichtungen und Unternehmen auf ihrem Weg in eine globalisierte Wirtschaft zu unterstützen als auch ausländische Forschungseinrichtungen und Unternehmen für den Standort Deutschland einzuwerben und in beiden Fällen am Standort wirksam werdende Synergiewirkungen bzw. Spillovereffekte zu erreichen. Daß Technologiepolitik allein unter diesen geänderten Bedingungen in eine „Falle der Überforderung" gerät, muß immer wieder betont werden. Innovationspolitik ist eine strategische Querschnittsaufgabe, und die Wirksamkeit einer erfolgreichen Standortpolitik wird in hohem Maße davon abhängen, ob eine interne Vernetzung des bisher fragmentierten politischen Systems in der Bundesrepublik auf diesem Gebiet gelingt.

So ist es notwendig, daß nationale Forschungseinrichtungen in ihrem Bemühen motiviert und unterstützt werden, eine stärkere Präsenz und Integration in den weltweiten Forschungsverbund und -transfer zu erreichen. Das bedeutet, daß die „Absorptionsfähigkeit" nationaler Innovationssysteme bedeutsamer wird, d. h. die Fähigkeit und Geschwindigkeit, weltweit produziertes Wissen aufzunehmen und an die Unternehmen weiterzugeben. Entscheidend ist, durch schnelles Lernen die Anwendungsgebiete und -märkte neuen Wissens und neuer Technologien zu erschließen; diese Strategie wird beispielsweise durch kleine, technologieintensive Staaten (Niederlande, Schweiz, Schweden) gezielt verfolgt.

Als ein Beispiel sei auf die Bemühungen der Fraunhofer-Gesellschaft (FhG) verwiesen, in anderen Ländern vor Ort tätig zu werden. So versucht die FhG z.B. in den USA, im Bereich der graphischen Datenverarbeitung, einem Gebiet, auf dem die USA die unbestrittene Spitzenreiterposition in der Forschung innehaben, sich an die „Scientific Community" anzukoppeln und die Position eines ernstzunehmenden Partners zu erreichen. Im Bereich der Produktionstechnik, insbesondere Laser, wird dagegen eher das Ziel einer Präsenz auf einem sich als zunehmend weltweit bedeutsamen Markt für FhG-Leistungen zu erreichen versucht. Auch in Südostasien wird die FhG inzwischen verstärkt tätig. Sie geht damit neue Wege, internationaler „Makler" zwischen Technologieangebot und -nachfrage zu sein.

Das Lernen von anderen Forschungs- und Innovationssystemen betrifft auch das Unternehmensverhalten, insbesondere die Reduzierung von hausgemachten Defiziten wie mangelnde Ankopplung von FuE am Markt, zu hohe Technikkonzentration und unzureichende Optimierung von Technikeinsatz, Organisation und Qualifikation – d. h. die bewußte Stärkung von Umsetzungskompetenz.

Lernen bezieht sich auch auf Strukturänderungen. So hat eine vergleichende Analyse des ISI zu den Transfersystemen in den USA und Deutschland ergeben, daß trotz der erheblichen Unterschiede der beiden nationalen Innovationssysteme in vieler Hinsicht Ähnlichkeiten bestehen und damit auch Instrumente des Technologietransfers übertragbar sind (Abramson u.a. 1997). Aus deutscher Sicht sind beispielsweise eine aktive Vermarktung von Patenten an Universitäten, eine Verbesserung der Rahmenbedingungen für Risikokapital oder eine Intensivierung der Industriekooperationen von Großforschungseinrichtungen nach dem amerikanischen CRADA-Modell interessant. Bei einer stärkeren Mobilisierung von industriellem Stiftungskapital für Universitäten dürften dagegen schon bald Grenzen der deutschen „Förderkultur" erreicht sein. Aus amerikanischer Perspektive können die Modelle der deutschen An-Institute, der Fraunhofer-Institute oder der industriellen Gemeinschaftsforschung Anregungen zur Verbesserung des eigenen Systems geben. In beiden Systemen haben öffentliche Einrichtungen eine zentrale Funktion. Im Zuge der Globalisierung werden sie sich stärker als bisher der Beteiligung ausländischer Forschungsinstitutionen in nationalen Programmen öffnen müssen.

Entscheidend für das deutsche Innovationssystem ist, durch intelligentes Ankoppeln effizienten Transfer und rasches Lernen zu ermöglichen, um damit die Strategien des schnellen zweiten Innovators zu verfolgen, ernstzunehmender internationaler „Player" zu werden und innovationsförderliche Strukturen, Prozesse und Rahmenbedingungen intelligent zu übertragen. Daraus folgt eine Reihe von einzelnen technologiepolitischen Konsequenzen, die hier nur beispielhaft aufgeführt werden und teils bereits langjährige Bestandteile der FuT-Politik, teils neue Akzentsetzungen darstellen:

(1) Unterstützung des internationalen Engagements deutscher FuE-Einrichtungen und Unternehmen durch:
   - Etablierung internationaler Ausbildungs- und Forschungsprogramme,
   - Förderung der internationalen Mobilität von deutschen Studenten und Wissenschaftlern (in Deutschland sind Austauschquoten im Bereich von weniger als fünf Prozent festzustellen) sowie der Einwerbung ausländischer Forscher und Studenten,
   - Unterstützung der Präsenz heimischer Forschungseinrichtungen in anderen Ländern (Joint Ventures mit anderen Forschungseinrichtungen, Forschungsteams oder -instituten auf Zeit),
   - Unterstützung der Unternehmen bei ihren Bemühungen, weltweit stärker in FuE präsent zu sein (einschließlich ihrer Akzeptanz),
   - Aufbau von Technologiekompetenz und die Positionierung als ernstzunehmender internationaler „Player" auf Gebieten, die bisher nicht zu den klassischen Stärken gehören.

(2) Unterstützung ausländischer FuE-Einrichtungen bei der Ansiedlung in Deutschland.

(3) Beidseitig wirkende Anreize wie
   - Förderung länderübergreifender Projekte (z.B. weiterentwickelter EUREKA-Typus),
   - Unterstützung der „Maklerfunktion" von Forschungseinrichtungen zur Unterstützung des internationalen Austausches von Technologieangebot und -nachfrage,
   - Gestaltung innovationsförderlicher Rahmenbedingungen und Strukturen in Deutschland,
   - Monitoring innovationsfreundlicher Strukturen in anderen Ländern und Nutzung dieser Erfahrungen für die deutsche Politik.

Insbesondere die unter Punkt (1) genannten Konsequenzen unterstreichen die Notwendigkeit von Reformbemühungen der bundesdeutschen Hochschulen, um die Rolle von Forschung und Lehre als Ideengeber und Innovationsmotoren auszubauen. Die Globalisierung erhöht den Wettbewerbsdruck auch auf das Hochschulsystem, so daß der quantitative Erhalt des Bildungssystems von der qualitativen Weiterentwicklung begleitet sein muß.

Maßnahmen zur Verbesserung des Studienstandorts Deutschland, die auch zu einer vermehrten Ausbildung ausländischer Studenten führen, sind eine Zukunftsinvestition für die künftige wissenschaftliche und wirtschaftliche Zusammenarbeit mit anderen Teilen der Welt. Gesprächspartner und Entscheidungsträger im Ausland, die mit Deutschland schon aus der Studienzeit vertraut sind, sind Türöffner für die Wirtschaft. In diesem Zusammenhang wird das gemeinsam von der Bundes- und den Länderregierungen angestrebte Ziel der Schaffung stärkerer Anreize für ausländische Studenten, sich an deutschen Hochschulen weiter zu qualifizieren, von den hier dargelegten Befunden voll unterstützt.

Die unter Punkt (3) aufgeführten Konsequenzen legen nahe, daß die Technologieförderung die Bildung innovativer Netzwerke von Unternehmen und Forschungseinrichtungen als Reaktion auf die Globalisierung weiter erleichtern sollte. Nicht nur Spitzenforschung auf isolierten Feldern allein, sondern die damit verknüpfte Erschließung breiter Innovationspotentiale durch die Unternehmen tragen zur internationalen Attraktivität des deutschen Innovationssystems bei. Nicht alle Unternehmen – und dies gilt besonders für KMUs – sind in der Lage, eigene Globalisierungsstrategien zu entwickeln und umzusetzen. Um so mehr sind diese auf die Einbindung in regionale und europäische Netzwerke angewiesen. Gemeinsame Projekte von Wissenschaft und Wirtschaft (von der Bundesregierung als Leitprojekte bezeichnet) auf nationaler und europäischer Ebene können helfen, kritische Massen aufzubauen und vielversprechende Kompetenznetzwerke zu bilden. Diese Projekte sollen anspruchsvolle Aufgabenstellungen mit einer konkreten Anwendungsperspektive bündeln und verschiedene Disziplinen und Anwendungen zusammenführen. Sie sollen von den Partnern „bottom up" vorgeschlagen und erarbeitet werden, wie dies bisher u.a. im EUREKA-Rahmen bereits geschieht.

Das europäische Projekt „Prometheus" gab beispielsweise wichtige Impulse für den heute hohen Stand der deutschen Industrie bei der Entwicklung von Verkehrsleittechniken. Gemeinsame Projekte in der Mikroelektronik haben dazu beigetragen, daß die Industrie in Europa ein Standbein in der Produktion mikroelektronischer Bauelemente wiedergewonnen hat. Ziel eines neuen Förderschwerpunkts Humangenomforschung ist der Ausbau von Spitzenforschung auf einem der weltweit dynamischsten Wissenschaftsgebiete in Deutschland. Gleichzeitig werden akademische und industrielle Forschung enger als in der Vergangenheit verknüpft. Angestrebt wird eine hohe Attraktivität und Sogwirkung der deutschen Humangenomforschung im internationalen Vergleich. Beim Teleservice geht es darum, unter Nutzung modernster Informations- und Kommunikationstechnik weltweit Wartungsarbeiten, Diagnosen und sogar Reparaturen durch den Hersteller an Maschinen vorzunehmen, die weit entfernt vom Betrieb stehen, ohne daß ein Servicetechniker vor Ort sein muß. Die Lösung solcher grundlegender technologischer Aufgaben, ebenso wie der Aufbau einer adäquaten Infrastruktur kann neue Wettbewerbschancen eröffnen.

Die Entwicklung von regionalen Verbundvorteilen als Grundlage der Etablierung von regionalen Netzwerken und Kompetenzzentren sollte durch geeignete Anreize der Innovationspolitik unterstützt werden. Als ein Instrument hierzu wurde der BioRegio-Wettbewerb erprobt. In den 80er Jahren wurden durch die Forschungspolitik große wissenschaftliche Potentiale in der Biotechnologie aufgebaut. Unter den 50 zitierten Forschungseinrichtungen auf diesem Technologiefeld sind gegenwärtig acht deutsche zu finden. Es gelang aber zu wenig, diese Potentiale mit der ebenfalls starken chemischen und pharmazeutischen Industrie zu verbinden. Durch den Wettbewerb sind 16 Regionen untereinander in Wettbewerb um die besten Voraussetzungen für die Umsetzung von biotechnologischem Wissen in Produkte, Verfahren und Dienstleistungen getreten. Dezentral entstand eine Vielzahl von Initiativen um die bestmögliche Vernetzung von Wissen. Die Biotechnologie ist so heute in Deutschland unverkennbar in einer Aufbruchstimmung: deutsche Unternehmen, die vor Jahren ihre Forschungs- und Produktionsanlagen ins Ausland verlagerten, investieren heute wieder in Deutschland, und Forscher kehren zurück. Dynamische Regionen strahlen weltweit neue Kompetenz in dieser Technik aus und demonstrieren, wie Technologiestandorte ein neues Profil gewinnen können.

In diesem Zusammenhang ist die Rolle kleiner und junger Unternehmen für eine hohe Innovationskraft einer Volkswirtschaft von besonderer Bedeutung. Gerade bei neuen Technologien prägt die Dynamik dieser Unternehmen die Standortqualität mit. Erfreulicherweise hat sich der Beteiligungskapitalmarkt für Frühphasenfinanzierungen innovativer Unternehmen in den letzten Jahren in Deutschland positiv entwickelt und zu zahlreichen Neugründungen z.B. im Biotechnologiebereich geführt. Dies war auch durch eine Reihe von staatlichen Sonderprogrammen bedingt, denn allein die allgemeine Existenzgründerförderung reicht hier nicht immer aus. Sehr hohen Investitionskosten und Risiken stehen häufig Probleme beim Zugang zu Eigen- und Fremdkapital gegenüber. Die Erschließung neuer Finanzierungsmöglichkeiten für innovative Unternehmen hat deshalb eine hohe Priorität. Wer gute Ideen, Kompetenz und die verantwortliche Bereitschaft zum unternehmerischen Risiko auf neuen Feldern aufweist, darf in Deutschland nicht am fehlenden Zugang zum Kapital scheitern. Wenn private Kapitalgeber in den vergangenen Jahren durch Förderprogramme zunehmend stimuliert werden konnten, sich für innovative Unternehmen zu engagieren, so kommt es nun darauf an, den Innovationskapitalmarkt dauerhaft durch verbesserte Rahmenbedingungen zu stärken.

Aber auch in den traditionellen Wirtschaftszweigen müssen kleinere und mittlere Unternehmen zunehmend mit den Folgen der Globalisierung konfrontiert werden und sich dem internationalen Wettbewerb stellen. So hat z.B. eine Umfrage des DIHT bei den Auslandshandelskammern in 72 Ländern kürzlich ergeben, daß auch mittelständische Unternehmen den großen Betrieben nachfolgen. In den meisten Fällen sehen die Zulieferbetriebe in diesem Schritt eine wesentliche Chance, ihre bisherigen Geschäftsbeziehungen zu Großunternehmen aufrecht zu erhalten.

4.2 Die Bedeutung von „Lead Markets"

Die Analyse der Innovationstätigkeit transnationaler Unternehmen zeigt, daß diese zunehmend in integrierten Prozeßketten denken und ihre Wertschöpfung nicht primär dorthin verlagern, wo allein die besten Bedingungen für die Forschung vorliegen. Für die FuE-Standortentscheidungen spielt offenbar die Nachfrageseite eine wichtigere Rolle als die Angebotsfaktoren. Betriebswirtschaftlich gesprochen steht eher die Frage im Vordergrund: „Wo werden Einnahmen erzielt, Nutzen gestiftet und neue Ressourcen geschaffen?" anstatt: „Wo fallen Kosten an, und wo werden vorhandene Ressourcen verbraucht?" Die Unternehmen gehen bei ihren transnationalen Investitionsaktivitäten demgemäß nach folgendem Entscheidungsmuster vor: Wo sind die attraktiven, zukunftsweisenden Märkte, in denen von Anwendern gelernt werden kann und ein genügend hoher Ertrag für aufwendige Produktentwicklungen generiert wird? Wo können diese Märkte durch hochentwickelte Produktions-, Logistik- und Zulieferstrukturen bestmöglich bedient werden? Wo lohnt sich infolgedessen der Aufbau von Wertschöpfung am Ort? In welchen Ländern fallen attraktive Märkte, hochentwickelte Produktionsstrukturen und exzellente Forschungsbedingungen in einer Weise zusammen, so daß innovative Kernaktivitäten dort gebündelt werden können?

Vor diesem Hintergrund der strategischen Entscheidungen in multinationalen Unternehmen werfen die herausgearbeiteten Bestimmungsfaktoren und Motive folgende Fragen für die Technologiepolitik auf:

- In welchen End-User-Märkten gilt die Bundesrepublik als Trendsetter auch im europäischen bzw. internationalen Rahmen?
- Wo sind regionale Produktionsstrukturen und Zuliefernetze auf einem derart hohen Entwicklungsstand, daß hochwertige Wertschöpfung langfristig am Standort Deutschland gesichert werden kann?
- Welche Bereiche des regionalen Forschungs- und Technologiesystems sind weltweit auf Spitzenniveau und können gleichzeitig Verstärkungswirkungen auf deutsche und europäische „Lead Markets" und Produktionsstrukturen auslösen?

- Wo werden durch Beteiligung an Forschungs- und Normierungsverbünden oder an national bzw. regional inszenierten komplexen Lernprozessen für Innovationen „dominante technologische Designs" mitbeeinflußt, die anschließend zu Vorsprüngen im weltweiten Innovationswettbewerb führen?
- Welche relative strategische Bedeutung hat der deutsche Markt und Produktionsstandort aus Sicht der Unternehmen in der Europäischen Union und in anderen Handelsblöcken?

Durch Herstellung effektiver Verknüpfungen dieser Kompetenzfelder und durch Ausbau von „Forward-Backward-Linkages" kann es gelingen, schwer transferierbare Leistungsverbünde zu schaffen, die im weltweiten Maßstab einzigartig sind. Erst durch die Kombination von exzellenter Forschung mit hochentwickelten europäischen „Lead-Markets" oder von Forschung mit hochentwickelten Produktionsstrukturen kann sich die Bundesrepublik Deutschland als Standort für international nicht ohne weiteres transferierbare Kernkompetenzen positionieren.

Was sind die Kennzeichen von „Lead Markets"? Für sie treffen eines oder mehrere der folgenden Kennzeichen zu:

- eine Nachfragesituation, die durch hohe Einkommens- und niedrige Preiselastizitäten oder ein hohes Pro-Kopf-Einkommen geprägt ist,
- eine Nachfrage mit hohen Qualitätsansprüchen, großer Bereitschaft, Innovationen aufzunehmen, Innovationsneugier und hoher Technikakzeptanz,
- gute Rahmenbedingungen für rasche Lernprozesse bei Anbietern,
- Zulassungsstandards, die wegweisend für Zulassungen in anderen Ländern sind (z.B. Pharmazeutik in den USA),
- funktionierendes System des Explorationsmarketings („Lead User"-Prinzipien),
- spezifischer, innovationstreibender Problemdruck,
- offene, innovationsgerechte Regulierung.

Die Attraktivität des deutschen (und des europäischen) Innovationssystems wird aus dieser Perspektive weniger von komparativ-statischen Wettbewerbsfaktoren wie Kosten, Löhne bestimmt, sondern von seiner „dynamischen Effizienz" (die Wirtschaftstheorie unterscheidet zwischen statischer – bezogen auf einen Zeitpunkt – und dynamischer – bezogen auf eine längerfristige Entwicklung – Effizienz. Statische und dynamische Effizienz können durchaus im Widerspruch stehen). Letztere ist weitgehend vom Ausmaß der sozialen und organisatorischen Intelligenz beim Finden und Durchsetzen neuer Strukturen und Märkte abhängig. Werden in Deutschland komplexe Systeminnovationen (wie Road Pricing, Produkt-/ Dienstleistungspakete, Kreislaufwirtschaftskonzepte, neue Anwendungen der Informationstechnik) erarbeitet, die weltweit Anwendungsmöglichkeiten finden? Offensives Lernen durch vielfältige Feldversuche und Pilotvorhaben zum Finden technischer, wirtschaftlicher, rechtlicher und sozialer Lösungen ist wesentlich. Solche Lernprozesse benötigen oft Jahre. Das Innovationssystem, das diese komplexen Lösungen zuerst beherrscht, ermöglicht den beteiligten Unternehmen Wettbewerbsvorsprünge und weist eine höhere internationale Attraktivität für Investoren auf.

4.3 Anstoßen von Innovationen andernorts

Nationale Technologiepolitik ist traditionell auf das Anstoßen von Innovationen im nationalen Rahmen konzentriert. Die Globalisierung der Probleme und die gewachsene Verwundbarkeit nationaler Gesellschaften eröffnet jedoch ein völlig neues Feld für nationale Forschungs- und Technologiepolitik: das Anstoßen von Innovationen andernorts.

In den osteuropäischen Reformländern – wie auch in der Dritten Welt – steht ein enormer Innovationsbedarf an. Eine Beschleunigung des Transformationsprozesses kann eine größere Nachfrage nach deutschen Exportprodukten ergeben. Umwelteffiziente Lösungen z.b. eröffnen die Möglichkeit, mit dem gleichen Aufwand wesentlich höhere Wirkungsgrade zu erreichen. Beispiele hierfür sind die Nachrüstung der Kernkraftwerke mit westlicher Sicherheitstechnik in Rußland, Investitionen in den Gewässerschutz (Sanierung der Ostsee) sowie die Verringerung der global wirkenden CO_2-Emissionen. Völlig neue Formen einer „grenzüberschreitenden" Technologiepolitik werden benötigt, um Innovationen in anderen Ländern zu initiieren und zu unterstützen. So war es z.B. billiger, Elbverschmutzern in der ehemaligen DDR zinsgünstige Kredite für Umweltschutzinvestitionen zu gewähren, als teure Kläranlagen am unteren Flußlauf zu bauen. Die Aufgaben, die sich hier stellen, gehen weit über die bisherigen Formen und Instrumente – wie Technologieexport oder wissenschaftlich-technische Zusammenarbeit – hinaus. Komplexe Innovationsprozesse, die Technik, Organisation, Recht, Steuersystem, Verhaltensstile von Herstellern und Anwendern sowie Konsumenten betreffen, müssen durch einen systemaren Ansatz „inszeniert" werden.

4.4 Steuerungsfähigkeit nationaler Technologiepolitik – und was davon übriggeblieben ist

In seinem Buch über die Netzwerkgesellschaft und Probleme gesellschaftlicher Steuerung gibt Messner (1995) einen ausgezeichneten Überblick über Möglichkeiten und Grenzen der politischen Steuerung heutiger Volkswirtschaften. Dogmenhistorisch zeigt er den Weg von der Reform- und Planungseuphorie in Deutschland Anfang der 70er Jahre und ihre Desillusionierung, über den dichotomischem Streit „Markt versus Staat" mit liberalen

Minimalstaatskonzepten (in den 80er Jahren) bis zum sich etablierenden Konzept der Netzwerkgesellschaft auf. Aus seiner Sicht überwiegt zumindest in jüngster Zeit in den Sozialwissenschaften die Vorstellung, daß jeder Versuch der gezielten Gestaltung gesellschaftlicher Verhältnisse an der Komplexität derselben scheitern muß, und daher die Vorstellung von der Verzahnung von Markt- und politischer Steuerung illusorisch sei. Die Vorstellung vom Staatsversagen der 80er Jahre wandelt sich angesichts der Globalisierung zum Bild des ohnmächtigen Nationalstaates der 90er Jahre. Welche Konsequenzen lassen sich aus den in diesem Beitrag dargestellten empirischen Ergebnissen angesichts solch schier übermächtiger Desillusion ziehen? Drei wesentliche Schlußfolgerungen sollen hier zum Abschluß thesenhaft formuliert werden.

Erstens: Die Befunde zu den absehbaren Veränderungen des Innovationssystems und zu den internationalen FuE-Strategien von Unternehmen stützen eindrücklich die These von der Vielfalt beteiligter Akteure und Institutionen im öffentlichen, privaten und halböffentlichen Bereich sowie die Bedeutung ihrer Vernetzung und Selbstorganisation. In den Kapiteln 3 und 4 wurden die Richtungen aufgezeigt, in die sich der Selbstorganisationsgrad und das noch unausgeschöpfte Vernetzungspotential der relevanten Akteure in den nächsten Jahren vermutlich entwickeln werden. Die Befunde legen darüber hinaus nahe, daß auch die Problemlösungskapazität einer Gesellschaft in hohem Maße mit dem Grad der Ausdifferenzierung, Selbstorganisation und Vernetzung seiner institutionellen Vielfalt korreliert.

Eine zweite wesentliche Konsequenz ist, daß auch unter dem Regime der Globalisierung nationale Politik noch Handlungsspielräume hat, auch wenn sie zu drastischen Änderungen ihres Designs gezwungen wird. Das Konzept eines Staates, der die Technikentwicklung „steuert", hat in den geschilderten Befunden genauso wenig Berechtigung wie das Minimalstaatsmodell. Der Staat ist weiterhin einer der Akteure, der im Rahmen seiner Netzwerkbeziehungen durchaus über noch sehr wirksame Instrumente verfügt. Grundlegend ist jedoch der notwendige Wandel von Ansatzpunkten und Instrumenten. Es gilt nicht mehr, allein Technik zu fördern, sondern in verstärktem Maße einen Lernprozeß und das Beherrschen neuer Lösungen anzustoßen oder zu begleiten. Gewicht und Einfluß der nationalstaatlichen Rolle variiert hierbei in verschiedenen Technologiegebieten und Märkten und ist nicht zuletzt von der gegenwärtig zunehmenden Arbeitsteilung mit regionalen und supraregionalen staatlichen Akteuren abhängig.

Drittens: Nicht nur Spitzenforschung, sondern auch die Erschließung neuer (Lead-) Märkte durch frühe und zukunftsorientierte Pilotvorhaben bestimmen entscheidend die internationale Attraktivität eines Innovationssystems. Gerade unter dynamischen Globalisierungsprozessen gewinnt die Verbesserung der gesellschaftlichen Problemlösungskapazität damit eine besondere Bedeutung für eine nationale Innovationspolitik im Wettbewerb der Standorte. *Weder die Dominanz überschäumender Marktprozesse noch der starke autoritäre Staat* (dem u. a. der wirtschaftliche Erfolg in asiatischen Ländern zugeschrieben wird und mit dem manche Analyse mittlerweile liebäugelt) *sind nach diesen Befunden Erfolgsmodelle in einer globalisierten Weltwirtschaft, sondern die „lernende Gesellschaft".* Nationale Forschungs-, Technologie- und Standortpolitik kann eine wichtige Rolle spielen, wenn die aufgezeigten Politikblockaden überwunden werden. Die institutionellen Designs sind durch die hier dargelegten Befunde zwar nicht vollständig beschrieben, aber zumindest sind einige wichtige Kennzeichen benannt worden.

Literatur

Abramson, H. N./ Encarnacão, J./ Reid, P. P./ Schmoch, U. (Hg.) (1997): Technology Transfer Systems in the United States and Germany, Washington, D.C.

Archibugi, D./ Michie, J. (1995): The globalisation of technology: a new taxonomy, Cambridge Journal of Economics, 19, 121 – 140.

Becher, G./ Kuhlmann, S. (Hg.) (1995): Evaluation of technology policy programmes in Germany, London

Beise, M./ Belitz, H. (1997): Internationalisierung von Forschung und Entwicklung in multinationalen Unternehmen. Materialien zur Berichterstattung zur technologischen Leistungsfähigkeit Deutschlands 1996. Berlin, Mannheim.

Bruder, W. (Hg.) (1986): Forschungs- und Technologiepolitik in der Bundesrepublik Deutschland, Opladen

Dasgupta, P./ Stoneman, P. (Hg.) (1987): Economic policy and technological performance, Cambridge, Cambridge University Press

Dosi, G./ Freeman, C./ Nelson, R./ Silverberg, G./ Soete, L. (Hg.) (1988): Technical Change and Economic Theory, London

Fritsch, M. (1995): The market – market failure, and the evaluation of technology promoting programmes. In: Becher, G./ Kuhlmann, S. (Hg.) (1995): Evaluation of technology policy programmes in Germany, London, Kluwer Academic Publishers

Gahlen, B./ Stadler, M. (1986): Marktstruktur und Innovationen – eine modelltheoretische Analyse, Institut für Volkswirtschaftslehre, Universität Augsburg, Beitrag Nr. 39, Augsburg

Gerybadze, A./ Meyer-Krahmer, F./ Reger, G. (1997): Globales Management von Forschung und Innovation, Stuttgart, Schäffer-Poeschel Verlag

Gordon, R. (1994): Mastering Globalisation, Seminar „The Future of Industry in Europe", Brussels, December 1994

von Hippel, E. (1988): The sources of innovation, New York, HWWA-Institut für Wirtschaftsforschung (1995): Grenzüberschreitende Produktion und Strukturwandel – Globalisierung der deutschen Wirtschaft, Forschungsauftrag des Bundesministeriums für Wirtschaft, Hamburg

Jungmittag, A./ Meyer-Krahmer, F./ Reger, G. (1999): Globalisation of R & D and Technology Markets Trends, Motives, Consequences. In: Meyer-Krahmer, F. (Hg.): Globalisation of R & D and Technology Markets, Heidelberg, Physica Verlag

Klodt, H. (1995): Grundlagen der Forschungs- und Technologiepolitik, München, Vahlen

Kohn, H. (1984): Pragmatische Technologiepolitik, in: Wirtschaft und Produktivität, Nr. 2

Krull, W./ Meyer-Krahmer, F. (1996): Science and technology in Germany, Cartermill, Harlow, United Kingdom

Lundvall, B.-Å. (Hg.) (1992): National Systems of Innovation, London.

Messner, D. (1995): Die Netzwerkgesellschaft. Wirtschaftliche Entwicklung und internationale Wettbewerbsfähigkeit als Probleme gesellschaftlicher Steuerung, Köln

Meyer-Krahmer, F. (1997): Technologiepolitik. In: Kahsnitz, D./ Schmid, A. (Hg.): Handbuch zur Arbeitslehre, 1997, Oldenbourg Verlag, München

Mowery, D. (1994): Science and Technology Policy in Interdependent Economies, Boston, Kluwer Academic Publishers

Nelson, R. (Hg.) (1993): National Systems of Innovation, New York.

Oberender, P. (1987): Möglichkeiten und Grenzen staatlicher Technologieförderung: Eine ordnungspolitische Analyse, in: Jahrbuch für Sozialwissenschaft 38

Porter, M. (1990): The Competitive Advantage of Nations, London.

Smith, K. (1991): Innovation Policy in an Evolutionary Context. In: Saviotti, P. P./ Metcalfe, J. S. (Hg.): Evolutionary Theories of Economic and Technological Change, Harwood Academic Publishers, Reading, 256-275

Streit, M. (1984): Innovationspolitik zwischen Unwissenheit und Anmaßung von Wissen. In: Hamburger Jahrbuch für Wirtschafts- und Gesellschaftspolitik 29

Rolf-Dieter Postlep

Anforderungen an eine innovative Politik der Regionen in globalisierten Arenen

I. Die Globalisierung und Liberalisierung des Wirtschaftens verschärft den Wettbewerb zwischen den nationalen Volkswirtschaften

Die Internationalisierung und Liberalisierung des Handels mit Waren, Dienstleistungen und Wissen geht mit einer Intensivierung des Wettbewerbs um mobiles Kapital (Direktinvestitionen) hauptsächlich zwischen den Industriestaaten einher[1]. Dies ist insofern bemerkenswert, als es sich hier um Länder handelt, die im Prinzip die gleichen Faktorausstattungen aufweisen, die zugleich als kapitalstarke Hocheinkommensländer zu kennzeichnen sind und die weitgehend auf den gleichen Märkten mit den gleichen Spezialisierungsvorteilen (wissensbasierte Hochtechnologie) konkurrieren. Entsprechend weisen die Industrieländer auch eine ähnliche Branchenstruktur auf – mit graduell unterschiedlichen Schwerpunkten.

Da sich die Industriestaaten in den Ausgangsvoraussetzungen zur kostengünstigen Herstellung von Gütern und Dienstleistungen nicht grundsätzlich unterscheiden und die Transportkosten für Güter, Dienstleistungen und Wissen in den letzten Jahrzehnten enorm gesunken sind, wird die Standortkonkurrenz um knappes Kapital zunehmend über einen „Institutionenwettbewerb" ausgetragen. Unter Konkurrenzbedingungen wird über die Gestaltung der Arbeitsmarktverfassungen, der Unternehmensverfassungen, der Steuersysteme, der Systeme der sozialen Sicherung usw. versucht, Innovationen zu generieren („Wissensproduktion"[2], technisch-organisatorischer Fortschritt)[3]. Ein-

---

1 So fließen nach dem letzten Bericht der Konferenz der Vereinten Nationen für Handel und Entwicklung (UNCTAD) beispielsweise nur 2% aller Direktinvestitionen nach Afrika. Die Zuwächse an Direktinvestitonen konzentrieren sich vor allem auf die Industrieländer. Vgl. auch Paque, K.-H. (1995): Weltwirtschaftlicher Strukturwandel und die Folgen. In: Aus Politik und Zeitgeschichte, Beilage zur Wochenzeitschrift Das Parlament, Bd. 49, 3 ff., hier 4.
2 Zöpel, Ch. (Hg.) (1998): Wissensproduktion – Wissensvermittlung – Wissensanwendung, Tagungsbroschüre Forum Zukunft Brandenburgs, Potsdam.
3 Dabei bleiben die Portfolioentscheidungen, die oft spekulativ sind und sich zumindest kurzfristig nicht immer an den realen wirtschaftlichen Gegebenheiten orientieren, in ihren Wirkungen außer Betracht. Vgl. hier ausführlich Diswendag, A. (1998): Finanzmärkte im Spannungsfeld von Globalisierung, Regulierung und Geldpolitik, Schriften des Vereins für Socialpolitik, Bd. 261, Berlin.

zelwirtschaftliche Innovationen führen nämlich über externe Effekte (Nutzung des Wissens durch andere im Prinzip zu Grenzkosten von Null) zu gesamtwirtschaftlich steigenden Skalenerträgen der Produktion. Bei der Gestaltung „institutioneller Arrangements" sind zum einen Unterschiede zwischen den Industriestaaten prinzipiell möglich, und entsprechend können auf diesem Feld im Sinne eines „Erstschlages" auch Vorsprünge bei innovativem Verhalten erzielt werden. Zum anderen sind solche Unterschiede – angepaßt an die jeweiligen kulturellen Umfelder in den einzelnen Industriestaaten – wohl auch eine notwendige Bedingung, um die jeweiligen volkswirtschaftlichen Produktionspotentiale effizient auszuschöpfen.

II. Größere Bedeutung dezentraler (regionaler) Handlungspotentiale in föderativ strukturierten Staaten im Zuge der Internationalisierung der Ökonomie

Einen wichtigen Parameter im Rahmen des gebietskörperschaftlichen „Institutionenwettbewerbs" stellt der Staatsaufbau dar. Dabei geht es neben dem Zusammenspiel von Exekutive und Legislative und den dabei etablierten Führungs- und Anreizstrukturen insbesondere um die Frage, ob stärker föderativ strukturierte Staaten stärker unitarisch aufgebauten Staaten bei der Anpassung an die sich im Prozeß der Globalisierung wandelnden Anforderungen (vor allem die Schaffung innovativer Milieus im nationalen Wirtschaftsraum) überlegen sind oder nicht. Für die folgenden Überlegungen wird von der These ausgegangen, daß dies zutrifft, weil den sich verringernden nationalen Handlungsmöglichkeiten im Rahmen eines bestehenden mehrstufigen Staatsaufbaus durch vertikale Kompetenzverlagerungen „nach unten" auf die regionale Ebene im Sinne der Förderung nationaler gesamtwirtschaftlicher Prosperität wirksam Rechnung getragen werden kann. Ausgangspunkt ist dabei die Beobachtung, daß der Gestaltungsspielraum nationaler Wirtschaftspolitik im Zuge der Internalisierung des Wirtschaftens zunehmend eingeschränkt wird[4]. Man denke hier etwa an den Versuch einer kurzfristigen makroökonomischen Nachfragesteuerung zur Stabilisierung der Wirtschaftsabläufe, der bei zunehmender internationaler Verflechtung der Märkte national immer weniger wirksam wird, oder an die Grenzen nationaler Sozialpolitik bei internationaler Freizügigkeit und Mobilität; ausgebaute Systeme der sozialen Sicherung können nämlich als „Armutsmagneten" wirken, mit der Folge einer Überlastung und eines Drucks zur Einschränkung, – es sei denn, über internationale Clearingstellen würde im Verhandlungswege ein Finanzausgleich geschaffen.

---

4   Beck, U. (1996): Die Subpolitik der Globalisierung, in: Gewerkschaftliche Monatshefte, Heft 11/ 12, 673 ff.

An die Stelle nationaler Steuerungskompetenzen müßten nun eigentlich – von der Reichweite der Aufgabenstellung, also dem räumlichen Nutzenkreis, her – supranationale Kompetenzen treten. Offensichtlich ist aber die internationale politische Integrationsfähigkeit deutlich geringer ausgeprägt als es von der Seite der wirtschaftspolitischen Steuerungsnotwendigkeit im Zuge der Globalisierung der Ökonomie her notwendig wäre. Die Umweltpolitik bildet hier ein (weiteres) illustratives Beispiel. Diese Diskrepanz zwischen Steuerungsnotwendigkeit und tatsächlichem Steuerungspotential auf supranationaler Ebene lenkt den Blick auf die regionale Ebene. Wenn es durch nationale Politik tendenziell immer weniger gelingen kann, wirtschaftliche Potentiale in einer weltweit operierenden Wirtschaft am nationalen Standort aufzubauen, wird es immer wichtiger, durch eine effiziente regionale Politik die Unternehmen am nationalen Standort zu halten oder sie hierher zu locken. Entsprechend verlagert sich dann der internationale Wettbewerb um mobiles Kapital immer stärker auf die Ebene der Regionen, wobei es hier vor allem die kleinen und mittelständischen Unternehmen sind, die von günstigen Standortvoraussetzungen besonders profitieren und die für die Kommunen in einer Region – etwa unter dem Gesichtspunkt der Gewerbesteuer – besonders interessant sind. Ein prosperierender mittelständischer Bereich in einer Region wiederum stellt einen Attraktionsfaktor für die großen international agierenden Unternehmen dar, wenn sie diese Region bei ihren Standortentscheidungen in die Betrachtung einbeziehen[5].

Neben diesem eher politikbezogenen Aspekt spricht aber auch eine eher ökonomisch angelegte Argumentation für einen Bedeutungszuwachs der regionalen Ebene. Die neue regionalökonomische Theorie hebt hervor, daß die räumliche Konzentration wirtschaftlicher Aktivitäten für das Wachstum von Regionen förderlich ist – zumindest bis sog. Ballungsoptima erreicht sind, bei deren Überschreiten die relative Attraktivität weniger verdichteter Räume wieder wächst[6]. Neben dem größeren Marktpotential in den Agglomerationen werden hier vielfältige positive Externalitäten angeführt, die besonders durch die räumliche Nähe hervorgerufen werden und die zu Kostensenkungen, sowie zum Aufbau von Innovationspotentialen führen. „Innovative Milieus" entstehen am ehesten durch Vielfältigkeit, wie sie für die Verdichtungsräume zumindest der Tendenz nach typisch ist. Indem Wissen zunächst vor Ort diffundiert, bauen sich in innovativen Regionen durch selbststärkende Prozesse – einem Wissensinput stehen mehrere Outputsteigerungen gegenüber – pfadabhängige Entwicklungen auf. So gesehen stellen vor allem

---

5 Vgl. auch Ministerium für Wirtschaft, Technologie und Verkehr des Landes Schleswig-Holstein, (Hg.) (1998): Regionale und nationale Handlungsmöglichkeiten der Wirtschaftspolitik bei fortschreitender Globalisierung, Kiel.
6 Vgl. Krugman, P. (1991): Geography and Trade, Cambridge/ Mass; Porter, M. E. (1991): Nationale Wettbewerbsvorteile, Erfolgreich konkurrieren auf dem Weltmarkt, München; vgl. aber auch schon sehr früh Böventer, E. v. (1962): Theorie des räumlichen Gleichgewichts, Schriften zur angewandten Wirtschaftsforschung, Bd. 5, Tübingen.

verdichtete Regionen die Keimzellen für das nationale wirtschaftliche Wachstum dar, und entsprechend muß allgemein den Regionen und der regionalen Politik erhöhte Aufmerksamkeit gewidmet werden.

III. Größere regionale Kompetenzen fördern tendenziell das nationale gesamtwirtschaftliche Wachstum

Die Entwicklung von Regionen wird mit bestimmt durch die Qualität ihrer eigenen Politik – vorausgesetzt die Regionen haben ihm Rahmen eines förderativen Staatsaufbaus eigene Handlungsmöglichkeiten. Der Anreiz für die regionale Politik, das Wachstum in den Regionsgrenzen zu stimulieren, ist dann besonders groß, wenn der Erfolg der eigenen Politik „internalisiert" werden kann, also in der Region verbleibt. Wird dagegen auf überregionaler (nationaler) Ebene verfügt, daß spürbare Teile des ökonomischen Erfolgs wirtschaftsstarker Regionen an wirtschaftsschwache Regionen abgegeben werden müssen, daß es also zu interregionaler Umverteilung kommt, dann sinkt der Anreiz der wirtschaftsstarken Regionen, ihre Position im interregionalen Wettbewerb weiter auszubauen; zugleich verbessert sich freilich die Wettbewerbsposition der schwächeren Regionen. Dem sinkenden Anreiz steht also möglicherweise eine Verbesserung der interregionalen Wettbewerbsintensität durch den Aufbau der schwächeren Regionen als Wettbewerbsteilnehmer gegenüber. Entscheidend für die Frage eines Konflikts zwischen Wachstum und Verteilung ist demzufolge das Maß der Umverteilung. In diesem bekannten Konfliktfeld[7] gilt tendenziell: Je mehr interregionale Umverteilung eine Gesellschaft will, desto

- stärker muß sie regionale Handlungsspielräume eingrenzen, um die Möglichkeiten der wirtschaftsstarken Regionen, sich durch eigene Anstrengungen weiter von den wirtschaftsschwachen Regionen zu entfernen, einzuschränken und/ oder
- desto weitergehender muß sie den Erfolg wirtschaftsstarker Regionen im Rahmen eines interregionalen Finanzausgleichs beschneiden.

Je mehr Wachstum eine Gesellschaft dagegen will, desto mehr Dezentralisierung der Kompetenz und der Ressourcen sind notwendig. Einiges spricht dafür, daß die stärkere internationale Verflechtung der Ökonomie die einzelnen Nationalstaaten immer mehr dazu zwingt, in Zukunft dem Wachstumsgedanken gegenüber dem Redistributionsziel größere Aufmerksamkeit zu widmen. Von daher dürfte dem Bedeutungszuwachs der Regionen – folgt man

---

7 Vgl. Zimmermann, H. (1996): Wohlfahrtsstaat zwischen Wachstum und Verteilung, München.

den vorherigen Überlegungen – durch einen Ausbau ihrer Kompetenz Rechnung zu tragen sein. Es dürfte also zu einer weiteren Dezentralisierung kommen, wenn das Wachstum der Volkswirtschaften gesichert werden soll, und das Maß der interregionalen Umverteilung wird sich reduzieren.

IV. Notwendigkeit der Qualifizierung der regionalen Politik

Ein allgemein anerkannter Bedeutungszuwachs der dezentralen (regionalen) Ebene und möglicherweise eine Zuweisung größerer Kompetenzen stellen aber noch nicht sicher, daß sich erstens der interregionale Wettbewerb aus volkswirtschaftlicher Sicht auch wirklich effizienzsteigernd auswirkt und daß sich zweitens die einzelnen Regionen im schärfer werdenden interregionalen Wettbewerb auch behaupten können. Dazu bedarf es auf der einen Seite gewisser überregionaler Rahmenbedingungen für den gebietskörperschaftlichen Wettbewerb, die verhindern, daß es zu einem effizienzmindernden „Subventionswettlauf" zwischen den Regionen kommt[8]. Auf der anderen Seite ist parallel eine permanente Qualifizierung der Wirtschaftspolitik der einzelnen Regionen notwendig. Eine Neuorientierung in der kommunalen/ regionalen Wirtschaftspolitik muß hier gegenwärtig vor allem auf drei Feldern erfolgen:

- dem kleinräumig abgestimmten Verhalten der Kommunen in der Region,
- dem Einschlagen einer Wettbewerbsstrategie im Rahmen der kommunalen/ regionalen Wirtschaftspolitik und
- im instrumentellen Bereich der Konzentration auf die „weichen" Standortfaktoren.

1. Vielfältige Standortvoraussetzungen in einer Region verschaffen Wettbewerbsvorteile

Unternehmen erwarten heute von einem Standort i.d.R. mehr, als ein Mikrostandort (Gemeinde/ Landkreis) bieten kann. Damit sich beispielsweise regionale „Cluster" bilden können, müssen sowohl Standortvoraussetzungen für große als auch für kleine Unternehmen in unmittelbarem räumlichem Zusammenhang gegeben sein. Zugleich ist die Industrieproduktion immer

---

8 Vgl. zu diesem hier nicht weiter behandelten Aspekt ausführlich Postlep, R.-D.: Gesamtwirtschaftliche Analyse kommunaler Finanzpolitik, Schriften zur öffentlichen Verwaltung und öffentlichen Wirtschaft, Bd. 136, 119 ff.; vgl. auch Benkert, W. (1996): Interkommunale Konkurrenz, Formen, Ergebnisse und Bewertung von Wettbewerb im Staatssektor. In: Postlep, R.-D. (Hg.): Aktuelle Fragen zum Föderalismus, Marburg, 167 ff.

mehr mit Dienstleistungsfunktionen verwoben[9]. Entsprechend muß eine Region hier die Standortvoraussetzungen sowohl für industrielle Fertigung als auch für (unternehmensbezogene) Dienstleistungen bieten. Dies betrifft auch die Qualifikationsstruktur der Beschäftigten und daraus resultierende Anforderungen an die Region, und zwar sowohl als Standort als auch als Wohnort. Entsprechend muß z.b. durch ein effizientes Verkehrskonzept sichergestellt werden kann, daß einerseits attraktives Wohnen möglich ist, andererseits die Produktion kleinräumig dort stattfinden kann, wo sie am günstigsten ist. Insgesamt müssen also vielfältige Anforderungen erfüllt werden, die

- erstens eine Planung „aus einem Guß" für die gesamte Region notwendig machen und die
- zweitens tendenziell auf einen größeren Zuschnitt der Regionen als funktionell abgegrenzte Gebilde hinauslaufen.

Dabei bieten die neuen Informations- und Kommunikationstechniken sowie die modernen Konzepte der Verkehrsorganisation basisinfrastrukturelle Voraussetzungen für einen vergrößerten Regionszuschnitt. Im Ergebnis können die entsprechend größer geschnittenen, aber trotzdem aufgrund der funktionellen Verflechtungen als eine Einheit empfundenen und auch als Einheit agierenden Regionen in der Tendenz jene Vielfältigkeit vorweisen, die als wichtiger Baustein für das Entstehen innovativer Milieus gilt.
Eine solche Strategie kann bei gegebenem gebietskörperschaftlichem Zuschnitt nur dann umgesetzt werden, wenn im kleinräumigen Miteinander an die Stelle defekter Strategien, also eines kleinräumigen wettbewerblichen Gegeneinanders, ein kooperatives Verhalten aufgrund der Nutzeninterdependenzen tritt[10]. Dazu sind intensive Lernprozesse notwendig, etwa dergestalt, daß keine Gemeinde etwas davon hat, wenn ein Unternehmen deshalb nicht in einer Region zieht, weil mehrere Gemeinden sich mit Blick auf die Unternehmensanforderungen aus „egoistischen" Motiven nicht auf ein abgestimmtes, dem vielfältigen Anforderungsprofil Rechnung tragendes Angebot einigen können, sondern gegeneinander handeln. Der sich im Zuge der Globalisierung intensivierende interregionale Wettbewerb übt hier einen heilsamen Druck aus und wird beispielsweise dazu führen,

- daß Informationen nicht weiter einzelwirtschaftlich „monopolisiert" werden, sondern in einem Informationsverbund offensiv „nach außen" als Mittel im interregionalen Wettbewerb eingesetzt werden,
- daß nicht unnötig Gewerbeflächen ausgewiesen werden, sondern kleinräumig eine Beschränkung auf die attraktivsten Standorte erfolgt und die Erträge dann geteilt werden.

---

9 Vgl. Lichtblau, K./ Meyer, B./ Ewerhart, G. (1996): Komplementäres Beziehungsgeflecht zwischen Industrie und Dienstleistungen, in: IW-Trends, Heft 4.
10 Vgl. grundsätzlich Weise, P. (1998): Konkurrenz und Kooperation, in: Universitas – Zeitschrift für interdisziplinäre Wissenschaft, 53 Jg., Nr. 621, 238 ff.

Zur Umsetzung eines solcher Strategie bedarf es keineswegs eines neuen (größeren) gebietskörperschaftlichen Zuschnitts; das Erkennen der Nutzeninterdependenzen unter den veränderten Rahmenbedingungen allein kann schon ein Umdenken bewirken und zu „strategischen Allianzen" im Sinne eines regional abgestimmten Verhaltens bei sich ergänzenden kleinräumigen Standortqualitäten führen.

2. Regionen müssen sich als Wettbewerbsteilnehmer verstehen

Regionen als Zusammenschluß dezentraler Gebietskörperschaften sind ein Teil des Gesamtstaates, und sie sind von daher auch von dem allgemeinen Staatsverständnis in einer Gesellschaft geprägt. Dies kann – je nach Sichtweise – stärker vom Obrigkeitsgedanken oder von einer „dienenden" Funktion im Rahmen demokratischer Strukturen vorgeformt sein; die Vorstellung vom Staat als Teilnehmer am Wettbewerb, dessen Macht durch andere Wettbewerbsteilnehmer beschränkt wird, ist aber sicher gewöhnungsbedürftig bzw. ungewohnt und bedarf von daher der Einübung. So gesehen bieten der unternehmerische Wettbewerb und das Wettbewerbsverhalten der Unternehmen in etlichen Bereichen durchaus relevantes Anschauungsmaterial für eine Neuorientierung staatlichen Verhaltens gerade auf der zentralen Ebene. Die folgenden drei Erkenntnisse dürften von Bedeutung sein.

a. Wirtschaftsorientierte Kommunal(Regional)politik analog der marktorientierten Unternehmensführung

Der Übergang zu Käufermärkten hat die Unternehmen tendenziell gezwungen, vom Konzept zunächst der Produktion und dann des Vermarktens Abschied zu nehmen. Vielmehr ist heute entscheidend, zeitnah die Wünsche des Kunden (des Marktes) aufzunehmen und daran das gesamte unternehmerische Handeln vom Einkauf bis zum Absatz unter Beachtung der durch den Staat gesetzten rechtlichen Rahmenbedingungen auszurichten, sich also gesamthaft marktorientiert zu verhalten.

Der „Markt" der Kommunen sind einerseits die Standorte wählenden Unternehmen und andererseits die Wohnorte wählenden Bürger. Eine Kommune bzw. eine Region muß sich hier – abhängig von den eigenen Standortvoraussetzungen („Kernkompetenzen") – eine Zielgruppe definieren und auf deren Präferenzen hin das gesamte fachpolitische und finanzpolitische Handeln ausrichten. Dies ist keineswegs allein eine Aufgabe der Wirtschaftsförderung, also der Wirtschaftspolitik i.e.S. Vielmehr müssen hier Kultur- und

Bildungspolitik, Verkehrspolitik, Wirtschafts- und Finanzpolitik, Arbeitsmarkt- und Sozialpolitik „an einem Strang ziehen", etwa wenn es darum geht, die Gemeinde oder die Region als „modern" und „innovativ" zu präsentieren. In diesem Sinne muß eine umfassend auf ein Leitbild ausgerichtete Stadtentwicklungspolitik betrieben werden, die Partikularinteressen zurückdrängt und Zielkonflikte leitbildorientiert löst. Dem eventuell erhobenen Vorwurf einer „Homogenisierung des Handelns" oder eines „Imperialismus ökonomischer Belange" können hier nur die Zwänge entgegengehalten werden, die aus dem Wettbewerb der Regionen in den globalisierten Arenen erwachsen. Deren weitgehende Nichtbeachtung würden die Wähler in einer Region über die Zeit sicher nicht honorieren. Vielmehr dürfte erst die Sicherung einer gesunden ökonomischen Basis Freiheitsspielräume „nach oben" eröffnen, beispielsweise für eine großzügigere Arbeitsmarkt- und Sozialpolitik auf der unteren dezentralen Ebene im Rahmen der dort vorhandenen Gestaltungsspielräume.

b. Innovation statt Imitation

Nachahmung spart die Kosten der Entwicklung. Von daher war es im Unternehmenswettbewerb immer eine naheliegende Strategie, soweit wie möglich zu imitieren und nicht selbst zu innovieren – sogar auf das Risiko hin, auf die Innovation eines anderen warten und dann feststellen zu müssen, daß sie nicht in der benötigten Form kommt. Im Zusammenwirken eines weltweit verbesserten Patentschutzes, globaler und damit größerer Marktchancen im Rahmen eines „Erstschlages" und allgemein des wachsenden Wettbewerbsdrucks haben die Unternehmen in der Zwischenzeit überwiegend auf den Weg der Innovation gesetzt, um ihre Wettbewerbsposition zu verbessern und Gewinne zu erzielen bzw. zu sichern. Im Kern geht es darum, einerseits auf zukunftsträchtigen Märkten durch neue Produkte größere Marktanteile zu erwerben und andererseits durch neue Technologien, Organisations- und Anreizstrukturen über die Verbesserung der Kosteneffizienz die betriebliche Wettbewerbsfähigkeit zu erhöhen.

Eine solche „Innovationsstrategie" – also Erfolg durch Vorsprung – können auch Regionen bei der Erfüllung öffentlicher Aufgaben einschlagen, etwa im Rahmen ihrer Kultur- und Bildungspolitik, ihrer Arbeitsmarktpolitik oder ihrer Verkehrs- und Umweltpolitik. Gefordert ist hierbei eine Experimentierfreudigkeit und die Bereitschaft zu Modellversuchen – allgemein das Suchen nach neuen Wegen und nicht das Nachahmen sicherer Optionen, um sich im Sinne eines positives Images ins Gespräch zu bringen. Neue Wege der Kooperation zwischen Stadt/ Region, regionaler Wirtschaft und Forschungseinrichtungen vor Ort, um bestimmte in der Region konzentrierte Kompetenzen im Rahmen eines Wissensmanagements in Netzwerken zu vertiefen, eine Profilierung etwa bei der Umsetzung von bodenpolitischen Voraussetzungen für eine nachhaltige Regionalentwicklung, Bildungsangebote, um Anpassungsfähigkeit, Selbständigkeit und Internationalität der ansässigen Wirtschaftssubjekte zu fördern, oder Einfallsreichtum bei der Bündelung von verschiedenen Maßnahmen der Arbeitsmarktpolitik sind Beispiele, wie es gelingen könnte, im Wettbewerb der Regionen einen Vorsprung zu erzielen. Das Beschreiten neuer Wege würde allgemein erleichtert, wenn parallel dazu neue Steuerungsmodelle des politisch-administrativen Entscheidungsprozesses etabliert würden, die für die Akteure Anreize setzen, sich eher durch wirtschaftliches Handeln auszuzeichnen als durch ausschließliche Orientierung an der Rechtmäßigkeit[11].

c. Konzentration auf die Kernaufgaben

Unter dem wachsenden Wettbewerbsdruck haben die Unternehmen verstärkt überprüft, inwieweit sie durch Zukauf von Leistungen anstelle von Eigenproduktion Spezialisierungsvorteile nutzen und dadurch ihre Kosten senken können. Dies hat zu einem spürbarem Anstieg des „Outsourcing" und einer Konzentration auf die eigentlichen Kernkompetenzen geführt.

Auch bei den Kommunen und Regionen kann man angesichts ihrer breiten Palette an Leistungen zur sog. „Daseinsvorsorge" die folgenden Fragen stellen: Was sind Leistungen, die unbedingt unter lokaler Regie erbracht werden müssen? Welcher Teil dieser Leistungen kann privat produziert und dann als Vorleistung von den Kommunen eingekauft werden? Auf welche Leistungen kann generell als Angebot lokaler öffentlicher Güter verzichtet werden bzw. in welchen Bereichen kann zukünftig der Markt das Angebot gemäß der kaufkräftigen Nachfrage regeln? Die Beantwortung dieser Fragen hat im Rahmen einer umfassend angelegten kommunalen Aufgabenkritik zu erfolgen, deren Ergebnis von Gemeinde zu Gemeinde und von Region zu Region sehr unterschiedlich ausfallen kann, je nach gewünschtem öffentlichem Steuerungspotential vor Ort. Nicht das Ergebnis dieser Prüfung ist dabei allein entscheidend, sondern auch schon der Prozeß der Prüfung als solcher; das Abrücken von quasi automatischem althergebrachtem Handeln stellt nämlich bereits einen Fortschritt in der kommunalpolitischen Willensbildung dar. Die Ergebnisse dieser Aufgabenkritik, die durchaus zu unterschiedlichen Graden an Privatisierung in einzelnen Aufgabenfeldern zwischen den Regionen führen können[12], lassen sich als eine Form des „Institutionenwettbewerbs" auf regionaler Ebene interpretieren. Dabei wird freilich zu beachten sein, daß bei solchen kommunalen Leistungen, die externe Ef-

---

11 Vgl. Postlep, R.-D. (1994): Controlling zur Rationalisierung der Kommunalpolitik. In: Bunde, J./ Postlep, R.-D. (Hg.): Controlling in Kommunalverwaltungen, Forum der Kommunalpolitik, Bd. 1, Marburg, 9 ff.
12 Vgl. auch Reding, K.: Anmerkungen zur aktuellen Diskussion der Privatisierung kommunaler Leistungen. In: Postlep, R.-D., Aktuelle Fragen zum Föderalismus, a.a.O., 187 ff.

fekte für den Gesamtstaat aufweisen, etwa in der Sozialpolitik, durch zentrale Rahmenbedingungen ein bestimmtes Mindestniveau an Leistungen gesichert wird, der interregionale Wettbewerb hier also nicht zu einem Wettbewerb der Versorgung „nach unten" führt.

3. „Weiche" Standortfaktoren entscheiden zunehmend im interregionalen Wettbewerb

Die klassischen „harten" Standortfaktoren, also Faktorpreisunterschiede zwischen Regionen, wirtschaftsgeografische Lage, Siedlungsstruktur und Ausstattung mit materieller öffentlicher Infrastruktur, sind entweder durch die kommunale Ebene selbst nicht beeinflußbar (auch weil sie teilweise dazu nicht über die notwendigen Finanzmittel verfügt bzw. auf Finanzzuweisungen des Landes angewiesen ist); oder sie sind – zumindest im vergleichsweise dicht besiedelten Deutschland angesichts einer langfristig wirksamen regionalen Ausgleichspolitik – nicht sehr unterschiedlich ausgeprägt. Letzteres gilt vor allem für viele Bereiche der materiellen öffentlichen Infrastruktur, etwa die Verkehrsanbindung. Relevante Wettbewerbsparameter im interregionalen Wettbewerb sind daher zunehmend die sog. „weichen" Standortfaktoren. Dazu zählen vor allem Wohnwert, soziales Klima, Umweltqualität und -bewußtsein, Gewerbeklima, Modernitätsgrad der öffentlichen Verwaltung und allgemein ein kreatives bzw. innovatives Milieu. Bei diesen Faktoren bieten sich den Regionen Chancen zur spürbaren Unterscheidung, und im Vergleich zu den harten Standortfaktoren kosten sie zudem überwiegend wenig. Sie sind aber nicht leicht zu beeinflussen, auch weil sie meist auf subjektive Befindlichkeiten abstellen und ein ganzheitliches Handeln über alle Fachpolitiken hinweg voraussetzen, um überzeugend zu wirken. Relevante Faktoren sind zudem nur teilweise durch die Regionen und ihre Kommunen beeinflußbar, und oft sind einzelne Personen und ihre Ausstrahlung von großer Wichtigkeit.

Ein allgemeiner Bewußtseinswandel in Richtung auf die Regionen und ihre Kommunen als Anbieter von Dienstleistungen für den Bürger und die Unternehmen auf der einen Seite sowie das geschilderte Verständnis als Wettbewerber mit anderen Regionen auf der anderen Seite zeigen die Eckpfeiler eines erfolgversprechenden Weges moderner kommunaler Wirtschaftspolitik auf. Zukunftsträchtige Technik etwa im regionalen Nachverkehr, im Umwelt- oder im Informations- und Kommunikationsbereich, gekoppelt an ein Flächennutzungs- und Siedlungskonzept, das den Ansprüchen einer nachhaltigen Regionalentwicklung gerecht wird und so auf lange Sicht die regionale Wettbewerbsfähigkeit sichert, Orientierung der Verwaltungsleistungen an den z.B. über Umfragen regelmäßig ermittelten Wünschen der

Bürger und Unternehmen, Entwicklung eines Regionalmarketingkonzepts unter Rückgriff auf ein Informationsverbundsystem über alle Gemeinden und Einrichtungen einer Region hinweg, koordinierte Arbeitsmarkt-, Bildungs- und Sozialpolitik, um angesichts mehrerer Träger synergetische Prozesse zu induzieren, Organisation eines regelmäßigen Wissenstransfers und Generierung gemeinsamer Projekte zwischen staatlichen Forschungseinrichtungen, betrieblicher Forschung und Entwicklung, privaten unternehmensbezogenen Dienstleistungen und kommunalen Einrichtungen[13] – dies alles sind nur einige Beispiele für Tätigkeitsfelder, die im Ergebnis als „weiche" Standortfaktoren das soziale und gewerbliche Klima in einer Region prägen und so auf ein positives Image für eine Region hinwirken können.

---

13 Vgl. Feldotto, P. (1997): Konzeptionen und Voraussetzungen für ein regionales Innovationsmanagement, in: Raumforschung und Raumordnung, 55. Jg., Heft 4/ 5, 305 ff.; desgl. Fritsch, M. u.a. (1998): Regionale Innovationspotentiale und innovative Netzwerke. In: Raumforschung- und Raumordnung, 56. Jg., Heft 4, 234 ff.; Backhaus, A./ Seidel O.: Die Bedeutung der Region für den Innovationsprozeß, a.a.O., 264 ff.

Edgar Grande

Innovationspolitik im europäischen Mehrebenensystem: Zur neuen Architektur des Staatlichen

I. Globalisierung und die institutionelle Ausdifferenzierung der Forschungs- und Technologiepolitik

Die Globalisierung von Unternehmen, Märkten und Technologien hat die Steuerungsbedingungen und Steuerungsmöglichkeiten der staatlichen Innovationspolitik in Hochtechnologie-Industrien entscheidend verändert (OECD 1992; Grande/ Häusler 1994; Muldur/ Petrella 1994; Gerybadze et al. 1997; vgl. Meyer-Krahmer in diesem Band). Die Innovationspolitik war lange Zeit nahezu ausschließlich auf den Nationalstaat fixiert. Die staatliche Förderung und Finanzierung wissenschaftlich-technischer Innovationen wurde als eine der vordringlichsten Aufgaben des „technischen Staates" (Schelsky 1965) angesehen. „Nationales Interesse" und die internationale Konkurrenz zwischen Staaten und Unternehmen charakterisierten in allen großen Industrieländern die Entwicklung moderner Technologien – ob ziviler oder militärischer – nach dem Zweiten Weltkrieg. Diese „nationale Konstellation" zwischen nationaler Innovationspolitik, inländischen Großunternehmen und einer nationalen wissenschaftlichen Infrastruktur hat sich seit den 80er Jahren zunehmend aufgelöst.

Die entscheidenden Impulse für diese Entwicklung kamen aus der Wirtschaft. Die Unternehmen in Hochtechnologie-Industrien haben in den vergangenen zwanzig Jahren einen immer größeren Teil ihrer Aktivitäten globalisiert. Besonders deutlich zeigt sich dies in der Zunahme von transnationalen Firmenübernahmen und -zusammenschlüssen, einer intensiveren Nutzung internationaler Kosten- und Qualitätsvorteile bei Zulieferungen („global sourcing"), dem Bau von Produktionsanlagen im Ausland, der sprunghaften Zunahme von internationalen Technologiekooperationen zwischen Unternehmen und, wenngleich in geringerem Umfang, der Internationalisierung von Forschungs- und Entwicklungsaktivitäten. Die globale Erweiterung des Aktionsradius von Firmen ging vielfach einher mit der Dezentralisierung der Unternehmensorganisation („global localization"). Insgesamt mutierten die Unternehmen dadurch zu globale Netzwerken, für deren externe Strategien und interne Transaktionen nationale Interessen und nationale Grenzen erheblich an Bedeutung verloren haben (Ohmae 1990; Reich 1991). Dies hat in den Firmen zwar nicht zu einer völligen Konvergenz der Organisationsstrukturen und Unternehmensstrategien geführt (vgl. Doremus et al. 1998), aber die Wirtschaft als Objekt der Innovationspolitik hat sich doch grundlegend geändert. Während der Staat es in den 60er und 70er Jahren oftmals noch mit einem kleinen, überschaubaren und untereinander klar abgegrenzten Kreis von "nationalen" Unternehmen zu tun hatte, ist der Adressat der staatlichen Politik inzwischen ein immer unübersichtlicheres, äußerst wechselhaftes und interorganisatorisch hochgradig verflochtenes Netzwerk von Akteuren.

In steuerungstheoretischer Perspektive resultieren aus dem „Techno-Globalismus" insbesondere zwei Probleme: *erstens* die *zunehmende Inkongruenz* zwischen dem Aktionsradius von Wirtschaft und Wissenschaft einerseits und der Reichweite staatlicher Politik andererseits; und *zweitens* die rasch fortschreitende *Entgrenzung* der Unternehmen und ihrer Aktivitäten. Die staatliche Innovationspolitik basierte lange Zeit im wesentlichen auf dem Territorialprinzip. Für den Bereich der industriellen Forschungs- und Entwicklungsaktivitäten folgte daraus, daß nur solche Aktivitäten (national)staatlich gefördert werden sollten, die von *nationalen* Unternehmen *im Inland* durchgeführt werden[1]. Damit waren im Prinzip nicht nur die ausländischen Konkurrenten von der Förderung ausgeschlossen, sondern auch solche unternehmerischen FuE-Aktivitäten heimischer Firmen, die im Ausland durchgeführt wurden, wie zum Beispiel die Beteiligung der Firma Siemens an der gemeinsam mit IBM in den USA durchgeführten Entwicklung des 64 Mb-Chips. In einer globalisierten Ökonomie hätte die konsequente Anwendung des Territorialprinzips in der Forschungsförderung zur Folge, daß die strategisch wichtigsten Firmen für eine staatliche Förderung nicht mehr in Frage kämen. Hinzu kommt, daß angesichts der Herausbildung multinationaler Unternehmen und Unternehmensnetzwerke in Hochtechnologie-Industrien nationale Grenzen für die Firmen an Bedeutung verloren haben und eine Unterscheidung zwischen „inländischen" und „ausländischen" Unternehmen immer schwieriger – wenn überhaupt – möglich ist. Für die staatliche Innovationspolitik ergibt sich hieraus nicht nur das Problem, den Zugang zu ihren Förderprogrammen effektiv zu kontrollieren und zu regulieren, sondern auch den Nutzen ihrer Aktivitäten wirkungsvoll auf die eigentlichen Adressaten zu beschränken. Wenn der Ertrag staatlicher Förderpolitik in einem intransparenten Netzwerk global operierender Firmen versickert, dann läßt sich diese

---

1 Die Frage „Was unter Berücksichtigung der internationalen Verflechtung der Wirtschaft ‚deutsche Firmen' [sind] und welche weiteren Firmen unter diesen Begriff fallen könnten" (BMwF 1965: 4), beschäftigte die bundesdeutsche Forschungs- und Technologiepolitik seit der Mitte der 60er Jahre immer wieder. Seinerzeit wurde vom Bundeswirtschaftsministerium folgende Regelung entwickelt: „Als förderungswürdig sollten nur solche deutschen Firmen angesehen werden, die ihren Sitz im Geltungsbereich des Grundgesetzes haben, eigene Entwicklungen betreiben und diese selbst finanzieren und von einer anderen Regierung nicht gefördert werden bzw. wurden" (BMwF 1966: 7). Mit Hilfe dieser Regelung war es beispielsweise lange Zeit möglich, IBM von einer Beteiligung an den bundesdeutschen Informationstechnik-Förderprogrammen auszuschließen.

Politik immer schlechter mit einem wie auch immer definierten "nationalen Interesse" begründen und zur Schaffung von Wettbewerbsvorteilen für die nationale Ökonomie einsetzen.

Die staatliche Innovationspolitik hat im Prinzip drei Möglichkeiten, auf die Schwierigkeiten, die sich aus der Globalisierung von Märkten, Unternehmen und Technologien für sie ergeben, zu reagieren. Sie kann:

- *erstens* ihre Steuerungsziele an die neuen Bedingungen anpassen und sich auf das noch „Machbare" beschränken;
- *zweitens* neue Steuerungsinstrumente entwickeln, die unter den neuen Bedingungen besser greifen;
- und *drittens* ihre institutionelle Architektur an die neuen Bedingungen anpassen.

Alles in allem wurde in Deutschland von allen drei Möglichkeiten Gebrauch gemacht, wenngleich in unterschiedlichem Maße. So hat sich die bundesdeutsche FuT-Politik seit Beginn der 80er Jahre zunehmend aus der Förderung von Forschung und Entwicklung in der gewerblichen Wirtschaft zurückgezogen und der Förderung der Grundlagenforschung und dem Ausbau der wissenschaftlich-technischen Infrastruktur größeres Gewicht gegeben; und gleichzeitig wurde die Förderung auf neue Adressaten (z.B. kleine und mittlere Unternehmen) und neue Förderinstrumente (u.a. Programme zur technologieorientierten Unternehmensgründung) umgestellt. Diese Entwicklung war zweifellos auch ordnungspolitisch motiviert, sie kann jedoch gleichzeitig als Anpassung an die neuen ökonomischen Rahmenbedingungen interpretiert werden.

Im Mittelpunkt des folgenden Beitrags steht die dritte Möglichkeit, die staatliche Innovationspolitik an die neuen Bedingungen des „Techno-Globalismus" anzupassen. Als eine Folge der Globalisierung von Unternehmen, Märkten und Technologien hat sich die institutionelle Architektur der staatlichen Innovationspolitik deutlich geändert. Das Hauptmerkmal dieser Veränderung ist die *zunehmende Ausdifferenzierung staatlicher Handlungsebenen*. Dabei wurde der Nationalstaat, der bis dahin eindeutig das Zentrum der Innovationspolitik bildete, von zwei Seiten herausgefordert: Zum einen durch die verstärkten Bemühungen, jenseits des Nationalstaates politische Steuerungskapazitäten aufzubauen, also der sich globalisierenden Ökonomie politisch-institutionell „nachzuwachsen" („Europäisierung"); und zum anderen durch die gleichzeitig einsetzenden Bemühungen, auf lokaler und regionaler Ebene Technologiepotentiale zu fördern und deren Einbettung in die regionalen Ökonomien zu unterstützen („Regionalisierung").

Angesichts der großen (nicht nur ökonomischen, sondern auch militärischen) Bedeutung nationaler Interessen ist in diesem Zusammenhang die Europäisierung der staatlichen Innovationspolitik besonders bemerkenswert. Der Aufbau staatlicher Handlungskapazitäten jenseits des Nationalstaats hat in diesem Bereich zwar nicht erst mit der Globalisierung der Ökonomie eingesetzt, sondern bereits in den 50er Jahren in einer Reihe von Technologiebereichen und in unterschiedlichen institutionellen Formen begonnen. Hierzu zählt die Gründung der Europäischen Atomgemeinschaft (EURATOM) und der Aufbau zahlreicher internationaler Forschungseinrichtungen (u.a. CERN). Aber die Globalisierung der Ökonomie hat seit den 80er Jahren entscheidend dazu beigetragen, daß die europäischen Nationalstaaten zum Verzicht auf Kompetenzen und zur Intensivierung der Kooperation in diesem Bereich bereit waren (vgl. Sandholtz 1992). Die Folge dessen war nicht nur eine beträchtliche Ausweitung der Kompetenzen der EG bzw. EU in der FuT-Politik, sondern gleichzeitig auch die Vereinbarung weiterer, intergouvernementaler Formen der Technologiekooperation, insbesondere von EUREKA. Die Europäisierung der Innovationspolitik beschränkt sich also bei weitem nicht auf die Übertragung von Kompetenzen auf die EG bzw. EU. Und schließlich ist zu berücksichtigen, daß in den 80er Jahren nicht nur die FuT-Politik, sondern auch andere Bereiche der Innovationspolitik europäisiert wurden, beispielsweise die technische Normung und Standardisierung, die Regulierung von Märkten (z.B. im Telekommunikationssektor) und die öffentliche Beschaffungspolitik.

Das Ergebnis dieser institutionellen Ausdifferenzierung staatlicher Handlungsebenen ist nun nicht einfach ein neues Zentrum staatlicher Innovationspolitik auf europäischer Ebene, sondern ein *Mehrebenensystem*, in dem jede Handlungsebene über eigene autonome Handlungsspielräume verfügt, um ihre Ziele zu realisieren (vgl. Jachtenfuchs/ Kohler-Koch 1996; Leibfried/ Pierson 1998). Diese „neue Architektur des Staates" (Grande 1993, 1994) in der Innovationspolitik läßt sich in institutioneller Hinsicht durch mindestens drei Merkmale charakterisieren.

1. Die wichtigste institutionelle Besonderheit des europäischen Mehrebenensystems ist zweifellos die *nicht-hierarchische Anordnung der Handlungs- und Entscheidungsebenen*. Die europäische Ebene überlagert nicht einfach die nationalen und regionalen Handlungsebenen der Politik, die Nationalstaaten und ihre Regionen sind der Europäischen Union nicht einfach untergeordnet. Zwischen den verschiedenen Handlungsebenen bestehen vielmehr vielfältigste institutionelle und materielle Interdependenzen: Dazu zählt die intensive Beteiligung nationaler und regionaler Akteure an supranationalen Entscheidungsprozessen; und dazu gehört auch die großse Bedeutung nationaler und regionaler Akteure und Institutionen bei der Implementation europäischer Politik[2]. Zur Charakterisierung eines solchen nicht-hierarchischen, interde-

---

2   Zur Vermeidung von Mißverständnissen möchte ich ausdrücklich darauf hinweisen, daß hier nicht behauptet wird, daß es in der Europäischen Union keinerlei hierarchische Beziehungsmuster mehr gibt, daß Hierarchien also gänzlich abgeschafft worden wären. Hierarchien spielen in mindestens zweierlei Hinsicht noch eine Rolle. Erstens sind sie *auf den jeweiligen Handlungsebenen* weiterhin eine wichtige Form der politischen Steuerung, das

pendenten Mehrebenensystems hat Fritz W. Scharpf den Begriff der „Politikverflechtung" geprägt und auf die europäische Politik angewandt (vgl. Scharpf 1985). Folgt man dieser Begrifflichkeit, dann bestünde die institutionelle Besonderheit der Europäischen Union nicht nur in ihrer Mehrebenenstruktur, sondern vor allem in der Tatsache, daß es sich dabei um ein *verflochtenes Mehrebenensystem* handelt.

2. Es ist naheliegend, daß das Regieren in einem solchen nichthierarchischen, interdependenten Mehrebenensystem sich in erster Linie der Techniken „indirekter Steuerung" (Lax/ Sebenius 1986) bedienen muß, wenn es seine Ziele erreichen will. Das europäische Mehrebenensystem ist nicht nur an seiner Spitze, wenn die Regierungschefs der Mitgliedsstaaten sich im Europäischen Rat treffen, durch Verhandeln charakterisiert, sondern in allen seinen Institutionen und Verfahren. Kurz gesagt: Das europäische Mehrebenensystem ist in erster Linie ein *Verhandlungssystem*, in dem Ergebnisse nicht durch Befehlsmacht, sondern durch Verhandlungsgeschick erzielt werden. In prozeduraler Hinsicht ist europäische Politik in diesem mehrdimensionalen Verhandlungssystem „interaktive Politik" (Kohler-Koch et al. 1997), ihre Ergebnisse sind das Produkt der Interaktion mehrerer Handlungsebenen mit ganz unterschiedlichen Funktionen, Interessen und Handlungsressourcen. Die Europäisierung trägt damit ganz wesentlich zur Herausbildung eines „interaktiven Staates" (Simonis 1994) bei.

3. Schließlich ist das europäische Mehrebenensystem dadurch charakterisiert, daß die Aufgabenverteilung zwischen den Handlungsebenen nicht eindeutig fixiert und wohl auch nicht eindeutig fixierbar ist – kurz gesagt: Es ist ein *dynamisches System*. Dies gilt auch für föderative Systeme (Friedrich 1964; Benz 1985), im Fall des europäischen Mehrebenensystems erhält die Systemdynamik allerdings eine besondere Qualität. In föderativen Systemen spielt sich die Dynamik der staatlichen Handlungsebenen in einem konstitutionell vorgegebenen Rahmen ab. Der europäische Integrationsprozeß dagegen ist bislang ein offenes „Projekt" ohne Vorbild und ohne Vorgabe. Die Beziehungen zwischen den Handlungsebenen sind hierdurch variabler und flexibler und es ist fraglich, ob Regulative wie das Subsidiaritätsprinzip in der Lage sind, in einem solchen dynamischen System ein effektive Verteilung der

---

gilt auch für die supranationale Ebene. Und zweitens finden sich auch in den Beziehungen zwischen der supranationalen und der nationalen Ebene europäischer Politik Spurenelemente hierarchischer Steuerung. Das gilt für die Kompetenzausstattung der Europäischen Kommission in einigen Politikbereichen (Schmidt 1998), es gilt aber insbesondere für die Rolle des Europäischen Gerichtshofs. Die genaue Bedeutung dieser Einsprengsel hierarchischer Steuerung in das Regierungssystem der EU ist sowohl empirisch als auch theoretisch noch klärungsbedürftig. Darum geht es hier jedoch nicht. Für die grundsätzliche Charakterisierung der EU entscheidend ist, daß die Beziehungen zwischen den Handlungs- und Entscheidungsebenen im europäischen Mehrebenensystem in erster Linie *nicht* durch Hierarchie, sondern durch Politikverflechtung und Verhandlung geregelt werden (vgl. Grande 1994).

Aufgaben zwischen den Handlungsebenen zu gewährleisten (vgl. Grande 1996).

Ich möchte mich im weiteren nun auf die Rolle der EG bzw. EU in diesem Mehrebenensystem konzentrieren und dort wiederum auf einen bestimmten Ausschnitt der Innovationspolitik, die Forschungs- und Technologiepolitik (FuT-Politik). In diesem Zusammenhang möchte ich mich mit zwei grundsätzlichen Fragen beschäftigen: *Erstens*, ist die EG bzw. EU mit ihren Forschungsrahmenprogrammen überhaupt ein relevanter Akteur in der FuT-Politik oder sind die nationalen Innovationssysteme nicht doch die einzig maßgebliche Bezugsebene staatlicher FuT-Politik? (*Relevanzfrage*) Und zweitens: Hat sich mit der Europäisierung die Problemlösungsfähigkeit der FuT-Politik tatsächlich verbessert (*Effektivitätsfrage*)? Beides, sowohl die Relevanz als auch die Effektivität der FuT-Politik der EG bzw. EU wurde in der Vergangenheit immer wieder bezweifelt – und beides kann in der Tat nicht umstandslos vorausgesetzt werden.

II. Does Europe Matter? – Zur Relevanz der Forschungs- und Technologiepolitik der EU

Die Antwort auf die erste Frage, die Frage nach der Relevanz der EU in der FuT-Politik, hängt ganz entscheidend vom Bezugspunkt ab, den man wählt. Als Ausgangspunkt – und bei vielen bereits der Schlußpunkt – kann der Anteil der FuE-Ausgaben der Europäischen Kommission an den gesamten staatlichen FuE-Ausgaben in der EU dienen. Dieser Anteil hat sich in den vergangenen zwanzig Jahren zwar deutlich erhöht, er ist aber noch immer verschwindend gering. Im Jahr 1996 entfielen weniger als 5% der gesamten staatlichen FuE-Ausgaben – 2,6 Mrd. ECU von 56 Mrd. ECU – auf die EU (EUROSTAT 1997: 256). Und der Anteil der europäischen Fördermittel an den gesamten öffentlichen Ausgaben für FuE betrug in der Bundesrepublik am Ende der 80er Jahre, also während der Laufzeit des zweiten Forschungsrahmenprogramms der EG, lediglich ca. 0,4% (Reger/ Kuhlmann 1995). Das neue, fünfte Forschungsrahmenprogramm wird an dieser Gewichtsverteilung nichts ändern. Aufgrund dieser Relationen wird immer wieder behauptet, die EU sei in der FuT-Politik marginal. Damit macht man es sich aber viel zu leicht. Um zu einer angemessenen Beurteilung der EU in der FuT-Politik zu gelangen, muß differenzierter vorgegangen werden. Drei Aspekte bedürfen dabei besonderer Berücksichtigung:

- *erstens* die unterschiedliche Struktur der nationalen und der europäischen FuE-Ausgaben;
- *zweitens* die starke Industrie- und Anwendungsorientierung der FuT-Politik der EG bzw. EU;

- *drittens* die starke thematische Schwerpunktsetzung in der europäischen FuT-Politik.

Die Zielsetzung und die Struktur der FuE-Ausgaben der EU und ihrer Mitgliedstaaten unterscheiden sich grundlegend. Während der größte Teil der nationalen FuE-Ausgaben für die Finanzierung der Hochschulen verwendet wird und zumindest in den großen Mitgliedstaaten auch die Verteidigungsforschung einen beträchtlichen Umfang besitzt, liegt das Hauptaugenmerk der Europäischen Kommission auf Förderprogrammen mit industrieller und technologischer Zielsetzung (vgl. EUROSTAT 1997: 102).

Diese Förderaktivitäten haben – entsprechend dem vertraglich vorgegebenen Ziel, die Wettbewerbfähigkeit der europäischen Industrie zu stärken – eine starke industriepolitische Orientierung. Die Programme der EU erstrekken sich inzwischen zwar über ein breites Spektrum von Themen und Technologien, die sogenannten „Schlüsseltechnologien" für die industrielle Wettbewerbsfähigkeit (Informations- und Kommunikationstechnik, Biotechnologie, neue Materialien und Werkstoffe) stehen aber eindeutig im Mittelpunkt.

Der Blick auf die Forschungsrahmenprogramme zeigt zudem, daß die Förderaktivitäten der EU trotz der Vielfalt der Programme und Aktionslinien deutlich erkennbare thematische Schwerpunkte aufweisen. Im Bereich der industrieorientierten Fördertätigkeiten steht die Informations- und Kommunikationstechnik (IuK-Technik) eindeutig im Mittelpunkt des Interesses. Rund 40% der Mittel für das 2. und 3. Forschungsrahmenprogramm sind für Aktivitäten in diesem Bereich aufgewandt worden, insbesondere für die Programme ESPRIT, RACE (später ACTS), sowie verschiedene Programme zur Förderung von Anwendungen der IuK-Technik.

In diesen Schwerpunktbereichen erreichen die EU-Programme eine Größenordnung, die für Unternehmen und Forschungseinrichtungen alles andere als marginal sind – zumindest im Vergleich zur nationalen Förderung. Im Bereich der IuK-Technik haben sich dadurch innerhalb weniger Jahre die Gewichte zwischen der nationalen Förderung und der Förderung durch die EU signifikant verschoben. Am Beispiel der Firma Nixdorf läßt sich diese Entwicklung im Detail nachzeichnen. Vor 1985 war die EG als Förderinstanz für das Unternehmen faktisch irrelevant. Bereits mit dem 1. Forschungsrahmenprogramm und ESPRIT I erreichten die EG-Fördermittel einen Anteil von einem Drittel an den gesamten staatlichen Fördermitteln, die das Unternehmen erhielt; mit dem 2. Forschungsrahmenprogramm und ESPRIT II stieg dieser Anteil auf nahezu zwei Drittel an. Das Beispiel der Firma Nixdorf dürfte durchaus typisch sein für die informationstechnische Industrie: In diesem Bereich haben die EU-Förderprogramme die nationale Förderung zu großen Teilen verdrängt, in einzelnen Bereichen (z.B. Kommunikationstechnik) sind sie nahezu vollständig an deren Stelle getreten (vgl. Grande/ Häusler 1994: 383 f.).

Insgesamt muß die erste Frage, die Frage nach der Relevanz der EU in der FuT-Politik, meines Erachtens mit einem „qualifizierten Ja" beantwortet werden. Es gibt durchaus Bereiche, in denen die EU inzwischen ein maßgeblicher, wenn nicht sogar der maßgebliche staatliche Akteur geworden ist; und dies trifft insbesondere für einen industriepolitisch zentralen Bereich wie die IuK-Technik zu. Aber dies gilt nicht generell, hiervon ist insbesondere die Finanzierung der Grundlagenforschung und der wissenschaftlich-technischen Infrastruktur weitestgehend ausgenommen.

III. Konfliktbewältigung in multidimensionalen Verhandlungssystemen – Zur Effektivität der Forschungs- und Technologiepolitik der EU

Ist die FuT-Politik der EU dort, wo sie relevant ist, d.h. insbesondere bei den industrieorientierten Förderprogrammen, auch tatsächlich effektiv? Kann die EU mit diesen Programmen einen effektiven Beitrag zur Verbesserung der Wettbewerbsfähigkeit der europäischen Industrie leisten, wie dies der EU-Vertrag von ihr verlangt?

Nimmt man die Ergebnisse der vorliegenden Evaluationsberichte zu den Forschungsrahmenprogrammen und den wichtigsten spezifischen Programmen, dann müssen diese Fragen wohl eher mit "nein" beantwortet werden. So kam die Evaluierung des 4. Forschungsrahmenprogramms zu dem Ergebnis, „the Programme turns out to be shopping lists of national priorities, often with low coherence and little European value added" (Davignon Panel 1997: 14). Zu ähnlichen Schlußfolgerungen waren bereits die Evaluierungen früherer Forschungsrahmenprogramme und der großen, industrieorientierten spezifischen Programme gekommen (vgl. Agrain et al. 1989; Dekker-Bericht 1992). Aufgrund solcher kritischer Befunde wird dann immer wieder ein „strategischerer Ansatz" gefordert, worauf die Europäische Kommission regelmäßig mit einem Neuzuschnitt ihrer Forschungsrahmenprogramme antwortet, ohne daß sich an der Problematik etwas wesentliches ändern würde. Das liegt weniger an der bürokratischen Schwerfälligkeit der Kommission oder daran, daß es ihr an strategischen Visionen mangelt. Verantwortlich für die geringe Effektivität der europäischen FuT-Politik sind auch die politischen und institutionellen Bedingungen, unter denen die Kommission in diesem Politikbereich handeln muß. Im einzelnen lassen sich drei Problembereiche identifizieren, die den Erfolg europäische FuT-Politik bisher vor allem beeinträchtigen: (i) strategische Probleme, (ii) institutionelle Defizite und (iii) politische Konflikte.

1. Zunächst darf nicht übersehen werden, daß die FuT-Politik der EG bzw. EU seit ihrer Intensivierung und Neuorientierung zu Beginn der 80er Jahre mit einer Reihe von *strategischen Problemen* konfrontiert ist. Das liegt weniger daran, daß die Europäische Kommission über keine eigene Förderstrategie verfügte. Die Kommission hat die FuT-Politik zu Beginn der 90er Jahre in ein umfassendes, durchaus kohärentes Konzept der Industrie- und Innovationspolitik integriert, das sehr stark an Michael Porters Konzept „nationaler Wettbewerbsvorteile" orientiert war (vgl. EG-Kommission 1990, 1991; Porter 1990). Allerdings zeigte sich bald, daß die Umsetzung eines solchen Konzeptes auf europäischer Ebene alles andere als einfach und noch nicht einmal ausreichend ist.

(i) Als problematisch erwies sich zunächst, wie das Konzept „nationaler Wettbewerbsvorteile" auf die europäische Mehrebenenstruktur übertragen werden kann. Aufgrund der Ausdifferenzierung staatlicher Handlungsebenen in Europa war es nicht einfach möglich, den Instrumentenkasten erfolgreicher nationaler Politiken, wie er von Michael Porter ausführlich beschrieben wird, einfach auf der europäischen Ebene anzuwenden. Es mußte vielmehr erst ermittelt werden, worin denn der spezifische Beitrag der *europäischen* FuT-Politik zur Verbesserung der Wettbewerbsfähigkeit der Industrie in Europa bestehen könnte, worin also der „competitive advantage" der EU gegenüber ihren Mitgliedstaaten und deren Regionen besteht. Michael Porters Konzept selbst gibt hierzu keine konkreten Hinweise. Angesichts des stark "lokalen" Charakters, den die Kreation von Wettbewerbsvorteilen in seiner Analyse besitzt, würde man bei der Suche nach Alternativen zum Nationalstaat als effektiver Handlungsebene der Innovationspolitik jedoch eher auf die regionale Ebene setzen als auf europäische Politiken, denen gerade diese lokale „Einbettung" fehlt.

(ii) Der offensichtlichste, und von der Europäischen Kommission auch immer wieder genannte Vorteil der europäischen FuT-Politik gegenüber nationalen oder regionalen Aktivitäten ist ihre größere Reichweite. Im Idealfall könnten dadurch strategische Ziele, die aufgrund der zunehmenden Globalisierung von Märkten, Unternehmen und Technologien im nationalstaatlichen Rahmen nicht mehr erreichbar sind, in einem größeren territorialen Kontext realisiert werden. Die europäischen Förderprogramme der 80er Jahre waren in der Tat stark von einer solchen Vorstellung geprägt. Durch die Intensivierung der Kooperation zwischen europäischen Firmen und die gezielte Förderung „europäischer Champions" sollte die Wettbewerbsfähigkeit der „europäischen" Industrie gegenüber ihren amerikanischen und japanischen Konkurrenten verbessert werden. Allerdings hat sich gezeigt, daß sich das Kongruenzproblem, vor dem die nationale FuT-Politik kapitulieren mußte, auch auf europäischer Ebene stellt. Die Kooperation zwischen den europäischen Unternehmen hat seit den 80er Jahren zwar erheblich zugenommen, und die Europäische Kommission hat mit ihren Förderprogrammen hierzu auch ohne

Zweifel beigetragen. Aber die Internationalisierung der Unternehmensaktivitäten und die Suche nach Kooperationspartnern blieb bei den europäischen Unternehmen nicht auf den europäischen Binnenmarkt beschränkt. Die europäische FuT-Politik war in der Folge genauso mit der globalen Verstrickung von Firmen und der globalen Logik ihrer Aktivitäten konfrontiert wie die nationale Politik auch.

(iii) Ein dritter strategischer Schwachpunkt, unter dem auch Michael Porters Konzept leidet, ist die weitgehende Vernachläßigung sozialer Innovationen in den EU-Programmen. Wie auch in Porters Modell wurden soziale, kulturelle und institutionelle Faktoren für die technisch-ökonomische Entwicklung weitgehend vernachläßigt. Insbesondere die Förderprogramme der 80er Jahre waren weitgehend als „Technology Push"-Programme angelegt, von denen in der Innovationsforschung inzwischen bekannt ist, daß sie in ihrer Wirkung eng begrenzt sind (vgl. Lundvall 1988; Meyer-Krahmer 1992). Die Kommission hat auf dieses Defizit inzwischen reagiert und bereits im vierten Forschungsrahmenprogramm versucht, die Anwendungsorientierung ihrer Programme zu stärken. Es bleibt abzuwarten, ob damit die Erfolgschancen ihrer FuT-Politik tatsächlich verbessert werden konnten.

2. Die europäische FuT-Politik leidet jedoch nicht nur unter strategischen Problemen. Hinzu kommen gravierende *organisatorische und institutionelle Defizite*. Die FuT-Politik der EG bzw. EU muß in politischen und administrativen Strukturen formuliert und implementiert werden, die (i) eine fragmentierte Problemsicht begünstigen und (ii) langwierig und schwerfällig sind, so daß suboptimale Ergebnisse begünstigt werden.

(i) Dies betrifft zunächst die Organisation von Kompetenzen, die zu keiner Zeit aufgabengerecht war. Die Zuständigkeiten für die FuT-Programme sind über zahlreiche Dienststellen verteilt und bei ihre Verteilung waren oftmals eher politische Opportunitäten ausschlaggebend und weniger sachliche Gesichtspunkte. Das wäre dann unproblematisch, wenn die Zusammenarbeit zwischen den einzelnen Dienststellen der Kommission eng wäre und reibungslos funktionieren würde, aber gerade das ist nicht der Fall. Die Klagen über die „Abschottungsmentalität zwischen den Dienststellen" in der Kommission sind Legion, die starke Sektoralisierung von Politiken ist einer der gesichertsten Befunde der Europaforschung und die FuT-Politik bildet hier keine Ausnahme. Die Folgen dessen sind dann eine fragmentierte Problemwahrnehmung und –bearbeitung und eine inkrementelle Entwicklung von Programmen, bei der die Eigeninteressen der Kommissionsdienststellen und ihrer Klientel eine große Rolle spielen.

(ii) Hinzu kommt nun, daß die Kommission selbst in einem hochkomplexen institutionellen Gefüge und unter sehr anspruchsvollen Entscheidungsregeln (bislang Einstimmigkeit bei Rahmenprogrammen) operieren muß. Ich möchte darauf hier nicht näher eingehen, die wichtigsten Aspekte des Verhandlungssystems in der europäischen FuT-Politik dürften bekannt sein (vgl.

Grande 1995). Entscheidend ist, daß die europäische FuT-Politik eben nicht zentral formuliert und hierarchisch diktiert werden kann, sondern in einem komplizierten Zusammenspiel von nationalen und europäischen Akteuren und Institutionen entwickelt werden muß, die auf mehreren Verhandlungsebenen angesiedelt sind. Dabei nehmen insbesondere die nationalen Verwaltungen eine Schlüsselposition in diesem Verhandlungssystem ein („Komitologie").

Für die Interaktion zwischen den verschiedenen Akteuren und Institutionen gibt es nicht immer formelle Regeln. Wo es sie gibt und wo die Verfahren formalisiert sind, dort sind sie zumeist äußerst kompliziert und entsprechend langwierig (z.B. Ko-Dezisionsverfahren nach Art. 189 b).

3. Diese organisatorischen und institutionellen Defizite wirken sich nun besonders gravierend aus, weil der FuT-Politik der EU eine hochkomplizierte, mehrdimensionale Interessen- und Konfliktstruktur zugrunde liegt (vgl. Grande 1995). Dieses *politische Defizit* ist dafür verantwortlich, daß einfache Lösungen für die organisatorischen und institutionellen Defizite der FuT-Politik der EU nicht zur Verfügung stehen. Zum besseren Verständnis der Interessen- und Konfliktstruktur der EU-Forschungspolitik ist es sinnvoll, *zwei Konfliktebenen* zu unterscheiden:

- eine *institutionelle Konfliktebene*, die sich zwischen den drei Polen Rat, Kommission und Parlament entfaltet und bei der das Problem in erster Linie darin besteht, zwischen drei gegenläufigen Interessen einen Ausgleich zu finden, nämlich (i) am Erhalt nationaler Souveränität auf seiten des Rates, (ii) an der Vergrößerung administrativer Autonomie und Effizienz auf seiten der Kommission und (iii) an der Stärkung parlamentarischer Kontroll- und Gestaltungsmöglichkeiten auf seiten des Europäischen Parlaments.
- eine *materielle Konfliktebene*, die im Bereich der FuT-Politik nun wiederum mindestens drei Dimensionen aufweist: (i) eine ordnungspolitische Dimension (Markt vs. Staat), (ii) eine integrationspolitische Dimension (Spitzentechnologie vs. Kohäsion) und (iii) eine gesellschaftspolitische Dimension (Kapital vs. Arbeit). Dies hat zur Folge, daß die Vorschläge der Kommission zumeist auf einen vielstimmigen Chor von Kritikern treffen. Während Länder wie Deutschland und Großbritannien gegen die industrieorientierten europäischen Programme häufig ordnungspolitische Bedenken hatten, kritisierten die südeuropäischen Länder die zu starke Ausrichtung der europäischen FuT-Politik an den industriellen Interessen der „reichen" Länder und von den Gewerkschaften wurde moniert, daß die Förderung zu sehr am Bedarf der Unternehmen ausgerichtet war und die Interessen der Beschäftigten zu wenig berücksichtigte.

Diese Konflikte, die zumindest latent immer präsent sind, prägen die Strukturen, die Verfahren und die Ergebnisse europäischer FuT-Politik nachhaltig. Sie sind nicht zuletzt dafür verantwortlich, daß europäische Politikprozesse zumeist langwierig und kompliziert sind und in hohem Maße anfällig für Sonderwünsche und Erpressungsversuche durch einzelne Mitgliedstaaten, wie sich in den Verhandlungen um das fünfte Forschungsrahmenprogramm wieder gezeigt hat.

Insgesamt muß die FuT-Politik der EU somit begriffen werden als das Produkt einer hochkomplizierten, mehrdimensionalen Interessen- und Konfliktstruktur einerseits, eines hochkomplexen, mehrdimensionalen Institutionengefüges andererseits. Unter solchen Bedingungen ist es außerordentlich schwierig, eine effektive FuT-Politik zu formulieren und zu implementieren. Die ständig geäußerte Kritik an den strategischen Defiziten der europäischen Förderprogramme ist aus dieser Perspektive äußerst plausibel. Es scheint tatsächlich, als ob die Frage nach der Effektivität der EU in der FuT-Politik mit einem „qualifizierten Nein" beantwortet werden muß.

IV. Innovationspolitik im europäischen Mehrebenensystem: Aufgaben für Forschung und Lehre

Die Politikwissenschaft muß sich in Lehre und Forschung auf die Ausdifferenzierung staatlicher Handlungsebenen und die daraus sich ergebende neue Architektur des Staates einstellen, wenn sie sich mit staatlicher Innovationspolitik beschäftigt. Das heißt selbstverständlich nicht, daß nun in jedem Fall europäische Politiken anstelle der nationalen oder regionalen Aktivitäten in den Mittelpunkt des Forschungsinteresses gerückt werden müssen. Die Nationalstaaten sind nach wie vor in wichtigen Bereichen die zentralen Akteure, unter anderem bei der Finanzierung der Grundlagenforschung und der wissenschaftlich-technischen Infrastruktur. Aber aus der neuen Mehrebenenstruktur der Politik folgt für Analysen der staatlichen Techniksteuerung doch, daß die Relevanz der verschiedenen staatlichen Handlungsebenen jetzt *empirisch* ermittelt werden muß. Es kann nicht mehr einfach – wie noch in den 60er und 70er Jahren – vorausgesetzt werden, daß das nationale Forschungsministerium wenn nicht der einzige, so doch der wichtigste staatliche Akteur im Bereich der staatlichen Techniksteuerung ist (vgl. Stucke 1993).

Mit der Europäisierung der FuT-Politik hat die Politikwissenschaft jedoch nicht nur einen neuen Gegenstandsbereich erhalten, der in Lehre und Forschung künftig angemessen zu berücksichtigen ist. Daraus ergeben sich für die Politikwissenschaft auch eine Reihe von neuen Problemen und Fragestellungen. Die FuT-Politik der EG bzw. EU befindet sich im Schnittpunkt von zwei politikwissenschaftlichen Forschungssträngen, die in verschiedenen Teildisziplinen des Faches organisiert sind. Mit europäischer FuT-Politik beschäftigt sich zum einen die Europaforschung, die systematisch noch immer als Teilgebiet der internationalen Politik behandelt wird. Zum anderen hat die Policy-Forschung – d.h. die empirische Analyse von Staatstätigkeit –, die systematisch der Regierungslehre zugeordnet wird, vor einigen Jahren begonnen, sich mit den materiellen Resultaten europäischer Politik zu beschäftigen.

Beide Forschungsrichtungen haben ihre eigenen Fragestellungen und Forschungsansätze und sie führten in der Vergangenheit ein starkes Eigenleben. Das überrascht nicht angesichts der starren Trennung von „Innenpolitik" und „Außenpolitik", die in der Politikwissenschaft immer noch gebräuchlich ist. Für die Europaforschung hatte dies jedoch problematische Folgen, wodurch die Entwicklung in diesem Fachgebiet erheblich beeinträchtigt wurde. Es führte nämlich auf der einen Seite dazu, daß die Europaforschung von den Methoden und Konzepten der Policy-Forschung lange Zeit keinen Gebrauch gemacht hat (vgl. Schumann 1993); und es hatte auf der anderen Seite zur Folge, daß die Policy-Forschung selbst weitgehend auf den Nationalstaat fixiert war und der EG und ihren Institutionen und Aktivitäten wenig Beachtung schenkte.

Vor diesem Hintergrund liegt es nahe, eine Integration der beiden Forschungsstränge einzufordern. Allerdings ist es nicht damit getan, der jeweils anderen Teildisziplin verstärkte Aufmerksamkeit zu schenken. Das ist zweifellos notwendig und angesichts der hochgradigen Spezialisierung und Organisiertheit wissenschaftlicher Disziplinen und Subdisziplinen auch keineswegs einfach. In unserem Fall wird eine solche Integration jedoch dadurch erschwert, daß die beiden Forschungsstränge, die sich mit europäischer Politik beschäftigen, zwar teilweise komplementäre oder miteinander kompatible, aber insgesamt eben doch unterschiedliche Forschungsansätze benutzen. Und jeder dieser Forschungsansätze ist in der Lage, einen zwar begrenzten, aber eben doch notwendigen Beitrag zum Verständnis des europäischen Politikprozesses zu leisten. Dies läßt sich an der besonderen Rolle der Nationalstaaten als Akteure im europäischen Mehrebenensystem verdeutlichen.

Charakteristisch für die EU ist bekanntlich der Dualismus von supranationalen und intergouvernementalen Handlungsarenen und Akteuren. Die Nationalstaaten erhalten hierdurch als *Akteure* ein hohes Maß an Präsenz und Entscheidungskompetenz im europäischen Institutionensystem. Dabei ist nun zu beachten, daß es sich bei den Nationalstaaten um Akteure einer besonderen Art handelt, deren Handlungskompetenzen und Handlungsressourcen sich deutlich von denen der anderen Akteure in der EU (Europäische Kommission, Europäisches Parlament, Verbände, Unternehmen etc.) unterscheiden. Auch wenn die Nationalstaaten nicht mehr „souverän" im herkömmlichen Sinn sind, so besitzen sie damit doch ungleich größere Machtpotentiale in gemeinschaftlichen Entscheidungsprozessen als andere Akteure. Diese Machtpotentiale werden freilich eingeschränkt durch das institutionelle Eigengewicht der EU und die Besonderheiten ihrer Institutionen und Verfahren. Mit anderen Worten: Die Nationalstaaten sind durch ihre Integration in einen supranationalen Staatenverbund in hohem Maß auf kooperatives Verhalten und auf das Erreichen ihrer Ziele über Verhandlungswege angewiesen, sie besitzen dabei jedoch eine besondere *Kooperationsverweigerungskapazität*. Es wäre deshalb einerseits falsch, die EU einfach als eine besondere Form der intergouvernementalen Kooperation zu begreifen, es wäre aber andererseits auch verfehlt, die EU lediglich als eine weitere Form eines „Politiknetzwerks" anzusehen.

An diesem Beispiel wird meines Erachtens auch deutlich, daß die Beschäftigung mit europäischen Politikprozessen auf ein breitgefächertes theoretisches Instrumentarium zurückgreifen muß. Dabei müssen die in der Politikwissenschaft bisher gebräuchlichen Grenzziehungen zwischen Teildisziplinen überwunden werden. Der Mehrebenenansatz („Multi-Level Governance"), der sich in der Europaforschung in den vergangenen Jahren herausgebildet hat, stellt einen vielversprechenden Versuch dar, dies zu leisten (vgl. Jachtenfuchs/ Kohler-Koch 1996; Kohler-Koch/ Jachtenfuchs 1996; Benz 1998; Grande 1998).

Insgesamt kann festgehalten werden, daß die Analyse staatlicher Innovationspolitik gleich in mehrfacher Hinsicht *integrativ* verfahren muß, wenn sie ihrem Gegenstand gerecht werden will. Sie muß nicht nur verschiedene Politikfelder (Forschungs- und Technologiepolitik, Bildungspolitik, Wirtschaftspolitik, Umweltpolitik etc.) integrieren, sondern auch verschiedene wissenschaftliche Disziplinen, die zum Verständnis von Innovationsprozessen beitragen können. Die Politikwissenschaft ist hier nur eine unter mehreren, neben der Ökonomie, der Soziologie, der Psychologie, der Geschichtswissenschaft und der Philosophie, um nur die wichtigsten zu nennen. Dies wird in mehreren anderen Beiträgen dieses Bandes ausführlich gezeigt, und braucht hier nicht weiter ausgeführt zu werden (vgl. insbesondere die Beiträge von Kuhlmann, Meyer-Krahmer, Rip und Simonis). Die Ergebnisse meines Beitrags weisen auf zwei weitere Notwendigkeiten der Horizonterweiterung und der Integration bei der Beschäftigung mit Innovationsprozessen und Innovationspolitiken hin. *Zum einen* muß die staatliche Innovationspolitik in stärkerem Maße als bisher in ihrer *vertikalen institutionellen Strukturierung* begriffen werden. Dabei ist das Augenmerk nicht nur auf die Ausdifferenzierung staatlicher Handlungsebenen und die je spezifische Bedeutung der einzelnen Ebenen zu richten, sondern auch auf die Verflechtung der staatlichen Handlungsebenen und ihr Zusammenspiel in einer komplexen Form der europäischen Mehrebenenpolitik. *Zum anderen* muß bei der Analyse von Innovationspolitik als Mehrebenenpolitik und ihrer Vermittlung in der Lehre die noch immer übliche Trennung politikwissenschaftlicher Teildisziplinen, insbesondere die Trennung von „Innenpolitik" und „Außenpolitik", überwunden und durch ein *integratives Verständnis des Politikprozesses* ersetzt werden. Mit anderen Worten: Die politikwissenschaftliche Beschäftigung mit Innovationspolitik muß selbst innovativ sein, wenn sie ihrer Aufgabe gerecht werden will.

Literatur

Agrain, P./ Allen, G./ de Arantes e Oliveira, E./ Colombo, U./ Markl, H. (1989): The Report of the Framework Programme Review Board, unv. Ms. Brüssel.

Beck, U. (1997): Was ist Globalisierung? Frankfurt a.M.: Suhrkamp.

Benz, A. (1985): Föderalismus als dynamisches System. Opladen: Westdeutscher Verlag.

Benz, A. (1998): Politikverflechtung ohne Politikverflechtungsfalle – Koordination und Strukturdynamik im europäischen Mehrebenensystem. In: Politische Vierteljahresschrift 39, 558-589.

BMwF (Bundesministerium für wissenschaftliche Forschung), 1965: Kurzprotokoll der Vortrags- und Diskussionsveranstaltung über elektronische Datenverarbeitung im Bundesministerium für wissenschaftliche Forschung am 12. Juli 1965, unv. Ms. Bad Godesberg.

BMwF (Bundesministerium für wissenschaftliche Forschung) (1966): Ergebnisniederschrift Ressortbesprechung über Forschung und Entwicklung auf dem Gebiet der Datenverarbeitung im Bundesministerium für wissenschaftliche Forschung am 22. Juni 1966, unv. Ms. Bad Godesberg.

Davignon-Panel (1997): 5-Year Assessment of the European Community RTD Framework Programmes by an Independent Panel Chaired by Viscount E. Davignon, unv. Ms. Brüssel.

Dekker-Bericht (1992): The Report of the Information and Communications Technologies Review Board, unv. Ms. Brüssel.

Doremus, P. N./ Keller, W. W./ Pauly, L. W./ Reich, S. (1998): The Myth of the Global Corporation. Princeton: Princeton University Press.

EG-Kommission (1990): Industriepolitik in einem offenen und wettbewerbsorientierten Umfeld. Brüssel: KOM (90) 556 endg.

EG-Kommission (1991): Die Europäische Elektronik- und Informatikindustrie: Situation, Chancen und Risiken, Aktionsvorschläge (Mitteilung der Kommission). Brüssel: SEK (91) 565 endg.

EUROSTAT (1997): Research and Development. Annual Statistics, Series 9A. Luxemburg: Office de publications officielles des Communautés européennes.

Friedrich, C. J. (1964): Nationaler und internationaler Föderalismus in Theorie und Praxis. In: Politische Vierteljahresschrift 5, 154-187.

Gerybadze, A./ Meyer-Krahmer, F./ Reger, G. (1997): Globales Management von Forschung und Innovation. Stuttgart: Schäffer-Poeschel Verlag.

Grande, E. (1993): Die neue Architektur des Staates: Aufbau und Transformation nationalstaatlicher Handlungskapazität – untersucht am Beispiel der Forschungs- und Technologiepolitik. In: Czada, R./ Schmidt, M. G. (Hg.): Verhandlungsdemokratie, Interessenvermittlung, Regierbarkeit. Festschrift für Gerhard Lehmbruch. Opladen: Westdeutscher Verlag, 51-71.

Grande, E. (1994): Vom Nationalstaat zur europäischen Politikverflechtung. Expansion und Transformation moderner Staatlichkeit – untersucht am Beispiel der Forschungs- und Technologiepolitik, Habilitationsschrift Universität Konstanz.

Grande, E. (1995): Forschungspolitik in der Politikverflechtungs-Falle? Institutionelle Strukturen, Konfliktdimensionen und Verhandlungslogiken europäischer Forschungs- und Technologiepolitik. In: Politische Vierteljahresschrift 36, 460-483.

Grande, E. (1996): Die Grenzen des Subsidiaritätsprinzips in der europäischen Forschungs- und Technologiepolitik. In: Sturm, R. (Hg.): Europäische Forschungs- und Technologiepolitik und die Anforderungen des Subsidiaritätsprinzips. Baden-Baden: Nomos, 131-142.

Grande, E. (1998): Regieren in verflochtenen Mehrebenensystemen: Forschungsstand und Forschungsbedarf. Referat für die Tagung „Wie problemlösungsfähig ist die EU? Regieren im europäischen Mehrebenensystem" in München, 29.-31. Oktober 1998.

Grande, E./ Häusler, J. (1994): Industrieforschung und Forschungspolitik. Staatliche Steuerungspotentiale in der Informationstechnik. Frankfurt a.M.: Campus.

Jachtenfuchs, M./ Kohler-Koch, B. (Hg.) (1996): Europäische Integration. Opladen: Leske + Budrich.

Kohler-Koch, B./ Jachtenfuchs, M. (1996): Regieren in der Europäischen Union – Fragestellungen für eine interdisziplinäre Forschung. In: Politische Vierteljahresschrift 37, 537-556.

Kohler-Koch, B. u.a. (1997): Interaktive Politik in Europa. Opladen: Leske + Budrich.

Lax, D. A./ Sebenius, J. K. (1986): The Manager as Negotiator. New York: Free Press.

Leibfried, S./ Pierson, P. (Hg.) (1996): Standort Europa. Europäische Sozialpolitik zwischen Nationalstaat und europäischer Integration. Frankfurt a.M.: Suhrkamp.

Lundvall, B.-Å. (1988): Innovation as an interactive process: from user-producer interaction to national system of innovation. In: Dosi, G. et al. (Hg.): Technical Change and Economic Theory, London.

Meyer-Krahmer, F. (1992): Strategische Industrien im internationalen Vergleich: Arbeitsteilung und politische Instrumente. In: Fricke, W. (Hg.): Jahrbuch Arbeit und Technik 1992. Bonn: Dietz, 116-126.

Muldur, U./ Petrella, R. (Hg.) (1994): The European Community and the Globalization of Technology and the Economy. Luxemburg: Office for Official Publications of the European Communities.

OECD (1992): Technology and Economy: The Key Relationship. Paris: OECD.

Ohmae, K. (1990): The Borderless World. Power and Strategy in the Interlinked Economy. New York: Harper.

Porter, M. E. (1990): The Competitive Advantage of Nations. New York: Free Press.

Reger, G./ Kuhlmann, S. (1995): Europäische Technologiepolitik in Deutschland. Heidelberg: Physica.

Reich, R. B. (1991): The Work of Nations: Preparing Ourselves for 21st-Century Capitalism. New York: Alfred A. Knopf.

Sandholtz, W. (1992): High-Tech Europe: The Politics of International Cooperation. Berkeley: University of California Press.

Scharpf, F. W. (1985): Die Politikverflechtungs-Falle: Europäische Integration und deutscher Föderalismus im Vergleich. In: Politische Vierteljahresschrift 26, 323-356.

Schelsky, H. (1965): Der Mensch in der wissenschaftlichen Zivilisation. In: ders., Auf der Suche nach Wirklichkeit. Düsseldorf: Eugen Diederichs, 439-471.

Schmidt, S. (1998): Liberalisierung in Europa. Die Rolle der Europäischen Kommission. Frankfurt a.M.: Campus.

Schumann, W. (1993): Die EG als neuer Anwendungsbereich für die Policy-Analyse: Möglichkeiten und Perspektiven der konzeptionellen Erweiterung. In: Héritier, A.

(Hg.): Policy-Analyse (PVS-Sonderheft 24). Opladen: Westdeutscher Verlag, 394-431.

Simonis, G. (1994): Ausdifferenzierung der Technologiepolitik – vom hierarchischen zum interaktiven Staat. In: Martinsen, R./ Simonis, G. (Hg.): Paradigmenwechsel in der Technologiepolitik. Opladen: Leske + Budrich, 381-404.

Stucke, A. (1993): Institutionalisierung der Forschungspolitik: Entstehung, Entwicklung und Steuerungsprobleme des Bundesforschungsministeriums. Frankfurt a.M.: Campus.

Georg Simonis

Die Gestaltung sozio-technischer Innovationen als Gegenstand politikwissenschaftlicher Forschung und Lehre

1. Reflexive Modernisierung

Im Rahmen eines normativen Verständnisses von Politikwissenschaft sind deren Leistungen in Forschung und Lehre auch an ihrem Anteil zur Lösung von politischen Grundproblemen, wie Sicherung und Herstellung von Demokratie, Bewahrung des Friedens und Garantie von Menschenrechten, zu messen. Zu dem klassischen Problembestand der Politikwissenschaft sind im Zeitalter der Postmoderne und der verstärkten Globalisierung, Regionalisierung und Fragmentierung neue Problemfelder hinzugekommen. Offenkundig ist auch das Problem der Transformation der Moderne – von der sich dynamisch entwickelnden fortschrittsgläubigen zu einer qualitativ wachsenden fortschrittsreflexiven Gesellschaft – zu einem zentralen Gegenstand der Politikwissenschaft in Forschung und Lehre geworden. Doch haben weder Forschung noch Lehre den Stand erreicht, den sie erreichen müßten, um einen echten Beitrag zur Bearbeitung der aktuellen Modernisierungsproblematik leisten zu können. Dafür gibt es viele Gründe. Hervorgehoben gehören drei:

- der immer noch geringe Grad der universitären Institutionalisierung der Politikwissenschaft, der unter den Bedingungen der modernen Massenuniversität die Innovationsfähigkeit der Disziplin stark behindert;
- die Konzentration der Aufmerksamkeit der Politikwissenschaft als einer vorrangig empirisch-analytischen Sozialwissenschaft auf das aktuelle Geschehen. Die Frage nach der politischen Bewältigung der Zukunft scheint der wissenschaftlichen Analyse unzugänglich zu sein;
- die Professionalisierung des Faches zu einer Abschottung gegenüber anderen Disziplinen geführt hat, wodurch inter- und transdisziplinäre Forschung wie Lehre erschwert werden.

So kann es nicht verwundern, daß die Überlebensfrage nach dem für das Gelingen reflexiver Modernisierung erforderlichen politischen Ordnungsrahmen bestenfalls randständig gestellt wird. Der sich wandelnde Status quo beherrscht das politikwissenschaftliche Denken: die Transition von totalitären und autoritären Staaten zu Demokratien, das sich herausbildende europäische Mehrebenensystem, die Genese und Funktionsbedingungen internationaler Regime, die internationale Ordnung nach dem Zusammenbruch des kommunistischen Systems, die Leistungsfähigkeit der Politik in unterschiedlichen Politikbereichen. Interessante und wichtige Themen, unbestreitbar, aber die Kardinalfrage: Mit welchen institutionellen Rahmenbedingungen, Regulierungs- und Steuerungsformen könnte es gelingen, die selbstzerstörerischen Folgen der Moderne zu begrenzen, damit für alle Menschen die Aussichten auf ein lebenswertes Leben erhalten bleiben, und sie so zu kanalisieren, daß nicht massive Verteilungskonflikte, die Chancen für ein friedliches Zusammenleben der Völker verschlechtern, stößt auf wenig Interesse. Zur Untersuchung dieser Überlebensfrage müßte mit anderen Fächern kooperiert, der Status quo in Frage gestellt und das Themen-, Theorien- und Methodenspektrum der Disziplin erweitert werden.

2. Problemebenen und das Phasenmodell sozio-technischer Innovationen

Die Politikwissenschaft befaßt sich lieber mit der Beobachtung und der Analyse der politischen Bewältigung der Folgen des Modernisierungsprozesses als mit seiner politischen Gestaltung und den Versuchen, Vorsorge zu treffen und die Entstehung von ökologischen Schäden, sozialen Verwerfungen und gewaltsam ausgetragenen Konflikten zu verhindern. Natürlich gibt es Ausnahmen. Sie werden von vielen in der Disziplin wegen der offen artikulierten normativen Orientierung als Idealisten belächelt und als Wissenschaftler zweiter Klasse abgetan. Trotzdem soll es in den folgenden Ausführungen um eine dieser Ausnahmen gehen; und zwar um eine Forschungsrichtung, die sich aus sozialwissenschaftlicher, speziell aus politikwissenschaftlicher Sicht mit dem Prozeß der Innovation von Technik befaßt, um herauszufinden, mit Hilfe welcher Regulationsformen und Instrumente sich der Innovationsprozeß im Interesse der Gesellschaft und der heimischen Wirtschaft fördern und gleichzeitig zukunftsfähig gestalten läßt. Die Bearbeitung dieser Thematik ist nur transdisziplinär möglich und erfordert wissenschaftliches Nachdenken auf mehreren rekursiv miteinander verbundenen Ebenen.

Der normativen, insbesondere der ethischen Problematik kommt große Bedeutung zu. Nicht nur sind der normative Gehalt zentraler Zielgrößen (Zukunftsfähigkeit, Umweltverträglichkeit, Sozialverträglichkeit, Wirtschaftlichkeit) zu bestimmen sowie die zwischen ihnen bestehenden Konflikte zu untersuchen, sondern auch Fragen der Verteilungsgerechtigkeit und der Zumutbarkeit wie der ethischen Zulässigkeit vor dem Hintergrund realer Konfliktsituationen verständigungsorientiert zu klären. Doch diese normativen Aspekte der Innovationsproblematik sollen hier bloß erwähnt, aber nicht weiter verfolgt werden. Gleichfalls soll nur daran erinnert werden, daß der Innovationsprozeß einen mehrdimensionalen, prinzipiell nicht vorhersehbaren, darum paradoxen

Charakter aufweist (vgl. Verbund 1997). Innovationen lassen sich nicht vorhersagen, ihre gesellschaftliche Form läßt sich nicht prognostizieren, über ihre zukünftige Bedeutung, ihre Chancen und Risiken, können nur Vermutungen angestellt werden. Trotzdem können durch gesellschaftliches wie auch durch politisches Handeln die Rahmenbedingungen für die Entstehung von Innovationen verbessert, deren Anwendungsformen beeinflußt, ihr Nutzen vergrößert und ihr Gefährdungspotential vermindert werden.

Vor allem scheint es mir wichtig zu sein, eine angemessene Vorstellung vom Ablauf des Innovationsprozesses von Technik, verstanden als soziotechnische Systeme, zu entwickeln. Wir wissen zwar nicht, wie das Neue in die Welt kommt, ob es sich durchsetzen kann und zu welchen Veränderungen es führt, aber wir können ein aus Beobachtungen gewonnenes analytisches Modell formulieren, das die Phasen und Rekursionsschleifen des Innovationsprozesses beschreibt und die in ihn verwickelten Akteure und Regulierungsmechanismen abstrakt benennt. Auf diese Weise kommt der Innovationsprozeß in toto ins Blickfeld, so daß sich im Prinzip alle seine Engpässe, Widersprüche, Konflikte und Regulierungsprobleme erkennen und formulieren lassen. Eine selektive Konzentration von Forschung und Politik auf einzelne Aspekte, z.B. auf die Genese technischer Innovationen, wird begründungspflichtig.

Das in *Abbildung 1* skizzierte Modell des Innovationsprozesses soziotechnischer Systeme basiert auf einer Vielzahl von Annahmen, von denen hier an vier erinnert werden soll:

(1) Sozio-technische Innovationen werden als gesellschaftlich erfolgreiche und somit institutionalisierte Anwendungen technischer Artefakte und Verfahren begriffen. Ob eine technische Erfindung (Invention) zu einer sozio-technischen Innovation wird, entscheidet sich erst im Prozeß ihrer Durchsetzung, wenn es darum geht, ihre erfolgreiche Anwendung sozial einzubetten.

(2) Am Beginn des Innovationsprozesses stehen von Akteuren definierte Probleme, die entweder wissenschaftlich-technisch oder von speziellen gesellschaftlichen Bedürfnissen induziert sein können. Der Innovationsprozeß ist als Problemlösungsprozeß zu begreifen, der sich in verschiedene Phasen unterteilen läßt (vgl. Steinmüller/ Tacke/ Tschiedel 1999). Jede Phase wird in der Regel durch eine besondere Akteurskonstellation bestimmt (vgl. u.a. Weyer et. al 1997). Entsprechend wird das zunächst definierte Innovationsproblem phasenspezifisch transformiert. Analytisch sind die Phasen: Problemdefinition, Invention, Entwicklung, Anwendung und Entsorgung zu unterscheiden.

(3) Der Innovationsprozeß ist rekursiv strukturiert. Probleme, die sich z.B. während der Entwicklungsphase ergeben, wirken auf die Invention, gegebenenfalls auch auf die anfängliche Problemdefinition zurück. Soweit Anwendungs-, Entsorgungs- oder Folgeprobleme als kritisch, die erfolg-

reiche Anwendung der technischen Erfindung möglicherweise gefährdend, antizipiert werden, werden sie in den vorgelagerten Phasen des Innovationsprozesses, entsprechend den in der jeweiligen Akteurskonstellation dominierenden Deutungsmustern und Relevanzkriterien, zu lösen versucht.

(4) Die Vorstellung, daß sozio-technische Innovationen allein Resultat der Erfindungsgabe und der Entwicklungsabteilungen konkurrierender Unternehmen sind, ist abwegig. In hochgradig arbeitsteilig und ‚subpolitisch' (Beck) organisierten Gesellschaften werden Innovationen durch soziale Netzwerke, die lokal/ regional, national und transnational ausgerichtet sein können und in denen sich je spezifische Kooperationsformen ausgebildet haben, erzeugt. Dabei sind die Netzwerke in institutionelle ‚settings' und Marktbeziehungen eingebunden und unterliegen je nach Land, Technikfeld und Funktion spezifischen Marktbedingungen und direkten wie indirekten (differentiellen) staatlichen Steuerungsversuchen.

Das in *Abbildung 1* schematisch dargestellte Phasenmodell sozio-technischer Innovationen kann zur Beschreibung und Analyse von Innovationsprozessen sowie zur Formulierung von Arbeitshypothesen dienen. Es kann auch helfen, Probleme zu erkennen. Wohlfahrtsökonomisch, aber auch aus politikwissenschaftlicher Perspektive, wäre es relevant, den gesellschaftlichen Folgen nachzuspüren, die mit einer Denationalisierung der verschiedenen Phasen des Innovationsprozesses verbunden sind. Beeinträchtigt die zunehmende Internationalisierung von Forschungs- und Entwicklungsaktivitäten die Fähigkeit, auf im nationalen Raum definierte, wissenschaftlich-technisch induzierte Probleme mit eigenständigen (nationalen) technischen Innovationen zu reagieren? Könnte die Bearbeitung von bedürfniszentrierten Problemlagen eine Kompensation für die sinkende Kapazität, technikinduzierte Probleme zu lösen, darstellen? Ließen sich durch eine Konzentration der staatlichen Leistungen zur Förderung von Technik auf die Lösung bedürfnisinduzierter Problemlagen vielleicht sogar technologiepolitische Investitionsruinen, wie z.B. der Schnelle Brüter oder der Transrapid, vermeiden?

3. Kontextualisierung: Die Erzeugung von Verträglichkeiten

Oben wurde darauf hingewiesen, daß jede Phase (jedes Funktionsmoment) des Innovationsprozesses eine eigenständige Problematik beinhaltet, die von je spezifischen mit eigenen Ressourcen ausgetatteten Akteuren kooperativ bearbeitet wird. Gemeinsam ist allerdings den Funktionsmomenten der Forschung, der Invention und Entwicklung, daß sie außerhalb von konkreten

Abbildung 1: Phasenmodell sozio-technischer Innovationen

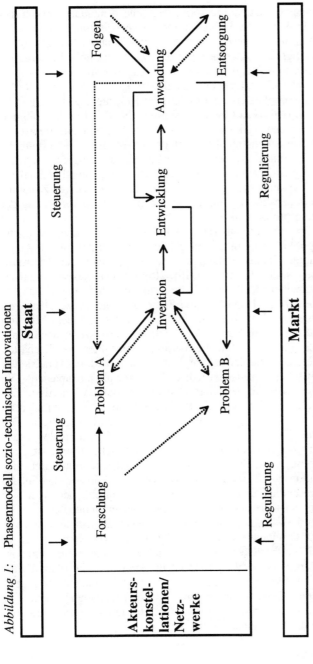

A = wissenschaftlich-technisch induzierte Probleme (technology push)
B = bedürfnisinduzierte Probleme (demand pull)
starke Einwirkung = ⟶   schwache Einwirkung = ┄┄┄➤

Anwendungsbezügen stattfinden und somit weitgehend unabhängig von den gesellschaftlichen Praktiken der Reproduktion von Arbeit und Leben institutionalisiert sind. Nur auf der gesellschaftlichen und theoretischen Grundlage dieses Differenzierungs- und Abstraktionsprozesses ist das hohe Leistungsniveau moderner Wissenschaft und Technik erreichbar. Als notwendige Konsequenzen der damit verbundenen Dekontextualisierung von Forschung, Invention und Entwicklung ergibt sich das Problem der Rekontextualisierung technischer Innovationen (vgl. Hack/ Fleischmann u.a. 1991). Die außerhalb und unabhängig vom Verwendungskontext entwickelten Artefakte zusammen mit den ihnen eigenen, ihre Funktionalität erst garantierenden, Auswertungsregeln müsen in einen realen Verwendungszusammenhang eingefügt werden. Mit dem Neuigkeitsgrad der Produkte, mit dem ihnen inhärenten Potential zur Beeinflussung des Verwendungskontextes und mit der quantitativen Zunahme von Produktion und Verwendung nimmt die gesellschaftliche Bedeutung der Rekontextualisierungsproblematik zu.

Ich habe die Vermutung, daß für ‚postindustrielle' Gesellschaften, die wie die Bundesrepublik Deutschland auf die Erzeugung eines breiten Angebots konkurrenzfähiger Industriewaren und der sie begleitenden Dienstleistungen angewiesen sind, die Art der Bewältigung der Rekontextualisierungshürde eine zunehmende Rolle für die Erhaltung ihrer internationalen Konkurrenzfähigkeit spielt. Je stärker sich Forschung und Entwicklung von Technik transnationalisieren und technische Innovationen in einem Mix von internationalen und regionalen Netzwerken stattfnden, also weitgehend unabhängig von den Bedürfnissen und Verhältnissen einzelner Gesellschaften erfolgen, desto wichtiger wird deren Fähigkeit, Technik zu kontextualisieren, d.h. den je spezifischen gesellschaftlichen Bedingungen anzupassen. Die Stellung einer Gesellschaft in der Hierarchie der internationalen Arbeitsteilung hängt tendenziell weniger von der Fähigkeit ab, neue Technologien zu erfinden, sondern von ihrem gesellschaftlichen Gestaltungsvermögen. Die Entwicklung zukunftsfähiger sozio-technischer Systeme, die reale gesellschaftliche Bedürfnisse befriedigen, gewinnt an Gewicht. Damit ist auch gesagt, daß technology push Strategien gegenüber bedürfniszentrierten (demand pull) Innovationspolitiken an Bedeutung verlieren könnten. Die letzteren haben einen wesentlich engeren Bezug zu den Realproblemen einer Gesellschaft. Die Kontextualisierungshürde ist daher leichter zu nehmen.

So dürfte auch die Rekontextualisierung der neuen Biotechnologien, vor allem der Gentechnik, reibungsloser und sozial produktiver gelingen, um so mehr eine Gesellschaft stärker bedürfnisinduzierte Innovationsstrategien verfolgt. Überall dort, wo eine Nutzung der Gentechnologie die Wahrscheinlichkeit erhöht, drängende Probleme zu lösen, ist deren Akzeptanz und gesellschaftliche Einbettung leichter zu erreichen als in Anwendungsfeldern, in denen der Bedarf, z.B. wegen der Hoffnung, die Herstellungskosten minimal zu senken, nur den Produzenten ersichtlich ist.

Abbildung 2: Kontextualisierungsmatrix

Kontexte → Anwendungsbereiche ↓	techn. Normensystem	Gesundheitssystem	ökol. System	rechtliches System	pol.-adm. System	ökon. System	psycho-soziales System	kulturelles System	soziales System
Wissenschaft	Labor/Sicherheit	Bioethik	Biodiversität	ethische Normen	Förderung		Angst	Identitäts-/Ethikdebatte Naturverständnis	
Agrarwirtschaft/Lebensmittelproduktion	Freisetzung techn. Sicherheit		Biosafety transgene Pflanzen	Patentierung Novel Food	Interessenvermittlung regulative Politik	Patentierung Kostenreduktion Standortdebatte	Bedarf		soziale Konflikte Akzeptanz
Pharmaindustrie		Resistenzen Therapie	Abwasserbestimmungen	GT Gesetz		Entw.-potential	Hoffnung		selektive Betroffenheit
Textilindustrie						Arbeitsplätze Rationalisierung			
Energie-, Wasser- und Entsorgungswirtschaft									
Rüstungsindustrie				Genfer Konvention Grund-, Menschenrechte; Arbeitsrecht Strafrecht	Kontrolle		Mißtrauen		
Analyseverfahren		Diagnose Screening Versicherung	Monitoring						Beratung Diskriminierung
Bewertungskriterien	techn. Funktionalität Gestaltungsoffenheit	Gesundheitsverträglichkeit	Vorsorge, Umweltverträglichkeit	Verfassungs- u. Rechtsverträglichkeit	Gemeinwohl, System- (Demokratie-)Verträglichkeit	Wirtschaftlichkeit Arbeitsorientiertheit	Integrität	Akzeptabilität	Sozialverträglichkeit Entwicklungsfähigkeit

Die *Abbildung 2* vermittelt einen Überblick, über die wichtigsten der in Deutschland im Prozeß der (Re)Kontextualisierung der Gentechnologie aufgetretenen Probleme und Streitfälle. Hervorzuheben ist, daß sich die Rekontextualisierungsproblematik nicht auf das leidige Akzeptanzproblem beschränkt. Vielmehr bedeutet (Re)Kontextualisierung die Einbindung einer neuen technischen Innovation in alle gesellschaftlichen Teilsysteme (vgl. Simonis/ Droz 1999).

Die Matrix gibt einige Hinweise auf die in der Kontextualisierungsphase der vielfältigen Anwendungsmöglichkeiten der Gentechnologie aufgetretenen Probleme und deren Bewältigung. Für jedes Teilsystem muß – sollen Blockierungen und Verwerfungen vermieden werden – eine systemadäquate, eine dem systemspezifischen Normcode entsprechende, Form des Umgangs mit der neuen Technologie gefunden werden. Die Kontextualisierung erfolgt freilich immer nur auf der Grundlage des aktuellen und handlungsmächtigen Wissens, geltender Normen und institutioneller Regelungen sowie der vorherrschenden Ideologie und des zwischen den beteiligten Akteuren bestehenden Mächtegleichgewichts.

Für die sozialwissenschaftliche Technikforschung stellt das Kontextualisierungsproblem und seine Bewältigung ein großes und kaum beackertes Untersuchungsfeld dar. Ländervergleichende Studien für einzelne Anwendungen neuer Technologien, die deren Einbettung in die relevanten Teilsysteme untersuchen, und ländervergleichende Studien, die bezüglich ausgewählter Teilsysteme die Einbindung einer breiten Palette unterschiedlicher Anwendungen analysieren, wären nicht alleine von wissenschaftlichem Interesse. Sie könnten die generelle Problematik der Kontextualisierung genauer erfassen und zeigen, daß die vielfach beklagte Überregulierung kein spezifisch deutsches Innovationshemmnis darstellt. Vor allem könnten sie dazu beitragen, daß Gesellschaften in größerem Umfang als bisher von einander lernen.

4. Sozialverträgliche Technikgestaltung – die Institutionalisierung eines reflexiven Systems

Man hat sich die Kontextualisierung einer Technologie oder genauer von technischen Innovationen nicht als technikinduzierten, linearen Prozeß vorzustellen. Am Beispiel des sozialen Systems soll auf die mögliche Institutionalisierung von reflexiven Mechanismen aufmerksam gemacht werden, die ihrerseits auf die Technikentwicklung einwirken. Dabei wird die hier nicht weiter entwickelbare Hypothese vertreten (vgl. Simonis 1999), daß in hochentwicklten postindustriellen Dienstleistungsgesellschaften die Wahrscheinlichkeit der Ausdifferenzierung reflexiv wirkender Institutionen zur sozialverträglichen Gestaltung von Technik zunimmt, da sozialverträglich gestaltete Technik soziale Konflikte dämpft oder gänzlich vermeidet, soziale Kosten senkt, die Innovationsfähigkeit fördert und die Wettbewerbsfähigkeit steigert. Allerdings gehen diese positiven Effekte zu Lasten der Entscheidungsgeschwindigkeit und der Entscheidungsfreiheit der Unternehmensleistungen.

Die *Abbildung 3* zeigt die formale Struktur eines reflexiven Systems sozialverträglicher Technikgestaltung. Es besteht aus einer Infrastruktur von öffentlich, öffentlich-privaten und privaten Einrichtungen der Technikfolgenabschätzung und -bewertung (TAB). Diese sind auf zwei Typen von Handlungsprogrammen spezialisiert und ermitteln einerseits erwartbare soziale Folgen der Anwendung und der Diffusion neuer technischer Systeme und andererseits in Interaktion mit den Technikentwicklern und den Betrieben die Möglichkeiten, die Technik so zu gestalten, daß positive soziale Effekte (wie z.B. die Förderung der Lernfähigkeit) gesteigert und negative soziale Wirkungen vermieden bzw. kompensierbar werden. Weiterhin sind dem Kriterium der Sozialverträglichkeit verpflichtete, die Leistungsprogramme der TAB-Infrastruktur ergänzende, staatliche Steuerungsleistungen (steuerungszentrierte Programme) erforderlich. Sie sind nicht nur für den Aufbau und die Pflege der TAB-Infrastruktur vonnöten; ihre Aufgabe besteht vor allem darin, sowohl günstige Rahmenbedingungen für gestaltungszentrierte Programme der TAB-Akteure zu schaffen und die Implementation dieser Programme zu unterstützen, als auch gegenüber dem sozialen System fördernde oder kompensatorische Maßnahmen zu ergreifen.

Die Ausdifferenzierung eines entsprechend strukturierten Systems sozialverträglicher Technikgestaltung ist voraussetzungsvoll: Die Technikforschung, insbesondere die sozialwissenschaftliche Technikforschung, muß einen beachtlichen Stand erreicht haben. Die beteiligten Akteure der vier zusammenwirkenden Teilsysteme müssen zu kooperieren bereit und in der Lage sein, sich über disziplinäre und systemare Grenzen hinweg zu verständigen. Ohne die Mitwirkung staatlicher Instanzen – der Bundesregierung und der Länderregierungen – beim Aufbau und der Pflege der Infrastruktur und der Netzwerke des Systems dürften seine erfolgreiche Institutionalisierung – entsprechend der Entwicklung sozialstaatlicher Programme und Einrichtungen – nicht möglich sein. Vor allem aber müssen handlungsmächtige Akteure in Politik und Gesellschaft von den für sie positiven ökonomischen, sozialen und politischen Auswirkungen einer instituionalisierten sozialverträglichen Technikgestaltung überzeugt sein. Die konjunkturunabhängige Stabilisierung einer positiven Einstellung der Entscheidungsträger gegenüber den Einrichtungen und Akteuren sozialverträglicher Technikgestaltung setzt schließlich eine breite Verankerung dieses reflexiven Handlungstyps in Politik, Gesellschaft und Wissenschaft voraus.

Abbildung 3: Das System sozialverträglicher Technikgestaltung

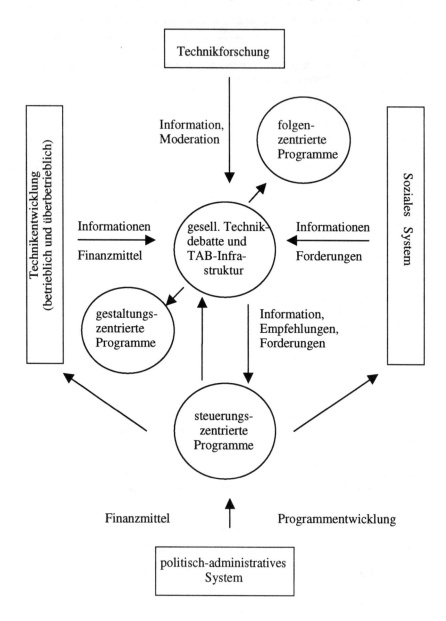

Trotz dieser relativ unwahrscheinlichen Bedingungen konnten sich in der alten Bundesrepublik Ansätze für die Institutionalisierung eines Systems sozialverträglicher Technikgestaltung, das die möglichen Folgen der gesellschaftlichen Nutzung neuer Technologien reflexiv bearbeitet, entwickeln. Der Modernisierungsschub der 80er Jahre ließ vor allem in Politik und Wissenschaft die Einsicht wachsen, daß Technikgestaltung, Technikfolgenabschätzung und staatliche Techniksteuerung (Förderung, Kontrolle, Regulierung) bedeutende Instrumente im Rahmen einer auf Dauer gestellten Modernisierungspolitik, die sich zunehmend den Folgen früherer Modernisierungsphasen konfrontiert sieht, darstellen. Das System der sozialverträglichen Technikgestaltung hat sich ungeplant aus einer Vielzahl von staatlichen Programmen (u.a. HdA-Programm, AuT-Programm, SoTech-Programm in NRW), parlamentarischen Aktivitäten (u.a. Enquete-Kommissionen des Bundestages) und strukturbildenden Maßnahmen (u.a. Einrichtung des Büros für Technikfolgenabschätzung beim Deutschen Bundestag, der Stuttgarter Akademie für Technikfolgenabschätzung, des Wissenschaftszentrums NRW) sowie aus zahlreichen privaten Initiativen zur Gründung von Forschungsinstituten und Beratungseinrichtungen entwickelt. Seine Stabilität ist ungesichert und von den Wechselfällen der Politik abhängig. Und da es sich um ein System handelt, das sich noch in seiner Institutionalisierungsphase befindet, ist auch seine Leistungsfähigkeit nur punktuell ausgebildet und fragil.

5. Aufgaben für Forschung und Lehre

Die Kontextualisierungsproblematik könnte einen interessanten Fokus für einen universitären Forschungs- und Lehrverbund bilden. Ihre wissenschaftliche Bearbeitung hat weltweit erst begonnen. Zwar werden eine unübersehbare Zahl von Einzelaspekten untersucht, aber eine systematische Zusammenführung von länder- und technikspezifischen Forschungsergebnissen und eine theoretisch-konzeptionelle Durchdringung der Kontextualisierungsproblematik stehen noch aus. Vor allem fehlen

- ländervergleichende Studien, die die Kontextualisierungsprozesse in toto oder auch nur für einzelne Teilsysteme untersuchen,
- Studien, die die gesellschaftlichen Vor- und Nachteile der öffentlichen Förderung von technischen Innovationen i.e.S. gegenüber den Vor- und Nachteilen einer stärker anwendungsbezogenen und die Kontextualisierungsproblematik berücksichtigenden Innovationspolitik herauszufinden versuchen,

- vergleichende Untersuchungen über die Entstehung und die Institutionalisierungsformen von reflexiven Systemen der Technikfolgenabschätzung, -bewertung und -gestaltung (u.a. in den Bereichen Gesundheit, Umwelt, soziale, personale und kulturelle Reproduktion), vor allem aber
- vergleichende Untersuchungen der ordnungspolitischen Rahmenbedingungen wie auch der steuerungspolitischen Instrumente in Mehrebenensystemen der Politik zur Förderung der Invention, Entwicklung und Durchsetzung 'zukunftsfähiger' (nachhaltiger), bedürfniszentrierter und gleichzeitig wettbewerbsfähiger sozio-technischer Innovationen.

Ein Forschungsschwerpunkt mit dieser Ausrichtung hätte einen transdisziplinären Charakter. Im traditionellen Sinne politikwissenschaftliche Fragestellungen wären allerdings prominent vertreten. Die Lehre könnte sich am Leitbild *einer Innovationsmanagerin/ eines Innovationsmanagers* orientieren. Nach einer soliden Grundausbildung im Rahmen eines integrierten sozialwissenschaftlichen Grundstudiums (vgl. z.B. das Konstanzer Grundstudium der Verwaltungswissenschaften) könnte nach einer mindestens 8-monatigen Praxisphase ein Hauptstudium aufsetzen, in das auch technikspezifische Ausbildungsinhalte (z.B. Biotechnologie, IuK-Technologie, Verkehrstechnologie, jeweils aufbereitet für Sozialwissenschaftler) einbezogen werden sollten. Einen besonderen Stellenwert müßte die Methodenausbildung, z.B. Evaluationsmethoden, Methoden der Technikfolgenabschätzung und -bewertung, Diskurs- und Konsensverfahren, Mediation, Methoden partizipativer Technikgestaltung, Implementationsmethoden, erhalten. Eine allzu technokratische Ausrichtung des Studiums sollte durch eine vom Gegenstand her erforderliche Berücksichtigung ethischer, machtpolitischer und demokratietheoretischer Fragestellungen vermieden werden.

Literatur:

Hack, L./ Fleischmann, G. u.a. (1991): Technologieentwicklung als Institutionalisierungsprozeß: Stand der Forschung, Lage der Dinge, gemeinsame Überlegungen. Universität Frankfurt, Diskussionsbeiträge Interdisziplinäre Technologieforschung, Arbeitspapier 1, Frankfurt/M.

Simonis, G. (1999): Sozialverträglichkeit. In: Broechler, St./ Simonis, G./ Sundermann, K. (Hg.): Handbuch Technikfolgenabschätzung, Berlin.

Simonis, G./ Droz, R. (1999): Die neue Biotechnologie als Gegenstand der Technikfolgenabschätzung und -bewertung in Deutschland. In: Broechler, St./ Simonis, G./ Sundermann, K. (Hg.): Handbuch Technikfolgenabschätzung, Berlin.

Steinmüller, K./ Tacke, K./ Tschiedel, R. (1999): Innovationsorientierte Technikfolgenabschätzung. In: Broechler, St./ Simonis, G./ Sundermann, K. (Hg.): Handbuch Technikfolgenabschätzung, Berlin.

Verbund (1997): Paradoxien der Innovation, hrg. vom Verbund Sozialwissenschaftliche Technikforschung, Mitteilungen Heft 19, ISF München.

Weyer, J./ Kirchner, U./ Riedl, U./ Schmidt, J. F. K. (1997): Technik, die Gesellschaft schafft. Soziale Netzwerke als Ort der Technikgenese, Berlin.

Innovationspolitik in ausgewählten Feldern

Andreas Balthasar

„Second generation governance instruments": Eine erfolgversprechende innovationspolitische Antwort des Staates auf die Herausforderung globalisierter Arenen

Die weltumspannende Vernetzung der nationalen Märkte ist in vollem Gange: Der Ausbau der Transport- und Kommunikationsstrukturen wird vorangetrieben, die verschiedenen Übermittlungsmedien werden standardisiert und normiert, die großen Finanzplätze werden über Satelliten miteinander verbunden, good news und bad news machen in Sekunden ihre Runden um den Globus. Dank Roboterisierung und Automatisation sind alle Arten von wirtschaftlichen Tätigkeiten heute prinzipiell an allen Orten der Welt denkbar.

Der Prozeß der Globalisierung hat in der Wirtschaft die potentielle Mobilität der Produktionsfaktoren erhöht. Finanzkapital sucht sich weltweit die höchste zu erwartende Rendite, technisches Basiswissen wird zum allgemein verfügbaren Gut, Manager sind weltweit einsetzbar geworden. Die globale technische Vernetzung und die dadurch motivierte und erhöhte Mobilität der Produktionsfaktoren hat auch die geographische Disponibilität der einzelnen unternehmerischen Tätigkeiten vergrößert. Dies trifft auf alle Bereiche des Unternehmens zu: den Einkauf, die Produktion, die Forschungs- und Entwicklungsabteilung, die Finanzabteilung, das Headquarter. Die Unternehmen müssen heute jede dieser Funktionen am günstigsten Standort positionieren. Und dies gilt nicht nur für Großkonzerne, sondern in zunehmendem Masse auch für die mittelgroßen Betriebe. Unternehmerischer Patriotismus stirbt aus (Knöpfel 1991 und Freiburghaus et al. 1991).

Während sich die Unternehmen fragen, wo sie ihre wirtschaftliche Tätigkeit entfalten sollen, muß sich ein Land wie die Schweiz entscheiden, für welche dieser Tätigkeiten sie ihre Standortattraktivität erhalten und verbessern will. Gerade in der Phase einer sich weiter intensivierenden Globalisierung der Wirtschaft gewinnt die Qualität nationaler Standorte nämlich wieder an Gewicht. Es kommt zu einer Renaissance der Wirtschaftspolitik. Gefragt ist eine Politik der Standortdifferenzierung, mit der relative Einzigartigkeit – oder „uniqueness" – für ganz spezifische wirtschaftliche Tätigkeiten erworben werden kann. „Uniqueness" fördert die Identifizierbarkeit und Identität eines Standortes und begrenzt zugleich die Imitierbarkeit seiner relativen Attraktivität (Borner et al. 1990).

Wie kann jedoch nationale „Uniqueness" für Unternehmen mit technisch mit an der Spitze liegenden wissensbasierten Produkten erreicht werden? Die moderne Technikgeneseforschung hat deutlich gemacht, daß innovative Produkte in *Netzwerken* zustande kommen, in welche Kunden, Lieferanten, Geldgeber und Wissenschafter involviert sind (Asdonk et al. 1993). Technische Entwicklung ist das Ergebnis komplexer Interaktionen mit intensiven Rückkoppelungsmechanismen. In einer solchen Betrachtungsweise spielt das Geflecht beruflicher Kontakte zwischen Ingenieuren, Konstrukteuren, Technikern und Entwicklern, die in ihrer täglichen Arbeit mit der Lösung technischer Probleme beschäftigt sind, eine entscheidende Rolle. Die beruflichen Beziehungen dieser Personen sind ausschlaggebend für rasche und zukunftsorientierte Problemlösungen. Innovationsfähig sein heißt für die Entwickler, aufgrund ihrer Ausbildung und ihrer Integration in ein Netzwerk beruflicher Kommunikations- und Kooperationsbeziehungen das Potential besitzen, um notwendige Informationen rasch beschaffen, auswählen und originell mit bestehenden firmeninternen Stärken kombinieren zu können. Eine standortorientierte Innovationspolitik muß sich folglich auf die Förderung dieser Netzwerke der Entwickler konzentrieren.

Dazu sind jedoch zweierlei Grundlagen notwendig: Einerseits muß die Wissensbasis über die Ausgestaltung der Informationsnetzwerke von Entwicklern verbreitet werden (Abschnitt 1). Anderseits muß abgeklärt werden, welche Instrumente sich für die Förderung der innovationsorientierten Netzwerke von Entwicklern eignen (Abschnitt 2). Auf dieser Basis fußen erste Hinweise bezüglich der Ausrichtung zukünftiger politikwissenschaftlicher Forschungsarbeiten (Abschnitt 3).

1. Wie sind die Informationsnetzwerke der Entwickler gestaltet?

Die Innovationsforschung hat sich in den letzten Jahren zwar unter verschiedenen Gesichtspunkten mit Netzwerken in Innovationsprozessen beschäftigt. Dabei wurden jedoch vor allem die Kontakte von Firmen- oder Institutsleitern thematisiert. Die hierarchisch tiefere Ebene der Entwickler wurde dagegen selten betrachtet. Sie sind es jedoch, die sich in ihrer täglichen Arbeit effektiv technische Entwicklungen vorantreiben und sich nicht in erster Linie mit Führungs- und Verwaltungsarbeiten beschäftigen. Sie sind es, deren Beziehungen ausschlaggebend sind für rasche und zukunftsorientierte Problemlösungen. Wer als Entwickler innovativ sein will, muß ein ausgedehntes Beziehungsnetz in- und außerhalb seiner Unternehmung haben.

In einem vom schweizerischen Nationalfonds unterstützten Projekt haben wir die Kommunikationsnetzwerke von Entwicklern in zwei ausgewählten Industriebranchen in der Schweiz, in Baden-Württemberg und in Österreich untersucht (Balthasar 1998). Thematisiert werden die Beziehungen, welche Entwickler im Werkzeugmaschinenbau und in der Kunststoffverarbeitung unterhalten. Alle drei *Regionen* sind zum großen Teil deutschsprachig, so daß wir annehmen konnten, daß ein gemeinsames Kommunikationsnetzwerk der Entwickler besteht. Die drei Regionen verfolgen unterschiedliche wirtschafts- und technologiepolitische Strategien. Die Auswahl der *Branchen* wurde von der Überlegung getragen, daß es sich beim Werkzeugmaschinenbau in der Schweiz und in Baden-Württemberg traditionell um einen wichtigen Wirtschaftsbereich mit stabilen Beziehungen zwischen Industrie und Hochschulforschung handelt. Die Kunststoffverarbeitung ist dagegen ein relativ neuer Wirtschaftszweig. Kunststoffspezifisches Wissen wird jedoch nicht nur für einige wenige Kunststofftechniker, sondern auch für andere Berufsgruppen immer wichtiger. Die Branche repräsentiert für uns einen Sektor, dessen Kommunikationsnetzwerke in der Schweiz erst im Aufbau begriffen sind.

Die empirische Basis der Untersuchung bildete einerseits eine schriftliche Befragung bei Entwicklern der ausgewählten Branchen in den drei Länder. Insgesamt standen 244 auswertbare Fragebogen zur Verfügung. Andererseits haben wir Institute, zu welchen pro Land mehr als zehn Prozent der antwortenden Entwickler direkte Kontakte haben, persönlich aufgesucht und befragt.

Insgesamt zeigt unsere Studie ein recht einheitliches Bild bezüglich der Zusammensetzung der Informationsnetzwerke von Entwicklern. In allen drei untersuchten Regionen und auch in beiden Branchen haben Entwickler zahlreiche persönliche Außenkontakte, die zur Bewältigung technischer Probleme genutzt werden. Unsere Untersuchung zeigt, daß mehr als 90 Prozent der Entwickler über mindestens eine Ansprechperson außerhalb ihres eigenen Betriebs verfügen. Dieses Ergebnis hebt die Bedeutung von firmenexternen Kontakten für die mit konkreten technischen Problemlösungen beschäftigten Entwickler stärker hervor als die bisher verfügbaren Untersuchungen. Im Durchschnitt arbeiten knapp zwei Drittel der fünf wichtigsten Kontaktpersonen außerhalb des eigenen Betriebs.

Anteile der Befragten mit Ansprechpartnern für technische Probleme nach Arbeitsorten

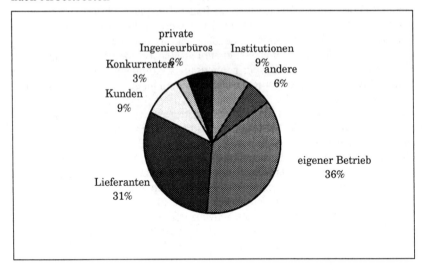

(Basis sind 242 Entwickler in der Schweiz, in Baden-Württemberg und in Österreich mit total 1.109 genannten Ansprechpartnern.)

Die Abweichungen zwischen verschiedenen Branchen und Regionen sind erstaunlich gering. Die Rangfolge der einzelnen Kategorien von Ansprechstellen unabhängig von Branche oder Untersuchungsregion sehr ähnlich. Die Darstellung macht deutlich, daß Kollegen im eigenen Betrieb sowie solche, die bei Lieferanten arbeiten, die wichtigste Rolle in den Informationsnetzen spielen. Eine untergeordnete, aber nicht unbedeutende Stellung haben Beziehungen zu Institutionen der Aus- und Weiterbildung, der Forschung und Entwicklung und des Technologietransfers. Die Untersuchung bestätigt auch die hinlänglich bekannte Tatsache, daß Kooperation zwischen Wissenschaft und Industrie immer auf einem langsamen Vertrauensaufbau fußt (Häusler et al. 1993). Unverbindliche Kommunikation geht verbindlicher Kooperation voraus. Qualifikation, Verläßlichkeit und Gewohnheit bestimmen zur Hauptsache, an wen sich Entwickler wenden, wenn sie nicht mehr weiter wissen. Institutionen, die in diesem Zusammenhang eine Funktion übernehmen, müssen im Netzwerk der Entwickler verankert sein.

Die Netzwerke der Entwickler können nur innovativ sein, wenn sie mit den „Großen der Profession" verknüpft sind. In den persönlichen Gesprächen mit den Vertretern der von den Entwicklern als relevant bezeichneten Institutionen der Aus- und Weiterbildung, der Forschung und Entwicklung und des

Technologietransfers haben wir darum auch abgeklärt, ob diese Institutionen ihrerseits in ein internationales Netzwerk integriert sind. Die Beziehungen zwischen den verschiedenen Institutionen weisen in dieser Hinsicht in beiden Branchen etliche Gemeinsamkeiten auf. Sowohl im Werkzeugmaschinenbau wie auch in der Kunststoffverarbeitung gibt es recht eindeutige Zentren, die als dynamische Pole des Institutionennetzwerkes betrachtet werden können.

Netzwerk der Institutionen im Werkzeugmaschinenbau

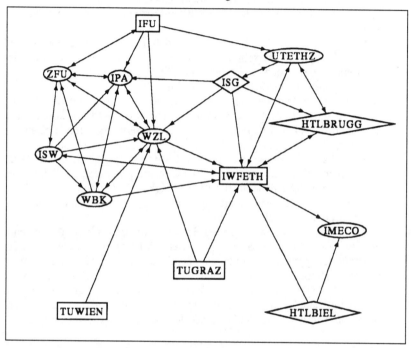

Die unterschiedlichen Formen der Knoten stehen für unterschiedliche Typen von Institutionen: „Wissenschaft" stehen als Rechteck, „Anwendungsforschung" als Ellipse und „Problemlösung" und „Expertise" als Rauten (vergleiche dazu weiter hinten).

Die Darstellung zeigt, daß das Zentrum der Forschungslandschaft des Werkzeugmaschinenbaus in Aachen liegt. Zudem fällt die sehr intensive Verflechtung der meisten Institutionen im deutschen Cluster auf. Sie geht auf die traditionell enge Zusammenarbeit im Rahmen der Wissenschaftlichen Gesellschaft Produktionstechnik WGP zurück. Das Schweizer Cluster ist stark auf das Institut für Werkzeugmaschinen und Fertigung IWF an der ETH Zürich fokussiert. Das IWF stellt auch die Brücke zu Deutschland und Österreich her. In Österreich sind nur wenige Forschungseinrichtungen vorhanden, deren interne Vernetzung zudem gering ist. Die Verbindung zum deutschen und schweizerischen Cluster ist schwach ausgeprägt. Überhaupt war es interessant festzustellen, daß Projektkooperationen zwischen Institutionen über die Landesgrenzen hinweg kaum bestehen.

Welche Schlüsse lassen sich aus diesen Ausführungen ziehen:

- Erstens hebt unsere Untersuchung die Bedeutung von firmenexternen Kontakten für die mit konkreten technischen Problemlösungen beschäftigten Entwickler stärker hervor als die bisher verfügbaren Untersuchungen.
- Zweitens weist die Arbeit darauf hin, daß Institutionen der Aus- und Weiterbildung, der Forschung und Entwicklung und des Technologietransfers in den Netzwerken der Entwickler zwar eine untergeordnete, aber nicht unbedeutende Stellung einnehmen.
- Drittens wurde deutlich, daß diese Institutionen, welche als dynamische Pole von Innovationsnetzwerkes eine Funktion übernehmen können, nur auf der informellen Ebene über intensive länderübergreifende Kontakte verfügen.
- Viertens hat sich gezeigt, daß gewisse Institutionen schlecht in das Netzwerk der Institutionen integriert sind. Problematisch daran ist, daß es sich vielfach um solche handelt, die für Entwickler in kleinen und mittleren Betrieben die wichtigste, ja oft sogar die einzige Brücke zu den Kompetenzzentren der Branche darstellen.
- Fünftens sind wir vor allem in der Schweiz auf das Problem der ungenügenden Einbindung des Systems der Berufsbildung in das Netzwerk der Institutionen gestoßen. Da persönliche Beziehungen ihre Wurzeln meist in der Ausbildung haben, fehlen Personen ohne Hochschulabschluß die nötigen Kontakte im Netzwerk. Dies bedeutet, daß ein großer Teil des professionellen Nachwuchses ausgebildet wird, ohne daß es eine systematische Anbindung an die Dynamik der technischen Entwicklung gibt.

2. Welches sind die Folgerungen aus diesen Erkenntnissen für die Politik?

Die zentrale Folgerung ist, daß die Innovationspolitik die Förderung innovationsorientierter Netzwerke von Entwicklern ins Zentrum stellen muß. Die Frage ist nur wie das geschehen kann. Insbesondere die holländische politikwissenschaftliche Forschung hat sich relativ konkret mit den Möglichkeiten und den Grenzen des Netzwerkmanagements auseinandergesetzt. So weisen de Bruijn und Heuvelhof in ihrem Aufsatz „Instruments für Network Management" nicht nur darauf hin, daß Netzwerke typische Charakteristiken besitzen, die dazu führen, daß sie sich durch traditionelle staatliche Instrumente kaum effizient steuern lassen (de Bruijn und Heuvelhof 1997). Sie halten auch Eigenschaften fest, durch welche sich Instrumente auszeichnen, welche für das Management von Netzwerken geeignet sind:

- Solche Instrumente können erstens nur indirekt wirken: In einem netzwerkartigen Beziehungsgeflecht verfügen auch die staatlichen Akteure über keine hierarchisch abgesicherte Sonderstellung. Der Staat kann darum seine Ziele am ehesten indirekt anstreben. Er kann beispielsweise versuchen, neue, aus seiner Sicht interessante Akteure ins Netzwerk einzuführen. Oder er kann Imputs aussetzen, welche indirekt möglicherweise zum gewünschten Verhalten führen.
- Solche Instrumente müssen zweitens sehr differenziert angewendet werden können: In traditionellen Kontexten können alle Akteure auf die gleiche Weise angegangen werden. In der horizontalen Struktur der Netzwerke ist es dagegen zielführender jeden Akteur in angepaßter Weise zu behandeln.
- Die Wirkungen solcher Instrumente sind drittens nur sehr beschränkt vorhersehbar. Die formellen und informellen Strukturen von Netzwerken sind meist sehr komplex. Daher muß bei Einflußnahmen immer mit unerwarteten Effekten gerechnet werden. Es braucht somit eine Politik der kleinen Schritte und ein laufendes Monitoring.
- Schließlich ist viertens in Netzwerken nie ganz klar, wer eigentlich wen steuert! Es bestehen gegenseitige Abhängigkeiten und nie ganz transparente Kräfteverhältnisse. Der befehlende wird zum verhandelnden Staat.

De Bruijn und Heuvelhof bezeichnen staatliche Instrumente, welche mit den genannten Charakteristika von Netzwerken umzugehen vermögen als „second generation governance instruments". Aufgrund unserer Analyse der Netzwerke von Entwicklern lassen sich für die Innovationspolitik eine Reihe derartiger Instrumente konkretisieren.

Staat als „Animateur"

In Netzwerken von Entwicklern kann der Staat in erster Linie die Rolle als „Animateur" zugunsten eines ständigen Dialogs im Netzwerk übernehmen. Dies bedeutet, daß er Gelegenheiten zur Kontaktfindung und zur Netzwerkpflege anbieten und unterstützen sollte. Eine der besten Einflußmöglichkeiten dazu hat er, indem er diesbezügliche Aktivitäten von Institutionen der Aus- und Weiterbildung, der Forschung und Entwicklung und des Technologietransfers, die er ja meist mitfinanziert, motiviert. Institutionen, die für die Entwickler eine gewisse Bedeutung erlangt haben, haben zu diesem Zweck

ERFA-Gruppen, Kontaktbörsen, Gesprächskreise und Fördervereine u.ä. eingerichtet. Solche Anlässe sorgen nicht nur dafür, daß Unternehmen die Qualitäten der Schulen kennenlernen und daß die Dozenten erfahren, welche Themen die Industrie interessieren. Es entstehen dort auch Kontakte zwischen Entwicklern, die in der Industrie arbeiten. Diese Art von Austausch bildet die beste Voraussetzung für allfällige spätere Projektkooperationen. Erfolgreiche Institutionen sind zudem aufgrund ihres Beziehungsnetzes auch in der Lage, Anfragen und Aufträge an die richtige Stelle weiterzuleiten.

Vorgabe klarer Leistungsaufträge

Zweitens weisen die empirischen Arbeiten deutlich auf die Bedeutung klarerer Leistungsaufträge für diese Art von Institutionen hin. Neben den inhaltlichen Determinanten müssen diese Aufträge auch das Zielpublikum definieren. Vielfach kontaktierten Institutionen konzentrieren sich mit ihren Angeboten entweder auf akademisch gebildete Entwickler in größeren Betrieben oder auf Entwickler ohne Hochschulabschluß. Beide Gruppen können kaum gleichzeitig angesprochen werden.

Einen weiteren Bestandteil der Leistungsaufträge von Institutionen, welche von den Entwicklern oft frequentiert werden, bildet die Orientierung am Dienstleistungsansatz. Beratung, Projektarbeit, Informationsaustausch und alle anderen Angebote sind nicht Instrumente zur Erfüllung eines anderen, primären Ziels. Sie dienen also nicht einer guten, praxisnahen Ausbildung oder der Erzielung von wissenschaftlichem Fortschritt: Sie haben ihren eigenen Wert als Dienstleistung an den Kunden.

Personalpolitik

Staatliche Steuerungsmöglichkeiten bieten drittens personalpolitische Entscheide. Der Erfolg aller Typen von Institutionen hängt stark von den Personen ab, die dort arbeiten. Die Zusammensetzung und die Erfahrung des beschäftigten Personals spielt eine ausschlaggebende Rolle für die erfolgreiche Wahrnehmung der Drehscheibenfunktion. Die fachliche Problemlösungskompetenz der Institute muß personell abgesichert sein. Dabei erweisen sich neben den technischen Qualifikationen Management- und Kommunikationsfähigkeiten sowie betriebswirtschaftliche Kenntnisse als entscheidende Erfolgsfaktoren. Ein überraschendes Resultat der empirischen Arbeiten war allerdings, daß diese Qualifizierung in nicht-technischen Bereichen auch bei erfolgreichen Institutionen in der Regel eher unstrukturiert durch die Zusammenarbeit von erfahrenen und unerfahrenen Mitarbeitern in Industrieprojekten erfolgt („learning-by-doing").

Design von Forschungs- und Entwicklungsprogrammen

Ein weiterer Handlungsspielraum der Politik besteht bei der Ausgestaltung des Instruments der Programmförderung. Für alle Arten von Programmen, die uns hier interessieren, ist es wichtig, daß der Kooperation von Institutionen und Industrie großes Gewicht beigemessen wird. In dieser Hinsicht haben sich in der Programmforschung der Europäischen Gemeinschaft, in der deutschen Verbundforschung und der schweizerischen Kommission für Technologie und Innovation wichtige Erfahrungen angesammelt. Solche Programmformen beinhalten ein großes Potential zum Aufbau langfristig angelegter, problemorientierter Zusammenarbeit von Entwicklern verschiedenster Herkunft. Allerdings sind weitergehende Schritte denkbar, um immer neue Partner in die Kommunikations- und Kooperationsnetzwerke zu integrieren.

Vernetzung der Institutionen

Staatliches Handeln kann sich weiter auf die Vernetzung der Institutionen untereinander konzentrieren. Dieser Aspekt ist für die Kompetenz der einzelnen Institutionen von ausschlaggebender Bedeutung. Um die Kontakte zu fördern, bieten sich der Austausch von Personal auf Assistenz-, wie auch auf Dozentenebene, die Durchführung gemeinsamer Aus- und Weiterbildungsveranstaltungen sowie formelle Kooperationsvereinbarungen an. Beispielsweise könnten Ausbildungsmodule systematisch von Berufs- und Hochschulen gemeinsam aufgebaut und durchgeführt werden. Weiter könnte der Staat die Bewilligung von Verbundprojekten von der Einbindung von Personen ohne höhere Ausbildung abhängig machen.

Weiterbildungsveranstaltungen

Ein weiteres Handlungsfeld bildet die Weiterbildung. Die Bedeutung derartiger Veranstaltungen für die industriellen Entwickler, nicht nur im Hinblick auf die Erhöhung der Qualifikationen sondern auch für den Aufbau von Kontakten, wird häufig unterschätzt. Unsere Untersuchung macht deutlich, daß Weiterbildung ein wesentliches Instrument zur Anbindung auch von weniger qualifizierten Entwicklern an die innovationsrelevanten Beziehungsnetze darstellt. Über die Weiterbildung kann die Basis für den kontinuierlichen Austausch zwischen Wissenschaft und Industrie gelegt werden. Zudem entstehen bei dieser Gelegenheit Kontakte zwischen Entwicklern sowie zwischen Entwicklern und Institutionen, die für den Aufbau und die Pflege von Kommunikationsnetzwerken unabdingbar sind.

Finanzierung

Schließlich bietet die (Mit-)Finanzierung von Institutionen die vielleicht wichtigste Einflußmöglichkeit des Staates zur Förderung innovationsorientierter Netzwerke von Entwicklern. Mit den finanziellen Vorgaben setzt die Politik die Rahmenbedingungen, welche die dominante Steuerungslogik innerhalb der einzelnen Institutionen determiniert. Unsere empirischen Arbeiten ermöglichen eine Positionierung der verschiedenen, von den Entwicklern oft nachgefragten Institutionen in einem Finanzierungsdreieck mit den Eckpunkten „ungebundene staatliche Grundfinanzierung", „projektgebundene Gelder staatlicher Forschungs- und Entwicklungsprogramme" und „industrielle Drittmittel". Dadurch wird eine Typologisierung der Institutionen entlang unterschiedlicher Funktionen im Innovationsprozeß möglich.

Typologie von Institutionen nach der Art der Finanzierung

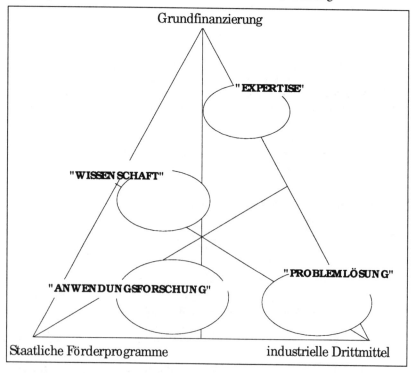

Der Institutionentyp „*Wissenschaft*" ist auf erhebliche, industrieunabhängige Forschungsmittel angewiesen. Er finanziert sich wesentlich durch die Grundfinanzierung zugunsten von Hochschulen sowie aus Programmitteln für die Grundlagen- oder die angewandte Forschung. Die *„Anwendungsforschung"* deckt ihre Aufwendungen zu einem überwiegenden Teil mit Mitteln, die aus der Programmförderung oder der Industrie stammen. Der Institutionentyp *„Expertise"* alimentiert sich hauptsächlich aus der Grundfinanzierung, die durch die Unterrichtstätigkeit gesichert ist.

In der Trägerschaft von Institutionen des Typs *„Problemlösung"* nimmt die Industrie eine entscheidende Rolle ein. Sie stellt finanzielle Mittel, z.b. über Trägervereine zur Verfügung oder schickt Mitarbeiter an Weiterbildungsveranstaltungen. Sie unterstützt die Institute aber auch, indem sie Dozenten freistellt und Maschinen für die Aus- und Weiterbildung offeriert. Weiter gibt sie Aufträge für Prüfungen und kleinere Problembearbeitungen. Aus diesem Grund kommen diese Institute im allgemeinen ohne erhebliche staatliche Dauerfinanzierung aus.

Die vier dargestellten Typen stellen erfolgreiche Beispiele möglicher Positionierungen dar. Sie decken relevante Funktionen im Innovationsprozeß ab. Erfolgreiche Institutionen betrachten sich für bestimmte Arten von Fragen als zuständig. Sie übernehmen komplementäre Funktionen im Innovationsprozeß. Institutionen des Typs „Wissenschaft" bearbeiten vornehmlich Themenstellungen mit explizitem Bezug zur Wissenschaft. Der Typ „Anwendungsforschung" konzentriert sich ebenfalls auf grundsätzliche Themen, diese haben jedoch einen stärkeren Praxisbezug. Der Typ „Problemlösung" hilft rasch bei einfacheren Problemen der Produkt- und Prozeßoptimierung. Institutionen des Typs „Expertise" kommen insbesondere bei den drängenden Alltagsproblemen zum Zug. Für andere Themen bezeichnen sie sich – was ebenso wichtig ist – als nicht ausreichend kompetent.

Als wesentliches Ergebnis läßt sich daher herauskristallisieren, daß der Staat sich bei der Unterstützung von Institutionen nicht nur genau definierte Funktionen im Innovationsprozeß festlegt sondern auch die dazu geeigneten finanziellen Rahmenbedingungen schafft. Dabei ist zu beachten, daß der Übergang zu einem anderen erfolgreichen Typ nicht einfach möglich ist. In der Regel würde er einen vollständigen Neuanfang mit erheblichen finanziellen und personellen Konsequenzen notwendig machen.

3. Folgerungen für die politikwissenschaftliche Forschung

Innovationsorientierte Netzwerke von Entwicklern lassen sich als Fundament zukunftsfähiger nationaler Innovationssysteme betrachten (Lundvall 1992). Solche Netzwerke können einen Beitrag zur verlangten relativen Einzigartigkeit von Standorten leisten. Die Stärkung dieser Netzwerke und die Forcierung ihrer Innovationsorientierung stellt die staatlichen Akteure jedoch vor

Aufgaben, welche mit dem traditionellen Instrumentenmix kaum mehr lösbar sind. Notwendig sind „second generation governance instruments", mit mehrheitlich indirektem und vielfach unsicherem Erfolg. Die Darstellung verschiedener Ansätze einer neuen Generation staatlicher Steuerungsinstrumente macht deutlich, daß solche Instrumente kein Aufsehen erregen müssen. Der „stille Weg" zum wirtschaftlichen Erfolg führt weniger über ambitiöse Forschungs- und Entwicklungsprogramme als über die systematisch Politik der Förderung von Kommunikation zwischen Entwicklern, die in unterschiedlichen institutionellen Kontexten mit ähnlichen Fragen beschäftigt sind (Reich 1989).

Die wissenschaftliche Auseinandersetzung mit dem neuen Instrumentarium steckt jedoch noch in den Anfängen. Detaillierte Untersuchungen der Rahmenbedingungen und geeigneter Interventionsformen sind notwendig und zum Teil schon in Bearbeitung[1]. Fragen der Wirksamkeit und der Effizienz dieser Ansätze werden in ein paar Jahren ein wachsendes Forschungsfeld eröffnen.

---

1   Vgl. dazu das vom Schweizerischen Nationalfonds zur Förderung der wissenschaftlichen Forschung finanzierte und vom Autor geleitete Projekt „Netzwerkmanagement als neues Instrument der Umweltpolitik" (vgl. Bättig/ Rieder 1997).

Literatur

Asdonk, J./ Bredeweg, U./ Kowol, U. (1993): Innovation, Organisation und Facharbeit: Rahmenbedingungen und Perspektiven betrieblicher Technikentwicklung, Bielefeld

Bättig. Chr./ Rieder S. (1997): Network Management: a Strategy for Successful Implementation of Environmental Policy? Papier presentet at the European Consortium for Political Research, Joint Session Workshop „The Effectiveness of Policy Instruments for Improving EU Environmental Policy", Berne

Balthasar, A. (1996): Technologieförderung als Teil der schweizerischen Aussenwirtschaftspolitik: Ergebnisse von Evaluationen und Folgerungen, Die Aussenwirtschaft, Nr. 2, Chur

Balthasar, A./ Reger, G./ Bättig, Ch./ Bührer. S. (1997): Evaluation der schweizerischen Beteiligung an den FTE-Rahmenprogrammen der Europäischen Union, Bern

Balthasar, A. (1998): Vom Technologietransfer zum Netzwerkmanagement, Grundlagen zur politischen Gestaltung der Schnittstelle zwischen Wissenschaft und Industrie, Rüegger-Verlag, Chur/ Zürich.

Balthasar, A./ Bättig, Ch./ Thierstein, A./ Wilhelm B. (in evaluation): Developers: Key actors of the innovation process, Research policy: A journal devoted to research policy, research management and planning.

Borner, S./ Brunetti A./ Straubhaar, Th. (1990): Schweiz AG. Vom Sonderfall zum Sanierungsfall? Zürich

De Bruijn, J. A./ ten Heuvelhof E. F. (1997): Instruments for Network Management, in: Kickert, W. J. M./ Klijn, E.-H. (Hg.): Managing Complex Networks, Strategies for the Public Sector, Sage, London, P. 119-136.

Freiburghaus, D./ Balthasar, A./ Knöpfel C./ Zimmermann, W. (1991): Technik-Standort Schweiz, Von der Forschungs- zur Technologiepolitik, Bern.

Häusler, J./ Hohn, H.-W./ Lütz, S. (1993): The architecture of an R&D Collaboration, In: Scharpf, F. W. (Hg.): Games in Hierarchies and Networks, Analytical and Empirical Approaches to the Study of Governance Institutions, 211-249, Frankfurt/M.

Knöpfel, C. (1992): Technikstandort Schweiz – Überlegungen zu einer standortorientierten Wirtschaftspolitik für eine Region in Europa, in: Volkswirtschaft 11/ 1992, 23-28.

Lundvall, B.-Å. (1992): National Systems of Innovation: Towards a Theory of Innovation and Interactive Learning, London

Reich, R. B. (1989): The quiet path to technological pre-eminence, Scientific American, October, 19-25.

Renate Martinsen

Biotechnologiepolitik – Optionen und Grenzen der politischen Gestaltbarkeit einer Zukunftstechnologie vor dem Hintergrund eines globalen Innovationswettlaufs[1]

1. Einleitung

Im Bereich der Bio- und Gentechnologie hat in den letzten Jahren offensichtlich europaweit ein massiver Stimmungswechsel stattgefunden. Auch in der Bundesrepublik wurden Überschriften wie „Gentechnik läuft an Deutschland vorbei" (Tagesspiegel v. 28.12.1995) bzw. „Einer Zukunftsindustrie droht das Aus. Staat blockiert Gentechnologie" (Tagesspiegel v. 15.01.1996) abgelöst durch Slogans, die Aufbruchstimmung signalisieren: „Deutschland soll in Bio- und Gentechnik Nr. 1 werden" – so der ehemalige Zukunftsminister Jürgen Rüttgers (Welt am Sonntag v. 10.11.1996). Und in einem vor einigen Wochen in der ZEIT erschienenen Artikel heißt es gar: „Nicht nur auf couragierte Wissenschaftler übt die Branche derzeit eine magische Anziehungskraft aus ... Sogar beamtete Professoren wagen den Sprung in die Selbständigkeit"[2]. Doch wird im Hinblick auf die zunehmende Verkürzung der Produktzyklen Eile angemahnt: „Wer in diesem Wettlauf mit der Zeit nicht mithalten kann, gerät unweigerlich auf die Verliererstraße" – so Hans Otto Eglau (1998: 26).

Die verwendete Wettlaufmetapher verweist auf eine allgemein verschärfte Ausgangslage im technologisch-ökonomischen Wettbewerb: zwar ist die permanente Suche nach Neuem nichts Neues, sie gilt vielmehr als strukturelles Merkmal der Moderne, die ihre Legitimation nicht aus der Vergangenheit ableitet, sondern sich am Wissen von dem, was nicht ist – auch „Zukunftswissen" genannt (vgl. Dierkes 1997: 54) – orientiert. Insofern kann

---

1 Die folgenden Überlegungen entstanden im Rahmen eines Forschungsaufenthaltes im Juni/Juli 1998 am Wissenschaftszentrum Berlin (WZB), Abteilung Organisation und Technikgenese – mein herzlicher Dank gilt Meinolf Dierkes für die Einladung und die mir gewährte Unterstützung sowie den WZB-KollegInnen für anregende Diskussionen.

2 Abzuwarten bleibt hier, ob mit dem jüngsten Wechsel zu einer rotgrünen Bundesregierung politische Signale gesetzt werden, die zumindest im Bereich der „grünen" Gentechnik zu einem Abflauen der euphorischen Stimmung beitragen. In der Presse ist von einer Verunsicherung der Industrie die Rede: „Stoppt Rot-Grün den Anbau von Genpflanzen?" (Die ZEIT v. 15.10.1998, 50). Selbst für den Fall, daß der Anbau transgener Pflanzen ausgesetzt würde, bleibt die spannende Frage, ob der politische Handlungsspielraum über ein Moratorium, also eine lediglich zeitliche Verzögerung, hinausreicht und zu einer „deutlich korrigierten Gentechnik-Politik" (ebd.) in der Bundesrepublik führen könnte.

man auch davon sprechen, daß der „Zwang zur Innovation selbst zur Tradition der Moderne geworden (ist)" (Bechmann 1998a: 7). Was ist dann das Neue am Zwang zur dauernden Innovation? Offensichtlich wird die Irritation erzeugt durch den Überbietungsdruck, der von der zunehmenden Koppelung von Wissenschaft und Technik herrührt – der Wechsel der Interpretationsmatrix verdeutlicht den essentiellen Bruch, der im Übergang von der Fortschritts- zur Innovationsrhetorik enthalten ist: nun wird Innovation nicht mehr erstrebt, um bestimmte gesellschaftliche Ziele zu erreichen, vielmehr wird Innovation erstrebt um der Innovation willen.

Mit anderen Worten: Bezogen sich die herkömmlichen Fortschrittsvorstellungen noch auf inhaltliche Zielsetzungen, d.h. impliziert wurde stets eine gesellschaftliche Entwicklung zum Besseren), scheinen sich die Innovationsvisionen hingegen an einem selbstreferentiellen Modell auszurichten, d.h. die Änderung wird quasi auf Dauer gestellt: Innovationen stoßen Entwicklungen an, die ihrerseits neue Innovationen prozessieren und so fort (vgl. Bechmann ebd.).

Zweifelsohne hat zur Plazierung des Innovationsthemas ganz oben auf der politischen Agenda der Prozeß der Globalisierung entscheidend beigetragen: Denn mit der steigenden Konkurrenz von Niedriglohnländern, der zunehmenden Offenheit der Märkte und den sinkenden Transaktionskosten für Auslandsaktivitäten (aufgrund des Ausbaus der länderüberschreitenden Kommunikations- und Transportinfrastruktur) hat sich die internationale Konkurrenz deutlich verschärft. Gordon (1997) argumentiert in diesem Sinne, wenn er Globalisierung als die weltweite Organisation von Innovationsprozessen definiert, die vorangetrieben wird durch die Notwendigkeit der unausgesetzten Suche nach Neuem. Die herausragende Rolle der Technik in diesem Kontext schlägt sich nieder im Schlagwort von der „Ära des Techno-Globalismus" (Grewlich 1992: 43), das auf die weltweit rapide Zunahme von technik- und forschungsbasierten Gegenständen verweist.

In der Literatur zur Globalisierung wird der Kern der weltweiten Verflechtungen überwiegend auf der ökonomischen Ebene angesiedelt. Auch auf anderen Ebenen (der ökologischen, sozialen, politischen, kulturellen) sind demnach Globalisierungstendenzen feststellbar, doch wird meist davon ausgegangen, daß diese Dimensionen im Hinblick auf den Globalisierungsgrad der wirtschaftlichen Entwicklung „hinterherhinken". In einer nicht primär ökonomischen Begriffsbestimmung läßt sich Globalisierung verstehen als eine Art *„Fernwirkung"*: es geht im Kern um die „Verwandlung von Raum und Zeit" (Giddens 1997: 23). Doch die veränderten Chancen für Mobilität (zumindest für einen Teil der Menschheit) stehen wiederum in direktem Zusammenhang mit dem Entstehen weltumspannender Kommunikationsnetze und dem Aufkommen des Massenverkehrs, d.h. die kulturelle Dimension der Globalisierung ist von der ökonomisch-technischen Entwicklung nicht ablösbar.

Mein Beitrag wird sich nicht damit befassen, anhand welcher Indikatoren[3] sich am besten ermessen läßt, wie weit der Prozeß der Globalisierung tatsächlich fortgeschritten ist oder damit, welcher Strategien sich Unternehmen vorzugsweise bedienen sollten, um im verschärften Konkurrenzkampf gut abzuschneiden. Fokussiert wird vielmehr ganz auf die politikwissenschaftliche Frage: Ist der technisch-ökonomische Innovationswettlauf als „Selbstläufer" zu betrachten oder gibt es Möglichkeiten seiner politischen Gestaltung[4]? Die in der Literatur vermutete und diskutierte Inkongruenz zwischen der Reichweite der wirtschaftlich-technischen und der politischen Sphäre in globalisierten Arenen hat Scharpf (1998: 81) auf die griffige Formel „entgrenzte Ökonomie, beschränkte Politik" gebracht. Seit der reformpolitischen Planungseuphorie in den 70er Jahren hat die *Perzeption* der Gestaltungsmächtigkeit des Staates in der politikwissenschaftlichen Diskussion kontinuierlich abgenommen. Die „Staatsschwächungsthese" wird zum einen differenzierungstheoretisch begründet durch den Verweis auf die Ineffektivität hierarchisch-dirigistischer Interventionsformen der Politik angesichts der zunehmenden Ausdifferenzierung von gesellschaftlichen Funktionsbereichen mit je eigensinniger Logik. Zum anderen gerät die Erosion staatlicher Steuerungspotentiale in jüngster Zeit verstärkt ins Blickfeld vor dem Hintergrund von Globalisierungsprozessen. Aus neoliberaler Sicht stellt sich der Globalisierungsprozeß dar als quasi naturwüchsiger Sachzwang, der zur Abdankung der Politik führt. Jedoch wird vielerorts auch im Politischen die Perspektive der Reorientierung betont: *„Wandel wird das beherrschende Thema der letzten Jahre dieses Jahrhunderts werden"* (Welsch 1994: 255). Dabei scheint vor allem die Erkenntnis leitend, daß es notwendig sei, Formen der politischen Regulierung zu finden, die den globalen Verhältnissen Rechnung tragen, da die entfesselte Innovationsdynamik ein zerstörerisches Potential beinhalte. Bei den vorfindbaren Versuchen und Konzepten, Ansatzpunkte für eine politische Gestaltung der technisch-ökonomischen Entwicklung zu finden, lassen sich zwei unterschiedliche Stoßrichtungen unterscheiden: Einerseits wird darauf abgezielt, Globalisierungsprozesse durch die Schaffung günstiger nationaler Kontexte und länderübergreifender Netzwerke zu optimieren, um Trägheitsmomente der gesellschaftlichen Entwicklung zu überwinden und einem ruinösen Kostensenkungswettlauf der Staaten wirkungsvoll zu begeg-

---

3   Häufig genannte ökonomische Indikatoren sind etwa: Volumen des Welthandels, Direktinvestitionen in anderen Ländern, internationale Kooperation, internationale Patentaktivitäten, grenzüberschreitende Kooperation bei Erfindungen, Spezialisierung nationaler Innovationsaktivitäten.

4   Ulrich Beck (1994: 344) möchte der „Zwickmühle der falschen Alternative" entkommen, indem er ein zweiphasiges Modell vorsieht; seine Devise lautet „Freiheit für die Technik" und Organisation der „Anwendung als autonomer Prozeß". Dieser Vorschlag knüpft an einem linearen Technikentwicklungskonzept an, in welchem die Phasen Forschung, Anwendung und Kommerzialisierung aufeinanderfolgen – ein solch sequentielles Modell gilt in der sozialwissenschaftlichen Technikforschung mittlerweile als überholt.

nen, d.h. es geht um die Lenkung des Globalisierungsprozesses durch seine *Vertiefung*. Andererseits wird befürchtet, die prinzipielle Unterordnung kultureller, ökologischer, sozialer Gesichtspunkte unter ein vom Weltmarkt dominiertes Wettbewerbsgesetz führe zur Untergrabung der in den Nationen des Westens erreichten demokratischen und zivilgesellschaftlichen Standards – darum komme es darauf an, Gegenbewegungen zur Weltmarktentwicklung zu verstärken, d.h. die Gestaltungsambitionen zielen hier auf *Abbremsung* der Globalisierungstendenzen.

Die Erörterung der Frage nach den politischen Gestaltungsoptionen vor dem Hintergrund von Innovationswettlauf und Globalisierung erfolgt im vorliegenden Beitrag mit Blick auf ein spezifisches Technikfeld, nämlich das der „neuen" – d.h. gengestützten – Biotechnologie, die die Möglichkeit eröffnet, gezielt in Erbinformationen von lebenden Organismen einzugreifen. Dieses Fallbeispiel bietet sich aus folgenden Gründen an:

a) Die „neue" Biotechnologie (diese ist hier stets gemeint, wenn von „Biotechnologie" geredet wird) ist technologieintensiv sowie stark wissens- bzw. wissenschaftsbasiert und gilt darum als sogenannte „Spitzentechnologie", d.h. es handelt sich um einen Technologietypus, dessen Bedeutung (etwa auch im Hinblick auf die künftige Schaffung von Arbeitsplätzen) gerade im Rahmen der Innovationsdebatte hervorgehoben wird.

b) Die chemisch-pharmazeutische Industrie als der Kernsektor der kommerziellen Nutzung der Biotechnologie ist die führende Sparte nicht nur im Hinblick auf die Internationalisierung der Produktion, sondern auch mit Blick auf die Internationalisierung der FuE-(Forschungs- und Entwicklungs-)Ressourcen, d.h. es liegt hier das vor, was man als die „Globalisierung *der* Innovation"[5] bezeichnen kann.

In Abgrenzung zu einem emphatisch-rhetorischen Gebrauch der Innovationsvokabel, wie er bisweilen in der ökonomischen Literatur vorzufinden ist (Innovation gilt dann per se und für alle als etwas Gutes), knüpft eine politikwissenschaftliche Sichtweise stärker an dem Wissen um mögliche Friktionen und Ambivalenzen an, wie sie der Innovationsprozeß notwendigerweise mit sich führt.

Ausgegangen wird davon, daß „das Politische" nicht durch Konsens, sondern durch Dissens charakterisiert ist. Stellt man außerdem in Rechnung, daß Innovation, Abweichung immer auch – worauf bereits Schumpeter (1950) aufmerksam gemacht hat – Zerstörung, Entwertung des Vorigen bedeutet, dann wird unmittelbar evident, daß Innovationsprozesse politischen Streit begünstigen.

Denn die Unterscheidung alt/ vertraut bzw. neu/ innovativ kann auf unterschiedliche Weise normativ aufgeladen werden – was sich von einer be-

---

5 So Dietmar Harhoff in einem Vortrag zum Thema „Globalisierung und Innovation" am Wissenschaftszentrum Berlin am 09.06.1998.

stimmten Warte her als wünschenswerte Veränderungen darstellt, erscheint womöglich aus anderer Perspektive als ein empfindlicher Verlust. Im vorliegenden Beitrag wird die normative, inhaltliche Dimension der Politik, die auf Ziele, Aufgaben und Gegenstände von Politik abhebt, ins Zentrum gestellt, d.h. es geht vor allem um das, was man in der englischen Begrifflichkeit als „policy"-Dimension bezeichnet.

Ausmachen läßt sich am Beispiel „Biotechnologie" ein Spektrum von Politiken, mit denen versucht wird, mögliche Weisen des Umgangs mit der Herausforderung von Globalisierung und Innovation zu finden[6]. Diese Optionen, die sich in der Praxis überschneiden, gegenseitig verstärken oder behindern mögen, werden im folgenden aus analytischen Gründen gesondert und idealtypisch vorgestellt.

2. Politiken auf nationaler Ebene

Der nationalstaatlichen Ebene kommt – trotz aller Beschränktheiten – nach wie vor eine wesentliche Bedeutung zu. So urteilt etwa Grande im Rahmen seiner Überlegungen zur Erosion des staatlichen Steuerungspotentials in der Forschungs- und Technologiepolitik über den Nationalstaat: „Er erreicht als Nationalstaat nichts mehr, gegen ihn als Nationalstaat ist aber auch nichts zu erreichen" (1992: 246). Aber auch für nicht-staatliche Akteure bildet die nationale Ebene einen wesentlichen Ausgangspunkt.

a) Marktradikale Politik

Ihr liegt ein Modell von Innovation als Selbstläufer zugrunde – Politik ist hauptsächlich insofern notwendig, um die negativen Folgen früherer diskretionärer Politiken zu korrigieren, die das freie Spiel der Marktkräfte behindern. Globalisierungsbestrebungen sind – so etwa Reinhold Biskup (1996: 13) im „Wesen des Menschen angelegt", denn der Mensch habe das Bedürfnis, sich über Raum und Zeit hinaus zu vervollkommnen. Die anthropologisch verankerte Anlage eines weltweiten Optimierungsbestrebens wirkt in dieser Sicht in die gleiche Richtung wie die genuin ordnungspolitische Aufgabe, die im Widerstand gegen jede Art von Protektionismus besteht.

In unserem Fallbeispiel korrespondiert diese Einstellung mit Haltungen, die die Biotechnologieentwicklung hauptsächlich durch abschreckende Vor-

---

6 Es wird hier auf einen weiten Politikbegriff rekurriert, bei dem auf der Handlungsebene nicht nur staatlich-adminstrative und rechtliche Akteure, sondern auch soziale Bewegungen, NGOs (Nichtregierungsorganisationen), „Betroffene", Verbände, Techniknetzwerke usw. inkludiert sind.

schriften, Genehmigungspraktiken, Behördenwillkür und Haftungsregeln im eigenen Land beeinträchtigt sehen (vgl. hierzu Der Spiegel v. 26.07.1993: 180-181) – die Politik ist dann aufgefordert, solche administrativen und juridischen „Bremsklötze" wieder aus dem Weg zu räumen.

Wenn man indes die Anschubwirkung des Staates etwa bei der Förderung der Grundlagenforschung mit in Betracht zieht, melden sich Zweifel an der Tragfähigkeit eines Politikmodells, das die Aufgabe von Politik zuvorderst in der Vermeidung von Politik sieht. Es gibt – so Schienstock (1994: 1; Übers. R.M.) – „keinen modernen Industriestaat, der nicht in der einen oder anderen Weise Forschungs- und Technologiepolitik betreibt", da die in den verschiedenen Phasen des Technologieprozesses auftretenden Strukturprobleme zu einem partiellen Marktversagen führen würden, wenn der Marktprozeß ausschließlich den an Eigeninteressen orientierten privaten Akteuren überlassen bliebe.

b) Restriktive Politik

Diese ist am anderen Ende der Skala „Selbstläufer bzw. politische Gestaltung von Innovationen" angesiedelt. Hier wird von einer politischen Steuerungsmächtigkeit in bezug auf technologische Entwicklungen ausgegangen, die auch deren Abbruch inkludiert. Somit erfolgt ebenfalls eine Orientierung am Verbot, jedoch nicht von Politik, sondern von Technik.

Die bisherige Verfassungslage in den westlichen Ländern mißt als Verbotsgrund dem „Risiko" eine privilegierte Stellung zu – und „begünstigt" damit in gewisser Hinsicht strukturell Innovationen: denn der Beweis für mutmaßliche Risiken einer neuen Technik ist oft schwer zu erbringen. Deshalb gibt es immer wieder Anläufe, auch andere Kriterien als die Riskanz zur Abbremsung einer Technik zu etablieren.

- So wurde etwa im österreichischen Gentechnikgesetz, das am 01.01.1995 in Kraft getreten ist eine sogenannte „Sozialverträglichkeitsklausel" aufgenommen. Demnach müssen vor der Freisetzung gentechnisch veränderter Organismen nicht nur – wie international üblich – mögliche Gefahren für Gesundheit und Umwelt berücksichtigt werden, sondern darüber hinaus bildet die „soziale Unverträglichkeit" ein weiteres zu beachtendes Kriterium bei der Technikbeurteilung (vgl. Bundesgesetzblatt 1994: §1). Desgleichen sieht die normative Regelung der Biotechnologie in Norwegen nicht-technische Zulassungskriterien (Abwägen sozio-ökonomischer Vor- und Nachteile, ethische Gesichtspunkte, nachhaltige Entwicklung) zur Technikfolgenabschätzung vor. Indes erweist sich bei näherer Betrachtung die bloße Aufnahme eines Sozialverträglichkeitspassus in einen Gesetzestext als wenig zielführend: so erscheint etwa im Falle Österreichs die Kompatibilität sowohl mit der nationalen Verfassung als auch

mit den EU-Sicherheitsrichtlinien anzweifelbar, die Operationalisierung der Bestimmungen bleibt fraglich und eine Sanktionsmöglichkeit ist nicht gegeben (vgl. Martinsen 1997b).
- Auf einer vergleichbaren Argumentationslinie wie die Sozialverträglichkeitsformel liegt die Forderung nach „Bedarfsorientierung", wie sie ursprünglich von den Grünen im Europaparlament unter dem Stichwort „vierte Hürde" eingebracht wurde, d.h. neben Sicherheit, Qualität und Wirksamkeit sollte auch der sozio-ökonomische Bedarf geprüft werden (vgl. Daele 1997: 292). Doch auf der Basis des geltenden Rechts in den liberalen Demokratien des Westens, das Innovationsfreiheit des wirtschaftlichen Handelns garantiert, ist dieses Ansinnen kaum umsetzbar (zur „weichen" Variante der Forderung nach Bedarfsorientierung siehe „kompensatorische Politiken").
- Eine Sonderstellung gegenüber den vorherrschenden repräsentativen Demokratien nimmt die Schweiz ein, da sie mit dem Instrument des Referendums ein direkt-demokratisches Element in der Verfassung verankert hat, das – wenn auch in einem äußerst aufwendigen und langwierigen Verfahren – die Möglichkeit bereitstellt, eine Technikentwicklung unter Verweis auf nicht-technische Erwägungen zu stoppen. Doch das Gentechnikvolksbegehren im Juni 1998 endete mit einer empfindlichen Niederlage: 66,6 Prozent der Schweizerinnen und Schweizer votierten dagegen. Wer gentechnisch tätig ist muß nun nicht, wie es in der Genschutzinitiative gefordert worden war, vorgängig den Nutzen nachweisen. Bundesrat, Parlamentsmehrheit sowie Stimmen aus Wissenschaft und Wirtschaft hatten in den Wochen vor der Abstimmung unter Einsatz massiver Werbestrategien davor gewarnt, den Forschungs- und Werkplatz Schweiz von einer Schlüsseltechnologie abzukoppeln (vgl. Gnägi 1998). Aber auch für den Fall, daß die Möglichkeit einer Bedarfsprüfung von Technik via Referendum gegeben ist, bleibt einschränkend festzuhalten, daß diese Option in marktwirtschaftlichen Demokratien allenfalls in Einzelfällen – und nicht als allgemeines Prinzip der politischen Techniksteuerung – zum Tragen kommen kann ohne weitreichende Verfassungsfragen aufzuwerfen.
- Zur flankierenden Unterstützung einer restriktiven Politik wird bisweilen auch ein ökonomisches Argument angeführt: die Biotechnologie habe die in sie gesetzten Erwartungen (kommerzielle Erfolge) größtenteils nicht erfüllt und habe sich auch nicht als „Jobmaschine" erwiesen (vgl. etwa Dolata 1998: 26). Es ist jedoch zu vermuten, daß die chronisch zu optimistischen Entwicklungsprognosen dem Prinzip der „notwendigen Illusionen" folgen – handlungsleitend für politische Entscheidungsträger dürfte weniger das Wissen um einen garantierten Erfolg als vielmehr die Angst davor sein, von der internationalen Entwicklung „abgehängt" zu werden. Dies würde um so schwerer wiegen, als davon auszugehen ist, daß sich

verschiedene Techniklinien (etwa Gentechnik und Mikroelektronik) künftig immer stärker überlappen werden.
- Auch etwaige Hoffnungen auf eine „Ethikbremse" im Bereich der Bio- und Gentechnik sind vorgetragen worden – das Argument lautet etwa: mit dem Gentransfer überschreite der Mensch seine Grenze, er „spiele Gott" (vgl. hierzu Bayertz/ Runtenberg 1997: 110). Doch hat sich die Bioethik, zwischenzeitlich eine florierende Disziplin, nicht sehr hilfreich zur Eindämmung der Gentechnikentwicklung erwiesen. Der „kategorische" Argumentationstyp, der für absolute Grenzsetzungen eintritt, wird in der wissenschaftlichen und politisch-öffentlichen Diskussion marginalisiert. Bioethik als moderne Disziplin hingegen hat sich darauf verständigt, Differenzierungen einzuführen: zwischen unterschiedlichen Anwendungsbereichen, zwischen zulässig und unzulässig, zwischen riskant und nützlich usw. – damit eröffnet sie aber an ihrer „offenen Flanke" (den medizinischen Anwendungen, die in der Bevölkerung eine hohe Akzeptanz genießen) den neuen Techniken den Weg in die Gesellschaft. Zugespitzt formuliert, ist Moral nicht nur unzureichend geeignet, die Dynamik der Technikentwicklung zu begrenzen: „Sie ist ebenso ein Vehikel, diese Dynamik anzuheizen und Innovation freizusetzen" (vgl. Daele 1998: 46), d.h. Bioethik könnte somit auch unter die „fördernden Politiken" eingereiht werden.
- Auf dem Hintergrund einer Entwicklung, die als „Soziologisierung der Moral" zu bezeichnen ist, d.h. Moral bemüht sich nicht mehr – wie in der inzwischen unhaltbar gewordenen klassisch philosophischen Herangehensweise – um den Ausweis von Geltungsgründen, sondern bestimmt sich als das, was gesellschaftlich Akzeptanz hat (vgl. Vobruba 1996), stellt sich die Frage nach gesellschaftstranszendierenden Residualkategorien in neuer Weise. Denn Moral als „Common Sense-Moral" erscheint ohne gesellschaftliche Widerhaken. Als „Grenzbegriffe", die eine Absage an die Aufforderung zum Diskurs (und damit auch zur wissenschaftlich-diskursiven Kanalisierung fundamental-oppositioneller Tendenzen) markieren, fungieren „Gewissen" und „Angst" (nach Luhmann ist Angst „das moderne Apriori"; 1986: 240). Gerade die Gentechnik gilt als eine Technik, die in besonderer Weise dazu geeignet scheint, Emotionen zu erregen, die jedoch von den gängigen diskursiven Modellen, die einen rationalistischen Bias beinhalten, systematisch „ausgefiltert" werden (vgl. Martinsen 1997) – die „Verweigerung" (der Abbruch des Diskurses) erscheint als Grenzreaktion im Angesicht der individuellen Ohnmacht gegenüber einer entgrenzten Technikdynamik. Dem gängigen Wissenschaftsverständnis gilt „Angst" als irrationale, antiaufklärerische Größe und „Gewissen" als privatistisches Phänomen – impliziert wird damit, daß Emotionen kein valides Sinnpotential enthalten und zwischen ordnungspolitisch-öffentlichen und privaten Entscheidungen klar getrennt

werden kann. Demgegenüber urteilt Lepenies, es sei ein besorgniserregendes Defizit der modernen Wissenschaften, daß sie auf die „Herausbildung eines angstproduzierenden Gewissens" (1989: 47) nicht angemessen zu reagieren vermögen, indem sie die Illusion nähren, sie könnten die Angst „neutralisieren". Indes hat die vereinzelte Gewissensstimme kaum politologische Relevanz – von sozialwissenschaftlichem Interesse wird „Angst" bzw. „Gewissen" erst als massenhaft auftretendes Phänomen – es könnte Grenzen der Loyalität anzeigen. Die Grenzen dieser „Grenzgrößen" liegen indes in ihrer Nicht-Organisierbarkeit – deshalb sind sie im engeren Sinne auch nicht als „Politik", sondern eher als „Anti-Politik" zu bezeichnen. Erst in instrumentalisierter Form, d.h. etwa in der „Inszenierung" der Gentechnikgeschichte als Angstgeschichte durch Aktivisten liegt ein begrenztes strategisches Potential (das allerdings einen „Resonanzboden" in der Bevölkerung voraussetzt).

c) *Kompensatorische Politik*

- Im Rahmen einer Theorie des sozialen Wandels behauptet die These von den „cultural lags" (Ogburn 1992), daß sich Technik- bzw. Institutionenentwicklung in unterschiedlicher Geschwindigkeit abspielen, wobei die technologische Entwicklung „vorausläuft" – um Institutionen und Normen den veränderten materiellen Verhältnissen anzupassen, müsse im Bereich der Institutionen „nachgesteuert" werden. Hier läßt sich im Bereich der Gentechnik etwa an folgende Beispiele denken: die Forderung nach einer Kennzeichnungsregel für gentechnisch veränderte Lebensmittel oder nach einer Verstärkung des Datenschutzes, um die Gefahr eines möglichen Mißbrauchs bei der Einführung von Gentests zu vermindern.
- Auch die Popularisierung von neuen kommunikativen Politikmodellen (erweiterte Technikfolgenabschätzungs- und Mediationsverfahren, Konsensuskonferenzen, Roundtable-Diskussionen usw.) läßt sich unter die kompensatorischen Politiken klassifizieren. Während in den klassischen Ansätzen zur TA(Technikfolgenabschätzung) insbesondere auf das Expertenurteil gesetzt wurde, trachten die neuen Verfahren – bei denen auch Laien einbezogen werden – danach, auf argumentativem Wege Pro- und Contra-Argumente in einem Technikkonflikt abzuwägen. Es werden somit diskursive Gegenräume geschaffen, die das Gefühl der Ohnmacht angesichts der global-entgrenzten Wirtschaftsentwicklungen – zumindest zeitweise – abfedern helfen In der Bundesrepublik prominent ist das Beispiel des WZB-Verfahrens „Partizipative Technikfolgenabschätzung zu gentechnisch erzeugten herbizidresistenten Pflanzen"[7] (vgl. Daele

---

7 Es handelt sich hierbei um ein diskursives Technikfolgenabschätzungsverfahren, das von 1991 bis 1993 am Wissenschaftszentrum Berlin (WZB) durchgeführt wurde und an dem

1997a). In dem vorstrukturierten TA-Verfahren sollten Gentechnikprotagonisten und -gegner Vorschläge entwickeln, wie mit der „Grünen Gentechnik" weiter zu verfahren sei. Doch waren die teilnehmenden Akteure in den erweiterten Deliberationszirkeln nicht durch ein demokratisches Mandat legitimiert – diesem Aspekt wird dadurch Rechnung getragen, daß die gesellschaftlichen Kommunikationsprozesse „entscheidungsfern" angesiedelt sind. Darüber hinaus hat sich gezeigt, daß fundamentaloppositionelle Gruppen (die Umweltverbände) durch die strukturellen Vorgaben des Kommunikationsdesigns im TA-Verfahren benachteiligt waren. Denn gentechnikkritische Stimmen, die weitreichende Änderungen der gesellschaftlichen Organisation „ („alternativer" Ackerbau), konnten sich im vorgegebenen Rahmen nicht zur Geltung bringen – sie wurden auf ein argumentatives Framing („Risikodiskussion") verpflichtet, das sie in der politischen Arena aus verfassungspolitisch-strategischen Überlegungen benutzt hatten. Es ist aber eine altbekannte staatsphilosophische Einsicht, daß das parlamentarisch-pluralistische System zwar eine Arena für partielle Dissense, jedoch keinen Raum für die Austragung grundlegender Konflikte bietet. Das – auch dem TA-Verfahren zugrundegelegte – Pluralismusmodell ist ein „Modell für die friedliche Akkomodation der begrenzten Ziele grundsätzlich saturierter Gruppen" (Scharpf 1970: 52)[8].

- Bis 1994 war in der Bundesrepublik im Verlauf des gentechnikrechtlichen Genehmigungsverfahrens ein Erörterungstermin vorgesehen, in dem gentechnikkritische Einwände vorgetragen werden konnten. Jedoch führten die aufeinandertreffenden Diskurse im Anhörungsverfahren regelmäßig nicht zu einem Konsens – und zwar aus systematischen Gründen. Wie Bora (1998) nachweist, bezogen sich die unterschiedlichen Diskursformationen im Erörterungstermin auf unterschiedliche Referenzsysteme (Wissenschaft, Politik, Recht usw.), d.h. es handelt sich um einen „Widerstreit" (Lyotard) von inkommensurablen Stimmen, die differenten

---

VertreterInnen aus Wissenschaft, Industrie, Umweltverbänden und Regulierungsbehörden teilnahmen.

8   Ein „Metadiskurs", der erforderlich gewesen wäre, um im wissenschaftsgeleiteten TA-Verfahren das in der politischen Arena vorfindbare Szenario nicht lediglich zu reproduzieren, schien an die Kommunikationsabläufe im TA-Verfahren nicht „anschlußfähig" (Daele 1997: 288, FN5) – deshalb kann aus der Nicht-Thematisierung grundsätzlich alternativer normativer Ansichten in dieser Veranstaltung jedoch keineswegs geschlossen werden, es hätte „über grundlegende Werte und Mindeststandards der Moral und des Rechtsgüterschutzes ... keinen Dissens" gegeben (ebd.: 287). Wie empirische Studien bereits in den 60er Jahren gezeigt haben, handelt es sich bei der Vorstellung, es gäbe einen breiten Konsens über die Grundwerte, um eine Fiktion (vgl. wiederum Scharpf 1970: 35). Fragen des „guten Lebens" könnten auch dadurch wieder stärker virulent geworden sein, daß der „technische Fortschritt", der zeitweilig als eine Art „materialisiertes Gemeinwohl" eine unhinterfragte Legitimation besaß, derzeit nicht nur von vereinzelten kulturkritischen Stimmen (die es immer gab), sondern von einer breiten Öffentlichkeit in Zweifel gezogen wird (Hennen 1997: 192/3).

basalen Kommunikationsregeln folgen. Blockaden entstanden dadurch, daß „ein Diskurs innerhalb der Interaktion durch Ersetzung der verwendeten Systemreferenz die blinden Flecke eines anderen, vorlaufenden Diskurses thematisiert, damit dessen mögliche Paradoxien sichtbar macht und dadurch im folgenden Interaktionszug Abwehrreaktionen verschiedenster Art verursacht" (ebd.: 5). Im Anhörungsverfahren erfolgt jedoch von vornherein eine asymmetrische Organisation der Diskurssituation zugunsten des rechtlichen Diskurses. Somit war beim Erörterungstermin – im Unterschied zu partizipativen TA-Modellen, Mediationen, Konsensusmodellen, Round-Table-Diskussionen usw. – zwar eine relative Entscheidungsnähe gegeben, doch durch den vorgegebenen „Frame" wurden basisdemokratische Äußerungen, die sich an einem nicht-rechtlichen Referenzsystem orientierten, systematisch zurückgesetzt.
- Die „ersten Ansätze zu einer innovationsorientierten TA" (ITA) (vgl. Bröchler/ Simonis 1998) haben das Konzept der „Bedarfsorientierung" (siehe „restriktive Politiken") charakteristisch abgewandelt. Es scheint nun weniger um eine alternative Interessenartikulation, denn um „Aufklärung" der in TA-Prozesse involvierten Netzwerkakteure zu gehen: gesetzt wird wesentlich auf die „Ermittlung von Konsenszonen", den „Abbau von Mißverständnissen", den Aufbau eines „besseren" wechselseitigen Verständnisses", die „Erarbeitung neuer (Forschungs-)Erkenntnisse usw. (ebd.: 37). Doch gerade bei einer so umstrittenen Technologie wie der Gentechnik, bei deren Einschätzung offensichtlich tiefgreifende Wertedissense zutage treten, ist die Erzielung wirklicher Konsense eher unwahrscheinlich. Bedenkt man die in bisherigen kommunikativen Verfahren zur Gentechnik-Konfliktregulierung evident gewordenen „Hürden" für kritische Stimmen (Abkoppelung von Entscheidungssituationen bzw. asymmetrischer Frame) so weist die ITA-Variante des Bedarfsorientierungskonzeptes auch Aspekte von Akzeptanzbeschaffung auf.

d) Fördernde Politik

- Hier geht es darum, auf politischem Wege die Innovationsdynamik der Märkte zu unterstützen: dies kann zunächst etwa durch die Förderung des Technologietransfers, die Bereitstellung von Forschungsgeldern durch speziell aufgelegte Programme sowie die Schaffung finanzieller Anreize (Subventionen, steuerliche Begünstigungen, Bereitstellung von Risikokapital) geschehen. Neben den monetären Steuerungsmedien läßt sich auch über den Einsatz juridischer Mittel eine fördernde Wirkung erzielen, indem beispielsweise Rechtsunsicherheit beseitigt wird (siehe Gentechnikgesetze) oder neue Profitmöglichkeiten festgeschrieben werden (Patentgesetzgebung). So hat der „Rat für Forschung, Technologie und Innovation" seine „Feststellungen und Empfehlungen" zur Bio- und Gentech-

nologie unter die zentrale Zielsetzung gestellt „im internationalen Vergleich positive Voraussetzungen für eine dynamische Weiterentwicklung der Biotechnologie in Deutschland zu schaffen" (BMBF 1997: 14).
- Dieser klassischen Bestimmung der staatlichen Förderaufgaben, wie sie in der Praxis noch überwiegend anzutreffen ist, wird in verschiedener Hinsicht der Vorwurf gemacht, sie gehe von überholten Prämissen nationaler Innovationspolitik aus. Herkömmlicherweise wurde beispielsweise Wert darauf gelegt, daß die öffentliche Ressourcenallokation überwiegend der eigenen nationalen Volkswirtschaft zufließt. Erforderlich sei in Anbetracht der Dynamik des internationalen Wissensaustausches, so etwa Meyer-Krahmer/ Reger (1997), daß sich der Fokus der Politik erweitere: „die Absorption weltweit entstandenen Wissens ist möglicherweise ebenso wichtig wie die Förderung der Wissensproduktion im eigenen Land". „Quasi autonome" nationale (wie auch lokale) wissenschaftlich-technologische Potentiale sind unter den gewandelten Rahmenbedingungen zwar nach wie vor bedeutsam, allerdings in neuer Hinsicht: „nicht als Wettbewerbsvorteil gegenüber anderen Ländern, sondern als Eintrittspreis in die internationalen Innovationsnetzwerke, die zur neuen Achse globalen technologischen Wettbewerbs werden" (Gordon 1997: 68).
- Traditionellerweise sind die Überlegungen bezüglich einer adäquaten Technikförderung aus der einzelwirtschaftlichen Perspektive konzipiert worden, d.h. die Innovationsthematik wurde zumeist verkürzt auf ein rein quantitatives Problem (steuerliche Begünstigung für Forschung und Entwicklung, Mehrausgaben für den Infrastrukturausbau, Verringerung der Zeiten für Genehmigungen und Zulassungen usw.). Hier hat seit einiger Zeit ein Umdenken in der sozialwissenschaftlichen Technikforschung eingesetzt: Im Mittelpunkt steht dabei die These, *„daß es vor allem soziale und institutionelle Faktoren sind, die für den Erfolg von Innovationen verantwortlich sind"* – folglich gehe es primär darum, entsprechende Lernprozesse zu generieren (Verbund sozialwissenschaftliche Technikforschung 1997: 14). Diese Reformulierung des Innovationsproblems, die unter dem Schlagwort „Rückkehr der Gesellschaft in die Ökonomie?" (ebd.: 15) geführt wird, betont insbesondere zwei Aspekte: Die Bedeutung der Kontextualisierung einerseits, d.h. der Einbettung einer neuen Technik in einen Funktionsraum (etwa durch die aktive Konstruktion neuer Märkte), sowie andererseits die Bedeutung von Innovationsnetzwerken, d.h. der engen Verzahnung von Unternehmen, Universitäts- und Forschungseinrichtungen sowie dem System staatlicher Forschungs- und Technologieförderung (Stichwort „nationales Innovationssystem").
- Ob sich in diesem Sinne auch sektorale Innovationssysteme ausmachen lassen, soll in einem EU-Projekt im Rahmen des TSER-Programms in Bezug auf das Feld Biotechnologie (Sparten Pharmazeutik, Landwirtschaft/ Nahrungsmittel und Anlagenbau/ Zulieferung) untersucht wer-

den[9]. Die Zielsetzung dabei ist, zu untersuchen, welche institutionellen und organisatorischen Faktoren für Innovationsblockaden besonders durchschlagend sind und ob diese auf nationaler Ebene oder eher auf regionaler bzw. EU-Ebene beseitigt werden können. So angemessen eine komplexere Konzeptualisierung des Innovationsbegriffs auch ist, bleibt abzuwarten, inwiefern das vertiefte Verständnis sich tatsächlich in Steuerungsambitionen umsetzen läßt. Ganz sicher spielt bei der öffentlichen Wahrnehmung der Gentechnik die Kultur eines Landes eine wesentliche Rolle. So ist davon auszugehen, daß etwa in Österreich die Verwurzelung großer Teile der Bevölkerung im katholischen Glauben sowie das Vorhandensein ausgeprägt agrarisch-bäuerlicher Lebensformen für die dezidierte Skepsis gegenüber der neuen Technologie mitkonstitutiv sind; darauf deutet auch der Umstand hin, daß die Akzeptanzprobleme im Westen des Landes besonders groß sind (vgl. Martinsen 1994) – ob sich diese Faktoren allerdings „politisch regulieren" lassen, erscheint eher zweifelhaft. Vielleicht liefert der vielbeschworene Kulturbegriff auch die Residualkategorie für alles, was den Innovationsprozeß hemmt. Nach Dierkes/ Knie (1997: 12) ist jedenfalls die Einsicht in die begrenzten staatlichen Steuerungsmöglichkeiten „der Preis der Wiederaneignung der Technik als kulturelles Projekt".

e) Alternative Politik

- Denkbar im Rahmen politischer Gestaltungsvorhaben ist – auch im Zeitalter der Globalisierung – die Förderung bestimmter Nischen, wie etwa des Ökolandbaus, der gerade vor dem Hintergrund einer zunehmenden Besorgnis um die Qualität der Nahrungsmittel auf begrenztes Interesse stoßen könnte. So argumentiert etwa Ralf Dahrendorf (1997: 14) in seinem Globalisierungsartikel in der ZEIT: „Es ist Unsinn, den Weltmarkt gegen den Ökobauern und den Kunsthandwerker ins Feld zu führen"; es gäbe auch – so Dahrendorf – „Grenzen der Globalisierung". Vorstellbar ist außerdem die gezielte Förderung nur eines bestimmten Anwendungsbereiches der Gentechnik als einer Querschnittstechnologie (also beispielsweise ausschließlich die Förderung medizinischer Anwendungen). Daß sowohl die Nischen- als auch die Selektionsstrategie nicht geringe ökonomische Risiken beinhalten, liegt auf der Hand; außerdem ist fraglich, ob bei der Fokussierung auf nur einen Anwendungsbereich Spitzen-

---

9 An dem Projekt EBIS („European Biotechnology Innovation System") im Rahmen der sozio-ökonomischen Schwerpunktforschung (TSER = Targeted Socio-Economic Research) der Europäischen Union, das im Januar 1999 gestartet ist, sind folgende Länder beteiligt: Großbritannien (Koordinator), Deutschland, Frankreich, Griechenland, Irland, die Niederlande, Österreich, Spanien.

leistungen erzielt werden können, da die Synergieeffekte, die bei einer breiten – d.h. auf allen gentechnisch relevanten Feldern durchgeführten – Forschung zu erwarten sind, dann entfallen.
- Sehr populär ist seit einiger Zeit die „sustainable development"-Idee, derzufolge alternative – nämlich langfristige – Zeithorizonte in den Innovationsprozeß eingebaut werden sollen. Auch in bezug auf die Biotechnologie wird die „demokratisch legitimierte Behutsamkeit" als „tragfähige Alternative zum Modell weltmarktorientierter Beschleunigung" anempfohlen, so etwa von Dolata (1998a: 151). „Nachhaltige Entwicklung" (so die deutsche Übersetzung) markiert einen hochrobusten Begriff, gegen den man schlechterdings öffentlich so wenig Stellung beziehen darf wie gegen Frieden oder Demokratie. Wie sich aber innerhalb des kapitalistischen Systems der kluge Umstieg von Steigerung auf Begrenzung – und damit der Wechsel des Wertesystems – vollziehen soll, erscheint wenig evident (vgl. hierzu auch Bechmann 1998: 29).

3. Politiken jenseits des Nationalstaates[10]

Bereits in der Aufgabenstellung des erwähnten TSER-Projektes kam zum Ausdruck, daß es keinesfalls als ausgemacht gilt, daß der bevorzugte Ansatzpunkt zur politischen Beeinflussung des Innovationsprozesses in globalisierten Arenen auf nationaler Ebene anzusiedeln ist.

a) Politik auf regionaler Ebene

Regionale Agglomerationen bestimmter Industriezweige bieten die Voraussetzungen für dichte Kommunikations- und Kooperationsbeziehungen (Stichwort: „regionale Innovationsmilieus"). Dabei können Prozesse der Regionalisierung und der Globalisierung durchaus Hand in Hand gehen – „Inseln der Innovation" („Islands of Innovation") meint die Vernetzung technologisch hochentwickelter Regionen (Hilpert 1992). Auch die Begriffe „Glokalisierung" und – stärker auf die globalstädtische Zivilgesellschaft bezogen – „Glurbanization" verweisen auf den komplexen Zusammenhang zweier gegenläufiger Prozesse bzw. auf die „Dialektik der Globalisierung" (Keil 1997: 3).

---

10 Mit dieser Bezeichnung soll nicht zum Ausdruck gebracht werden, daß die im folgenden aufgeführten Politiken unter Ausschluß der Nationalstaaten stattfinden; vielmehr wird hier lediglich darauf abgehoben, daß diese Politikkonzepte nicht nur bzw. nicht primär auf nationalstaatlicher Ebene zu verorten sind.

Der von Jürgen Rüttgers Ende 1996 initiierte „BioRegio-Wettbewerb", an dem sich 17 Regionen beteiligt haben, ist als Versuch zu sehen, spezielle „Modellregionen" für die Biotechnologie (sogenannte „Kompetenzzentren") zu kreieren, und zwar dadurch, daß die Gewinner des Wettbewerbs mit jeweils zusätzlichen 50 Millionen Mark noch stärker als die anderen Beteiligten am Programm „Biotechnologie 2000" gefördert werden – die Initiative gilt als wegweisend auch für andere europäische Länder (vgl. Ernst & Young 1998: 17). Der enge Zusammenhang zwischen regionaler Konzentration und globaler Entgrenzung wurde von Rüttgers selbst hervorgehoben: bei der regionalen Initiative gehe es gerade darum, „nachhaltig zu mobilisieren, um bei der weltweiten Nutzung der Bio- und Gentechnik weiter aufzuholen und deren kommerzielle Nutzung zu beschleunigen" (Rüttgers, zit. in Welt am Sonntag v. 10.11.1996). Doch darf nicht übersehen werden, daß die regionalen Initiativen, die mit oder ohne Förderung durch den nationalen Staat erfolgen, von sehr unterschiedlichen Motiven gespeist werden. Hier muß bei der Betrachtung insbesondere differenziert werden zwischen – in technologischer Hinsicht – unterschiedlich starken Regionen: die leistungsfähigen Regionen einerseits haben sich die Losung „Lokalität" (i.S. einer Stärkung von wirtschaftlichen und politischen Institutionen auf der subnationalen Ebene) auf die Fahnen geschrieben, um sich von Umverteilungsansprüchen des nationalen Staates zu entlasten – sie betonen das Prinzip der Subsidiarität. Ihre lokalen Ambitionen zielen darauf, eine bessere Ausgangsposition in der internationalen Arbeitsteilung zu erzielen. Demgegenüber sind die Motive der strukturschwächeren Regionen auf Lokalität zu setzen, anders gelagert: sie erhoffen Initiativen des nationalen Staates zur Förderung relativ geschlossener wirtschaftlicher Kreisläufe, um das „endogene Potential der eigenen Region zur Entwicklung zu bringen" (vgl. Junne 1996: 526).

b) Politik auf EU-Ebene

Der Prozeß der europäischen Integration stellt nicht einfach eine Art „Vorstufe" des Globalisierungsprozesses dar; vielmehr steht er in einer spannungsreichen Beziehung zu diesem: zum einen bietet er durch die Errichtung von tarifären und nicht-tarifären Handelshemmnissen eine *Schutzfunktion* für die europäischen Produzenten gegenüber ausländischen Konkurrenten, zum anderen avisiert der integrierte Markt eine *Modernisierungsfunktion* mit dem Ziel einer Vorbereitung auf den Weltmarkt (vgl. Junne 1996).

In bezug auf die Biotechnologie ist durch das Europarecht eine Harmonisierung der Sicherheitsrichtlinien und Kennzeichnungsvorschriften erfolgt, die dem nationalen Gestaltungsspielraum sehr enge Grenzen setzt und nach innen z.T. auch als „Strukturhebel" verwandt wird – so hat es jedenfalls in Österreich bisweilen den Anschein.

Es fragt sich jedoch, inwieweit die EU – zumindest für bestimmte Technikbereiche – tatsächlich die notwendigen Größenordnungen bereitstellen kann, um im zunehmend verschärften internationalen Wettbewerb bestehen zu können. Die Branchenführer etwa in der chemisch-pharmazeutischen Industrie (der derzeit mit Abstand wichtigsten Sparte der Biotechnologie) verfügen mittlerweile über Produktionsschwerpunkte in Westeuropa, Nordamerika und Südostasien, um gegebenenfalls ein neues Produkt ohne Zeit- und Absatzverluste sofort auf dem „Triade"-Markt anbieten zu können, da aufgrund der dramatischen Verkürzung der Produktlebenszyklen verstärkt darauf zu achten ist, daß sich die Investitionen rasch amortisieren.

Auch im Hinblick auf die Internationalisierung der FuE-Funktionen hat gerade im Bereich der Bio- und Gentechnik der Binnenmarkt nur eine begrenzte Attraktivität: die mit Abstand führende Rolle der USA im Biotechnologiesektor macht es für in dieser Sparte tätige Unternehmen sehr erstrebenswert, sich in der regionalen Nachbarschaft anzusiedeln, da Wissen eben nur begrenzt kommunizierbar, kodierbar, transferierbar ist. Die internationalen Ambitionen von Unternehmen, die mit Biotechnologie befaßt sind, dürften insofern weniger mit der – im Vergleich zu den USA – strengeren deutschen oder österreichischen Rechtsregelung der Gentechnikmaterie bzw. administrativ-bürokratischen Hürden zusammenhängen (wie häufig mit ideologischer Intention vorgetragen wird)[11], sondern von der Hoffnung stimuliert sein, in einem attraktiven regionalen Milieu von spill-over-Prozessen profitieren zu können.

c) Politik auf internationaler Ebene

Insofern die Gentechnikmaterie für die gesamten Industriestaaten auf OECD-Ebene harmonisiert erscheint und die gentechnikrelevanten Weltkonzerne (z.B. Monsanto) weltweit präsent sind, kann man von einem „globalen Gentechnikregime" sprechen. Aber auch die Gentechnikgegner versuchen mittlerweile grenzüberschreitend zu agieren – so wurde etwa 1998 von Genaktivisten zwischen dem 2. Oktober (Gandhis Geburtstag) und dem 15. Oktober (Welternährungstag) zu „globalen Aktionstagen" gegen die „grüne Gentechnik" aufgerufen: „Von Europa bis Nordamerika, von Indien bis Japan spannt sich inzwischen das Netzwerk der Initiativen" (vgl. Albrecht 1998: 51). Doch kommt es wesentlich darauf an, die Stoßkraft der Initiativen so zu bündeln, daß sie sich in institutionalisierter Form niederschlagen.

Die 1993 in Kraft getretene Konvention zur Biodiversität[12] liefert ein Beispiel dafür, wie auf internationaler Ebene Bestrebungen umgesetzt wur-

---

11 Dabei bleibt meist auch unerwähnt, daß etwa das Haftungsrecht in den USA sehr viel strikter ist als in Deutschland oder Österreich.
12 Sie dient dem Schutz der Vielfalt der Gene, der Arten und der Ökosysteme.

den, einen Kompromiß zwischen ökologischen und biotechnologischen Interessen zu finden, d.h. ein Abkommen zum Schutz *und* zur Nutzung der biologischen Vielfalt zu treffen. Die Gewinne aus der Nutzung der Biodiversität sollen „gerecht" geteilt werden – impliziert wird eine Reziprozität zwischen Genressourcen und Biotechnologie. Im Rahmen der Konvention kam es etwa zu neuen Vertragsformen zwischen Ländern des Südens und transnationalen pharmazeutisch-chemischen Konzernen, in denen Fragen der Gewinnbeteiligung, des Technologietransfers oder von Bauernrechten zu eigenen Weiterzüchtungen („Farmer's Rights") geregelt werden (vgl. Barben 1998: 57).

1995 trat mit der Errichtung der Welthandelsorganisation (WTO)[13] das Abkommen über handelsbezogene Gesichtspunkte geistigen Eigentums (TRIPS) in Kraft. Der Bereich der Biotechnologie erscheint in bezug auf die kontroversen Diskussionen über die TRIPS-Regelungen exemplarisch: Das gestiegene Interesse der Industrieländer an der Schonung der biologischen Vielfalt und an einem verschärften internationalen Patent- und Urheberschutz kann in einem unmittelbaren Zusammenhang mit dem Prozeß der Globalisierung gesehen werden – denn Teile der Bio-Industrie haben ein Interesse an der Ressource „genetische Information": „Heute gilt die gesamte Biomasse aller Ökosysteme als potentielles Anwendungs- und Testgebiet der neuen Technologien, und industriell brauchbares genetisches Material wird in den entlegensten Winkeln des Planeten vermutet und gesucht" (Heins 1997: 341). Kritiker wenden ein, daß das TRIPS-Abkommen eine weltweite Durchsetzung westlicher Patentschutzvorstellungen begünstigt, denn abgestellt wird auf das Kriterium der *technischen* Erfindung, während lokales Wissen und die daraus entwickelten Sorten nicht unter den Patentschutz fallen. (vgl. Brühl/ Kulessa 1997: 292-296). Ein „review" des maßgeblichen TRIPS-Artikels – Art. 27.3(b) – ist in Diskussion – doch ist derzeit völlig unklar, was darunter im einzelnen zu verstehen ist (vgl. Wijk 1998: 8).

Das „Biosafety Protocol", das innerhalb der Konvention über die Erhaltung der Biodiversität lanciert wurde, soll einheitliche Sicherheitsstandards für den Umgang mit gentechnisch veränderten Organismen festlegen, um den diesbezüglichen unkontrollierten Handel zu unterbinden. In den meisten Entwicklungs- und Schwellenländern bestehen nämlich – im Unterschied zu den USA und Europa – keine entsprechenden Gesetze, in denen Einfuhr und Handel geregelt sind. Seit mehreren Jahren versuchen Entwicklungsländer („Schutzinteresse") und Industrieländer („Handelsinteresse") ihre unterschiedlichen Ambitionen in einen gemeinsamen Vertragstext zu fassen (vgl. Ruby 1998: 50). In gewisser Weise reproduzieren sich auf globaler Ebene die Konflikte, die zuvor im nationalen Rahmen ausgetragen wurden: den Industrieländern war primär an der Erstellung von Transportregeln gelegen, während die NGOs (Nicht-Regierungsorganisationen), die die Interessen der

---

13 WTO steht für World Trade Organization, TRIPS für Trade-Related Aspects of Intellectual Property Rights.

Entwicklungsländer vertraten – in restriktiver Absicht – eine Art „Weltgentechnikgesetz" im Auge hatten.

Ein wesentliches Manko der Politiken auf internationaler Ebene liegt darin, daß der Durchsetzung der internationalen Übereinkommen zunächst jede hoheitliche Komponente fehlt – „völkerrechtliche Abkommen zum Schutz der Umwelt (erhalten) erst dann verhaltenslenkende Funktion, wenn sie in nationales Recht umgesetzt werden" (Wolf 1998: 3). So ist der Rechtsstatus etwa der Rio-Deklaration, der Agenda 21 oder der Konvention zur Biodiversität nach wie vor unsicher.

4. Fazit: Steigerung der Komplexität des Politischen durch die Vernetzung gegenläufiger Prozeßlogiken

Der kursorische Überblick über verschiedene (Biotechnik-)Politiken, mittels derer versucht wird, auf die neuen Herausforderungen zu reagieren, macht deutlich, daß die Frage nach dem politischen Gestaltungspotential in globalisierten Arenen in einer ersten Annäherung nicht gerade einen hohen Appeal aufweist: selbst wenn man wissen kann, daß Innovation kein reiner „Selbstläufer" ist, hat jede Gestaltungsoption ihr(e) Fragezeichen. Die multinationalen Konzerne sind die dominanten „global players", neben denen die Politik wie der Zaungast wirkt, der durch wildes Gestikulieren am Spielfeldrand seinen Einfluß geltend machend möchte. Könnte dies etwa daran liegen, daß die „Gesellschaft mit Institutionen (operiert), die der neuen Realität von Informationsrevolution und Globalisierung nicht mehr gewachsen sind"? (Heuser 1998: 3). Das „Wegbrechen" von Handlungsoptionen auf nationalstaatlicher Ebene sollte indes auch in anderer Hinsicht in seiner relativen Bedeutung wahrgenommen werden: denn die Erosionsthese könnte allzu schnell den Eindruck erwecken, es wäre eine Phase beendet, die durch die politische Regie der Technikentwicklung charakterisiert werden könnte. Jedoch war eine souveräne Gestaltungsmächtigkeit der Politik über die wirtschaftlich-technische Entwicklung auch zuvor nicht gegeben – eher ist davon auszugehen, daß in der *Perzeption* der Rolle des Staates in der Technikgestaltung ein Umbruch festzustellen ist: während noch vor drei Dekaden reformfreudige Planungskonzepte an der Tagesordnung waren, wird heute allgemein davon ausgegangen, daß allenfalls eine „Kontextsteuerung" möglich ist, d.h. die Politik muß bei ihren Gestaltungsversuchen die eigensinnige Logik der zu steuernden (technisch-ökonomischen) Systeme in Rechnung stellen und kann lediglich versuchen, das Umfeld in ihrem Sinne zu beeinflussen. Daher lautet die eigentliche Technikgestaltungsfrage auch nicht, ob die Menschen ihr Schicksal „ex nihilo" in Regie nehmen können; vielmehr geht es darum, ob sie sich „am Spiel der Evolution beteiligen" (Daele 1997: 299) dürfen. D.h. es ist auszugehen von einem Korridor der gesellschaftlichen Entwicklungsmöglichkeiten, einer Art „drittem Weg" (Martinsen 1992) zwischen Evolution und Steuerung – politische Ambitionen, die sich außerhalb dieses Korridors befindet, treffen auf keine „aufnehmenden" gesellschaftlichen Strukturen. Der „*hegemoniale*" modernisierungszugewandte Diskurs, der sich dem Innovationsprojekt verpflichtet fühlt, intendiert die Ausschöpfung der Möglichkeiten *innerhalb* des Korridors. Betont wird, daß es „realistischer" sei, die Technikentwicklung (selektiv) zu fördern als danach zu trachten, sie zu verhindern. In der Perspektive dieses – die Innovationsentwicklung stützenden – Politikansatzes rückt unter den gewandelten Rahmenbedingungen die Bedeutung „weicher Faktoren" (Organisation, Bildung, Kommunikationsstile usw.) ins Zentrum: wenn im industriellen Innovationsprozeß nicht so sehr Kostenvorteile von Bedeutung sind, sondern es darum geht, „transnationale Lernprozesse entlang der gesamten Wertschöpfungskette" (Gerybadze u.a. 1997: 6) zu generieren, dann muß sich auch die Technologiepolitik dahingehend wandeln, daß sie zuvorderst für diese Lernprozesse einen günstigen Kontext schafft. Mit anderen Worten: erforderlich ist „*politisch-administrative Anpassungsfähigkeit*" (ebd.: 13) an dynamische Entwicklungen in der relevanten Umgebung, um die Leistungsfähigkeit des nationalen Innovationssystems dauerhaft zu optimieren. Dieser „lernende Staat" (Martinsen 1995), der als Moderator eines Netzes von sich selbst regulierenden Regelkreisen sensibel auf Umweltveränderungen zu reagieren vermag, impliziert eine neue Art der Politikorientierung. Im Unterschied zu Politiken, die in erster Linie darauf abstellen, den Innovationsprozeß von Blockaden zu befreien und den Globalisierungsprozeß zu vertiefen, bewegt sich der „*widerständige*" modernisierungskritische Diskurs und darauf aufbauende Politiken an den *Rändern* des evolutionären Korridors, der durch die technologische Entwicklung präfiguriert wird. Politiken, die versuchen, eine am Markt erprobte Technikentwicklung abzubremsen bzw. zu stoppen, werden – vom Ergebnis her betrachtet – in aller Regel nicht erfolgreich sein. Unter der Devise „Nicht-Können impliziert Nicht-Sollen" wird der Gestaltungswille solcher Politiken bisweilen als „unrealistisch" oder „fundamentalistisch" etikettiert, da er den gültigen gesellschaftlichen Relevanzkriterien nicht entspricht. Hier gilt es zweierlei zu bedenken: zum einen kann im vorhinein nie exakt angegeben werden, wie breit bzw. wie eng der evolutionäre Korridor verläuft – zukünftige Entwicklung ist auch an unabdingbares Nicht-Wissen-Können geknüpft. Zum anderen hat der modernisierungskritische Diskurs in funktionaler Hinsicht eine nicht zu unterschätzende Bedeutung, die man analog zu derjenigen bestimmen kann, die Scharpf (1970: 56) einer konsequenten Partizipationstheorie beimißt: er fungiert als „Anwalt unterbilanzierter Werte", der eine Erweiterung des Wertberücksichtigungspotentials im Politischen erwirken kann. Wie der Technikgestaltungsprozeß konkret verläuft, wird schließlich nicht bestimmt durch *ein* siegprämiertes Politikmodell, sondern in der komplexen Interaktion unterschiedlicher Politiken und Interessen ermittelt.

Wenn auch die wachsende Bedeutung transnationaler Abhängigkeiten nicht notwendig gleichbedeutend ist mit der Abdankung nationaler Demokratien, da für kollektive Selbstbestimmung – so Scharpf (1993: 29) – weder Omnipotenz noch Autarkie zwingend erforderlich sind („auch mit dem Segelboot lassen sich selbstgesetzte Ziele erreichen"), so hat die veränderte Relation zwischen äußeren Sachzwängen und internen Wahlmöglichkeiten zwei Konsequenzen: „es schrumpfen nicht nur die Handlungsspielräume, sondern es verändert sich auch der Charakter der Politik" (ebd.) – denn anstelle der öffentlichen Diskussion um das Wünschbare trete der Streit der Experten um das Notwendige. An dieser Stelle läßt sich auch die Frage von Esser (1994) anschließen, ob denn realiter tatsächlich von spezifischen nationalen Innovationspfaden ausgegangen werden könne, oder ob es letztlich nur *einen* – alle regionalen und nationalen Ambitionen überformenden – triadeweiten Innovationsprozeß gäbe und nur der „Ausweg des Mitmachens" (ebd.: 60) bleibe. Unzutreffend erscheint dem Autor demgemäß auch die Redeweise von einer „europäischen Technologiegemeinschaft", denn diese bedürfte der – aktuell nicht gegebenen – Verankerung in einem gemeinsamen politisch-gesellschaftlichen Projekt. Krupp (1996) vermutet ebenfalls einen homogenen Modernisierungsprozeß innerhalb der industrialisierten Welt – eine „globale Schumpeterdynamik" lasse keine nationalen oder internationalen Alternativen zu. Auf dem Hintergrund solcher Konvergenzthesen mag es auf der ersten Blick überraschen, daß in der politologisch-sozialwissenschaftlichen Literatur ganz überwiegend – wenn auch mit unterschiedlicher Intention – die Notwendigkeit betont wird, die globalisierte Innovationsdynamik politisch zu gestalten: um entweder Trägheitsmomente, wie sie auch die Entwicklung moderner Gesellschaften begleiten, beiseite zu räumen und die Modernisierung zu vertiefen oder um die kapitalistischen Marktwirtschaften sozial oder ökologisch zu bändigen und zerstörerischen Tendenzen eines exzessiven Technologiewettlaufs entgegenzuwirken. Die Frage nach einer „demokratieverträglichen Antwort auf die Herausforderungen ökonomischer Globalisierung" (Grande 1997: 357) muß möglicherweise differenziert beantwortet werden: so ist einerseits anzunehmen, daß der evolutionäre Korridor nicht grundsätzlich durch Politik „umgestaltet" werden kann, d.h. auszugehen ist von einer globalen Konvergenz der nationalen Innovationspfade – jedoch können andererseits auf lokaler und nationaler Ebene „Resträume" verbleiben, durch deren demokratische „*Aus*gestaltung" den spezifischen Bedingungen „vor Ort" Rechnung getragen werden kann. Die Idee einer „Rückvermittlung" dieser kleinräumigen Politikmuster auf die globale Ebene in linearer Wirkweise, wie sie manchen ambitionierten Demokratietheorien zu eigen scheint[14], muß

---

14 Besonders ausgeprägt tritt die Überschätzung der „subpolitischen" Gestaltung „von unten nach oben" zutage in Ulrich Becks Thesen zu einer „Weltbürgergesellschaft": er sieht beispielsweise in einer – die nationalen Grenzen überschreitenden – Remoralisierung der Po-

womöglich aufgegeben werden zugunsten der Vorstellung einer allenfalls netzwerkartigen Verknüpfung von zivilgesellschaftlich-demokratischen Elementen in beschränkten Territorien mit der globalen Logik entgrenzter Räume. Wenn Globalisierung der Prozeß der Territorialisierung *und* der Entterritorialisierung ist, dann sind neue Formen der politischen Regelung gefragt, die die „Inkongruenz verschiedener Prozeßlogiken" (Keil 1997: 4) auf unterschiedlichen territorialen Ebenen (Entbettungsmechanismen und Kontextualisierungstendenzen) und in unterschiedlichen gesellschaftlichen Teilbereichen in Rechnung stellen und die sich an den Kreuzungspunkten der unterschiedlichen Dynamiken institutionell ausformen. Richard Haass (zit. in: Heuser 1998: 3), Chefforscher bei der Washingtoner Brookings Institution, hat es als die „derzeit größte intellektuelle Herausforderung der Welt" bezeichnet, Institutionen für den Umgang mit der Globalisierung zu schaffen. Denn es ist davon auszugehen, daß der Globalisierungsprozeß nicht nur bestehende politische Institutionen aushöhlt, sondern auch neuartige Institutionen hervorruft (beispielsweise spricht Keil von der „World City" als „Ort der Konstruktion des postnationalstaatlichen Staates"; 1997: 15). Die These, daß die Politik der globalen Wirtschaftsentwicklung „nachwachsen" (Habermas zit. in: Grande 1997: 354) müsse, kann nicht einfach als ein „Mehr" an neuen bzw. innovativen Institutionen gedacht werden – vielmehr muß die Ausdifferenzierung und die Vernetzung in der Architektur des Staatlichen zunehmen, d.h. der *Komplexitätsgrad* des Politischen sollte im Zuge des Globalisierungsprozesses anwachsen („Governance of Complexity", vgl. Keil 1997).

Wenn man die Analyse auf eine bestimmte Branche fokussiert, so bietet sich die Bio- und Gentechnologie in besonderer Weise als Untersuchungsgegenstand an: Sie gilt – neben der Informations- und Kommunikationstechnologie und den neuen Werkstoffen – weithin als „Zukunftstechnologie", da sie die technologische Grundlage für die Wachstumsindustrien des nächsten Jahrhunderts bildet (vgl. Welsch 1994: 255). Teile der Bio-Industrie, insbesondere die weltweit agierenden chemisch-pharmazeutische Konzerne, sind durch einen besonders hohen Grad an globaler Vernetzung gekennzeichnet; gleichzeitig ist gerade der Innovationsprozeß im Bereich der Bio- und Gentechnik immer wieder mit gesellschaftlichen Blockaden konfrontiert, da sich diese Technologie dazu eignet, die „Dramatik der Überlebensfrage" (Hennen 1997: 196) aufzuwerfen. Ob man sinnvollerweise von einem branchenspezifischen Innovationssystem, einem „Innovationssystem der Biotechnologie" (Autischer 1998: 4) ausgehen sollte, das womöglich mit besonderen politischen Regulierungsformen auszustatten ist, bedürfte weiterer Untersuchungen. Einen exponierten Platz im Ensemble der Technologien nimmt die Bio- und Gentechnik nicht zuletzt deshalb ein, da sie stark wissens- und wissenschaftsbasiert ist – und der politische Input in die Generierung von Wissen

---

litik, die in einen Käuferboykott mündet, die Möglichkeit „zur individuellen Beteiligung an globalen politischen Entscheidungen" (1996: 141)

allem Anschein nach der aufkommende Megatrend an der Schwelle zum nächsten Jahrtausend darstellt. Wenn aber Wissenschaft als „Fortsetzung der Politik mit anderen Mitteln" (Latour zit. in: Hack 1992: 28) ist, dann wäre demnächst auch die Wissenschaft aufgerufen, der ökonomischen (und politischen) Entwicklung „nachzuwachsen" – „Innovation" wäre dann in der globalisierten Welt nicht nur Thema von sozialwissenschaftlichen Untersuchungen, sondern die Leitorientierung für die Entwicklung der eigenen Disziplin.

Literatur

Albrecht, J. (1998): Artikel „Kraut-und-Rüben-Krieg. Der Streit um die Gentechnik wird mit Hacke und Spaten ausgefochten. Ein Feldbericht". In: Die ZEIT v. 15.10.1998, 51.

Autischer, W. (1998): Biotechnologie vor dem Wendepunkt. Die Rahmenbedingungen für bio- und gentechnische Forschung und Produktion in Österreich haben sich deutlich verschlechtert. In: Industrie – Sonderheft Juni: Biotechnologie – im Dienst des Menschen und der Umwelt, 4-5.

Barben, D. (1998): Genese und Wirkungen biotechnologischer Regime. Elemente einer erweiterten Regimeanalyse. In: Österreichische Zeitschrift für Politikwissenschaft, H.1: Gentechnik und Politik, 47-61.

Bayertz, K./ Runtenberg, Ch. (1997): Gen und Ethik: Zur Struktur des moralischen Diskurses über die Gentechnologie. In: Elstner, M. (Hg.): Gentechnik, Ethik und Gesellschaft, Berlin u.a. (Springer), 107-121.

Bechmann, G. (1998): Im Land der unbegrenzten Zumutbarkeiten. Anmerkungen zum Kapitel 5: „Innovation" des Zwischenberichtes der Enquete-Kommission „Schutz des Menschen und der Umwelt" des 13. Deutschen Bundestages. In: TA-Datenbanknachrichten, Nr.1, Jg.7, März 1998, 26-31.

Bechmann, G. (1998a): Was ist das Neue am Neuen, oder: wie innovativ ist Innovation? In: TA-Datenbanknachrichten, Nr. 1, Jg.7, März 1998, 4-11.

Beck, U. (1994): Freiheit für die Technik! Plädoyer für eine zweite Gewaltenteilung. In: Fricke, 342-356.

Beck, U. (1996): Weltbürgergesellschaft. Individuelle Akteure und die Zukunftsfähigkeit der modernen Gesellschaft. In: Fricke, 141-148.

Biotech-Studie (1997): Biotechstudie der University of Sussex: Österreich an letzter Stelle als Forschungsstandort. In InFoTeKo, Nr.7, Dezember 1997, 10.

Biskup, R. (Hg.) (1996): Globalisierung und Wettbewerb, 2. Aufl., Bern/ Stuttgart/ Wien (Paul Haupt).

BMBF (Hg.) (1997): Biotechnologie, Gentechnik und wirtschaftliche Innovation. Chancen nutzen und verantwortlich gestalten. Feststellungen und Empfehlungen, verfaßt vom Rat für Forschung, Technologie und Innovation, hg. v. Bundesministerium für Bildung, Wissenschaft, Forschung und Technologie, Bonn (Broschüre).

Bora, A. (1998): Verhandeln und Streiten im Erörterungstermin – Zur Bürgerbeteiligung in gentechnikrechtlichen Genehmigungsverfahren, Vortrag im Rahmen einer Tagung des DVPW-Arbeitskreises „Politik und Technik" am Wissenschaftszentrum Berlin vom 15.-17.10. 1998 (Manuskript).

Bröchler, St./ Simonis, G. (1998): Konturen des Konzeptes einer innovationsorientierten Technikfolgenabschätzung und Technikgestaltung. In: TA-Datenbanknachrichten, Nr. 1, Jg.7, März 1998, 31-40.

Brock, L. (1997): Verweltlichung der Demokratie. Aus der Verflechtungs- in die Entgrenzungsfalle? In: Greven, M. (Hg.): Demokratie – eine Kultur des Westens? 20. Wissenschaftlicher Kongreß der DVPW, Opladen (Leske + Budrich), 39-54.

Brühl, T./ Kulessa, M. E. (1997): Internationaler Patentschutz und Biotechnologie: Ein Problemaufriß – Zur Nord-Süd-Dimension des Schutzes geistigen Eigentums. In: Fricke, 286-297.

Bundesgesetzblatt (1994): Bundesgesetzblatt für die Republik Österreich v. 12. Juli1994 (510. Bundesgesetz: Gentechnikgesetz – GTG und Änderung des Produkthaftungsgesetzes), Wien.
Daele, W. v. d. (1997): Bioethik – Versuchungen des Fundamentalismus. In: Kursbuch 128: Lebensfragen, Juni 1997, 85-100.
Daele, W. v. d. (1997): Risikodiskussionen am „Runden Tisch". Partizipative Technikfolgenabschätzung zu gentechnisch erzeugten herbizidresistenten Pflanzen. In: Martinsen 1997a, 281-301.
Daele, W. v. d. (1998): Regulierung, Selbstregulierung, Evolution – Grenzen der Selbststeuerung sozialer Prozesse. In: Michael Kloepfer (Hg.): Selbst-Beherrschung im technischen und ökologischen Bereich. Selbststeuerung und Selbstregulierung in der Technikentwicklung und im Umweltschutz. Erstes Berliner Kolloquium der Gottlieb Daimler- und Karl Benz-Stiftung Berlin (Duncker & Humblot), 35-47.
Dahrendorf, R. (1997): Artikel „An der Schwelle zum autoritären Jahrhundert. Die Globalisierung und ihre sozialen Folgen werden zur nächsten Herausforderung an die Politik". In: Die ZEIT v. 14.11.1997, 14-15.
Der Spiegel v. 26.07.1993: Artikel „Falsche Tränen. Ist Deutschland für Genforscher ein Jammertal, herrschen im Ausland paradiesische Zustände? Eine Studie widerlegt diese Legenden", 180-181.
Der Tagesspiegel v. 15.01.1996: Artikel „Einer Zukunftsindustrie droht das Aus. Staat blockiert Gentechnologie. Brüssel will Wildwuchs durchforsten" (Thomas Gack).
Der Tagesspiegel v. 28.12.1995: Artikel „Gentechnik läuft an Deutschland vorbei. Mehr öffentliche Förderung soll Industrieforschung beleben" (Ingeborg Fürst).
Die ZEIT v. 15.10.1998: Artikel „Der Mais ist gekommen. Stoppt Rot-Grün den Anbau von Genpflanzen? In Europa wandelt sich die poltische Stimmung" (Helga Kessler), 50.
Dierkes, M. (1997): Zukunftswissenschaften? Über den Ausgangspunkt und die (Un-)realisierbarkeit einer Forschungsanforderung. In: Wechselwirkung, Jg.19, Nr.83, 46-56.
Dierkes, M./ Knie, A. (1997): Technikgenese in der Warteschleife? Eine Einleitung. In: Meinolf Dierkes (Hg.): Technikgenese. Befunde aus einem Forschungsprogramm, Berlin (sigma), 7-13.
Dolata, U. (1998): Entkoppelung von Markt und Beschäftigung. Umsatz- und Arbeitsplatzperspektiven der neuen Biotechnologie. In: Forum Wissenschaft H.1, 1998, 23-26.
Dolata, U. (1998a): Unternehmen Gentechnik. Thesen zur sozio-ökonomischen Formierung der neuen Biotechnologie. In: Gen-Welten, hg. v. der Kunst- und Ausstellungshalle der Bundesrepublik Deutschland, Bonn, 144-153.
Eglau, H. O. (1998): Artikel „Klein und heiß und begehrt. Deutschlands Pharmakonzerne sind auf innovative Biofirmen dringend angewiesen. In: Die ZEIT v. 16.04.1998, 26.
Elsenhans, H. (1996): Gegen das Gespenst der Globalisierung. In: Fricke/Fricke, 25-36.
Ernst & Young (1998): European Life Sciences, London (Ernst & Young International).
Esser, J. (1994): Innovationssysteme in der Triadenkonkurrenz. In: Fricke, 51-61.

Fricke, W. (Hg.) (1994): Jahrbuch Arbeit und Technik 1994: Zukunftstechnologien und gesellschaftliche Verantwortung, Bonn (Dietz),

Fricke, W. (Hg.) (1996): Jahrbuch Arbeit und Technik 1996: Zukunft der Industriegesellschaft, Bonn (Dietz).

Fricke, W. (Hg.) (1997): Jahrbuch Arbeit und Technik 1997: Globalisierung und institutionelle Reform, Bonn (Dietz).

Gerybadze, A./ Meyer-Krahmer, F./ Reger, G. (1997): Globales Management von Forschung und Innovation, Stuttgart (Schäffer-Poeschel).

Giddens, A. (1997): Jenseits von Links und Rechts. Die Zukunft radikaler Demokratie, Frankfurt a.M. (Suhrkamp).

Gnägi, B. (1998): Artikel „Genschutz-Initiative chancenlos. Alleingang bei der Gentechnologie mit Zweidrittelsmehr abgelehnt". In: Thurgauer Zeitung v. 08.06.1998.

Gordon, R. (1997): Wie Globalisierung zu meistern ist. In: Fricke, 58-71.

Grande, E. (1994): Die Erosion des staatlichen Steuerungspotentials in der Forschungs- und Technologiepolitik. In: Fricke, 243-253.

Grande, E. (1997): Post-nationale Demokratie – ein Ausweg aus der Globalisierungsfalle? In: Fricke, 353-367.

Grewlich, K. W. (1992): Europa im globalen Technologiewettlauf: Der Weltmarkt wird zum Binnenmarkt, Gütersloh (Bertelsmann Stiftung).

Hack, L. (1992): Voraussetzungen und Möglichkeiten einer zeitgemäßen Technologiepolitik – Thesen zur Diskussion. In: Fricke, W.: Jahrbuch Arbeit und Technik 1992: Industriepolitik – Konzepte und Kontroversen, Bonn (Dietz), 26-32.

Heins, V. (1997): Früchte des Wissens. Genetische Ressourcen und technologische Weltwissensordnung. In: Martinsen 1997a, 341-354.

Hennen, L. (1997): Technikdiskurse: Auf der Suche nach dem „gemeinsamen Guten"? In: Sabine Köberle / Fritz Gloede / Leonhard Hennen, Diskursive Verständigung? Mediation und Partizipation in Technikkontroversen, Baden-Baden (Nomos), 189-199.

Heuser, J. (1998): Artikel „Die Rückkehr des Staates. In der Globalisierung sind die Politiker erst recht gefordert: Sie müssen der Wirtschaft neue Regeln setzen". In: Die ZEIT v. 05.02.1998, 3.

Hilpert, U. (1992), Archipelago Europe – Islands of Innovation, Synthesis Report, Commission of the European Communities (Hg.), Monitor – fast programme. Prospective Dossier No 1: „Science, Technology and Social and Economic Cohesion in the Community", Vol.18, Internal Paper XII-411-92, Brüssel.

Junne, G. (1996) Integration unter den Bedingungen von Globalisierung und Lokalisierung. In: Jachtenfuchs, M./ Kohler-Koch, B. (Hg.): Europäische Integration, Opladen (Leske + Budrich), 513-530.

Keil, R. (1997): Globalisierung – Macht – Staat: Perspektiven lokalen Handelns im Zeitalter der World City, Vortrag auf dem Jahreskongreß der DVPW vom 13.-17.10.1997 in Bamberg (Manuskript).

Krupp, H. (1996): Schumpeter-Dynamik und die Chancen der weltweiten Entwicklung des Kapitalismus. In: Fricke, W./ Oetzel, V. (Hg.): Zukunft der Industriegesellschaft. Forum Humane Technikgestaltung, Heft 16, Bonn (Eigenverlag der Friedrich-Ebert-Stiftung), 175-181.

Lepenies, W. (1989): Angst und Wissenschaft. In: ders., Gefährliche Wahlverwandtschaften. Essays zur Wissenschaftsgeschichte, Stuttgart: Reclam, 39-60.

Luhmann, N. (1986): Ökologische Kommunikation. Kann die moderne Gesellschaft sich auf ökologische Gefährdungen einstellen?, Opladen: Westdeutscher.

Martinsen, R. (1992): Theorien der politischen Steuerung. Auf der Suche nach dem dritten Weg. In: Grimmer, K./ Häusler, J./ Kuhlmann, St./ Simonis, G. (Hg.) (1992): Politische Techniksteuerung, Opladen: Leske + Budrich, 51-73.

Martinsen, R. (1994), Gentechnologie als Politikum – Über Herausforderungen an die Politik im Umgang mit Unsicherheit. In: Pfusterschmid-Hardtenstein (Hg.): Was ist der Mensch? Menschenbilder im Wandel. Europäisches Forum Alpbach 1993, 258-264.

Martinsen, R. (1994): Der lange Weg in die Europäische Technologiegemeinschaft. Europäische Integration und technologische Entwicklung zu Beginn der 90-er Jahre. In: Wirtschaftspolitische Blätter, H.5/6, 468-481

Martinsen, R. (1995), Der „lernende Staat" als neues Paradigma der politischen Techniksteuerung. In: Martinsen, R./ Simonis, G. (Hg.): Paradigmenwechsel in der Technologiepolitik?, Opladen (Leske + Budrich), 13-30.

Martinsen, R. (1997): Demokratie, Gentechnik und Angst. In: vorgänge. Zeitschrift für Bürgerrechte und Gesellschaftspolitik, H.4, Jg.36, 43-51.

Martinsen, R. (1997b): Sozialverträglichkeit als Leitbild der Gentechnikgestaltung? Grenzen des Konzepts am Beispiel der Sozialverträglichkeitsregelung des österreichischen Gentechnikgesetzes. In: Martinsen 1997a, 209-234.

Martinsen, R. (Hg.) (1997a): Politik und Biotechnologie. Die Zumutung der Zukunft, Baden-Baden (Nomos).

Meyer-Krahmer, F./ Reger, G. (1997): Artikel „Die Technologiepolitik öffnet sich nur langsam globalem Denken. Die Welt-Ökonomie und die Konsequenzen für die deutsche Forschungs- und Entwicklungsstrategie". In: Frankfurter Rundschau v. 13.03.1997.

Ogburn, W. (1992): Social Change. With respect to cultural and original nature, New York (Dell).

Ruby, C. (1998): Artikel „Wer haftet für die Flurschäden? Ein globales Abkommen soll den Handel mit gentechnisch veränderten Organismen regeln". In: Die ZEIT v. 15.10.1998, 50.

Scharpf, F. (1970): Demokratietheorie zwischen Utopie und Anpassung, Konstanz (Universitätsverlag Konstanz).

Scharpf, F. (1998): Demokratische Politik in der internationalisierten Ökonomie. In: Greven, M. (Hg.): Demokratie – eine Kultur des Westens? 20. Wissenschaftlicher Kongreß der Deutschen Vereinigung für Politikwissenschaft, Opladen (Leske + Budrich), 81-103.

Scharpf, F. W. (1993): Versuche über Demokratie im verhandelnden Staat. In: Czada, R./ Schmidt, M. G. (Hg.): Verhandlungsdemokratie, Interessenvermittlung, Regierbarkeit. Festschrift für Gerhard Lehmbruch, Opladen (Westdeutscher), 25-50.

Schienstock, G. (1994): Technology Policy in the Process of Change: Changing Paradigms in Research and Technology Policy? In: Aichholzer G./ Schienstock, G. (Hg.): Technology Policy. Towards an Integration of Social and Ecological Concerns, Berlin/New York (de Gruyter), 1-23.

Schumpeter, J. A. (1950): Kapitalismus, Sozialismus, Demokratie, 2. erw. Aufl., Bern (Francke).

Verbund sozialwissenschaftliche Technikforschung (1997): Paradoxien der Innovation (Programm), Mitteilungen H.19, hg. v. Lang, Ch./ Sauer, D., Institut für sozialwissenschaftliche Forschung e.V., München.

Vobruba, G. (1996): Die Faktizität der Geltung. Gerechtigkeit im sozialpolitischen Umbau-Diskurs. In: Gesellschaften im Umbruch. Verhandlungen des 17. Kongresses der Deutschen Gesellschaft für Soziologie in Halle an der Saale 1995, hg. v. Lars Clausen Frankfurt a.M./New York (Campus), 963-975.

Welsch, J. (1994): Perspektiven der Innovationspolitik in der Wissensgesellschaft des 21. Jahrhunderts. In: Fricke, 254-263.

Welt am Sonntag v. 10.11.1996: Artikel „Deutschland soll in Bio- und Gentechnik Nr.1 werden" (Heinz Vielain).

Wewetzer, H. (1996): Artikel „Kommt ein deutsches „Bio-Wunder"? Der Aufholprozeß ist in Gang gekommen. Berlin rechnet sich gute Chancen aus". In: Der Tagesspiegel v. 30.10.1996.

Wijk, J. v. (1998): Plant patenting provision reviewed in WTO. In: Biotechnology and Development – Monitor, No.34, March 1998: Review of TRIPS Agreement, 6-9.

Wolf, R. (1998): Technikentwicklung, Globalisierung und Recht. Eine Projektskizze zur Verflechtung von nationalen Normsetzungs- und –durchsetzungsprozessen (Manuskript, vorgestellt in einer Diskussionsrunde am Wissenschaftszentrum Berlin im Juni 1998).

Eike Hennig

Globalisierung und Innovation in internationalen Städten
Oder: Wie ließe sich eine Differenz von Frankfurt a.M. und Los Angeles bestimmen?

> „Ohne Ideale ist keine Politik zu machen, aber Ideale sind leer, wenn sie sich nicht auf realisierbare Möglichkeiten beziehen."
> (Anthony Giddens, Der Dritte Weg, Frankfurt 1998, S. 12.)

Vorbemerkung

Die folgenden paarweisen Vergleiche von Regression und Innovation sowie von Frankfurt a.M. und Los Angeles, jeweils im Lichte der komplexen, höchst multidimensionalen Prozesse von Globalisierung, verstehen sich nur als Aufriß bzw. als eine Provokation, „produktiver" über Neoliberalismus und Globalisierung nachzudenken. Eine nicht im Handgemenge entwickelte, sondern von außen und normativ vorgetragene Kritik an Globalisierungsprozessen, die die Sozialpolitik bzw. Politik überhaupt durch den Markt verdrängen sollen, wird problematisiert – durch ein „positiveres" Votum für „Flughäfen" und „Los Angeles". Der geänderten Rolle von Städten im Kontext von Globalisierung wird damit entsprochen. Städte, so will es scheinen, entwickeln sich in einem von Konkurrenz und Wettbewerb geprägten Geflecht globaler Ströme (Castells) aus dem geschlossenen Nationalstaat heraus, spielen – ebenso wie Regionen – wiederum eine wichtigere, eigenständige, auch eigensinnige Rolle. Der Nationalstaat als territoriale Einheit ist gerade durch Einbezug und Unterordnung auch der „freien" Städte als geschlossene, souveräne Gebietskörperschaft entstanden. Globalisierung wertet nun die Bedeutung der Städte wieder auf.

Gewählt wird eine komparatistische Irritation mittels der Differenzmethode, d.h. durch den Kontrast von Innovation und Regression, Frankfurt a.M. und Los Angeles im Lichte des „most different system design". Einzugestehen ist, daß diese Komparatistik sich auf Stichworte und knappe Verweise beschränkt. Auf einer Vorstufe zur Operationalisierung geht es zunächst um eine Perspektive, Innovation (und die damit notwendigerweise nicht deckungsgleiche Innovationspolitik) in die Fülle der Globalisierungsprozesse und deren räumlicher, städtisch-regionaler Einbindungen einzubeziehen.

In normativer Hinsicht können diese Perspektive und dieses Plädoyer, Globalisierung und – als räumliche Auswirkung – Glokalisierung „ernst" zu nehmen, durchaus dem Aufruf für Rechtsstaat und Demokratie bzw. gegen „underclasses" und das „Gift der Gettos" folgen: Folgt man somit Jürgen Habermas, dann geht es um „Verantwortung" für kooperative Lösungen, für soziale Standards und gegen wohlstandschauvinistische Spaltungen[1]. Gut! Aber: Wie verfahren?

Jenseits der normativen Positionen und Begriffe beginnt das schwierige Terrain der Bewegungen und Gegenbewegungen, d.h. der analytisch darzustellenden Ausdifferenzierungen von Aktion, Unbeteiligung und Gegenaktion im Spiel von Schwarz, Grau und Weiß und einer Vielzahl von Makro-, Meso- und Mikrobezügen sowie Abwägungen. Es stellt sich die äußerst schwierige Aufgabe, globale Probleme zu diagnostizieren und analytisch zu begrenzen. Innovation, sehr einfach, aber umfassend begriffen, wäre die praxeologische Wende solcher ausstehenden Analysen[2]; Innovation geht davon aus, daß Globalisierungsprozesse nicht einfach gebannt oder gar ignoriert werden können, daß sie vielmehr alte Routinen und Standards aus Sicht eines neuen Akkumulationsregimes in Frage stellen. Globalisierung soll (hier) vorrangig nicht kulturell, sozial und politisch, sondern ökonomisch begriffen werden, in diesem Sinne ist sie eine neue Form von Produktion, Organisation und Distribution, auch eine neue Form des gesellschaftlichen Mehrprodukts, eine neue Zusammensetzung des Kapitals, „kurz": ein neues Akkumulationsregime. Innovation wäre „eine" Politik und „eine" gesellschaftliche Bewegung, die darauf reagiert, indem sie unter geänderten Bedingungen an älteren normativen Zielsetzungen festhält, diese Ziele zugleich auf ihre Realisierbarkeit und auf wandlungsbedingte Neufassungen (z.B. des Bürgerbegriffs) neu bedenkt. Innovation ist die soziale politische Reaktion begrenzter Gebiete und bestimmter Akteure auf grenzüberschreitende Prozesse.

Innovation (oder Regression), Transformation des vormaligen „Ostblocks" und Globalisierung sind Ströme, die ihre Impulse aus Änderungen der lokalen, nationalen und globalen Maßstäbe (bzw. Grenzen und Einflußräume) ziehen: Alle „mächtigen" Einflüsse gelten nahezu zeitgleich „überall"; „nahezu alles" ist „nahezu überall" anwendbar oder wirkt sich „grenzlos", d.h. „global" aus; Grenzen und Autarkie vormaliger kollektiver Identitäten schwinden, tauchen ein in Kultur-, Kapital-, Waren- und Informationsströme, die wiederum den Wettbewerb von Städten und Regionen in einer neuen Hierarchie internationaler, globaler Orte bzw. Stadtfragmente auf eine

---

1 Habermas, J. (1995): Die Normalität einer Berliner Republik, Frankfurt, 188; ders. (1998): Die postnationale Konstellation, Frankfurt, 117 ff.
2 Eine (nationale) Innovationspolitik – unter Absehung einer Formanalyse des Kapitals und gesellschaftlicher Strukturen – verfolgt insbesondere auch die neue Sozialdemokratie, die ein System flexibler Organisationspolitiken der Globalisierung gegenüberstellt. – Hierauf soll hier nicht näher eingegangen werden.

neue, intensive Weise begründen. Einerseits Globalisierung, andererseits Wettbewerbspolitik und Standortpflege, Entgrenzung und Verortung: Dies sind zwei Seiten einer Medaille, Innovation ist der intentionale Versuch des Zusammenfügens und Ausgleichens. Solchen Strömen kann sich, so scheint es, keine Stadt und Region entziehen bei Strafe von Standortnachteilen im Globalisierungsraster, bei Strafe von Provinzialismus oder gar Chauvinismus in diesem Kultur- und Informationstransfer[3].

Innovation wird verstanden als eine Reaktion, um diese vielfältigen Ströme politisch zu sortieren, zu kontrollieren und zu regulieren -, die so verstandene Innovation mündet in Innovationspolitik ein. Mit Globalisierung wird ein Übergewicht von Markterfordernissen über soziale Gesichtspunkte, von Rationalisierung über Humanität, von Betriebswirtschaft über Volkswirtschaft und politische Kosten und Umverteilung etc. verbunden. Innovation (nicht unbedingt eine auf Anpassung bedachte Innovationspolitik) bemüht sich, Globalisierungsströmen ihre Eigendynamik strittig zu machen[4]. Eine Erfindung der Politik (nicht nur des Subpolitischen) bzw. politischer Handlungs"frei"räume beabsichtigt, Globalisierungseffekte – i.s. Zustände der „Globalität", die sich aus der Glokalisierung von Globalisierungsströmen ergeben – zu regeln. Zwei Bewegungen und die Zeitebenen Vergangenheit und Gegenwart, verknüpft durch eine (ebenfalls im Licht von Globalisierung) prognostizierte Zukunft, treffen zusammen, wenn Innovation und Globalisierung handlungstheoretisch mit gegebenen Strukturen, Akteuren und Interessen verknüpft werden. Neben dem einleitenden Effizienzaufruf Anthony Giddens' führt dies zu einem zweiten, älteren Motto:

„Die Menschen machen ihre eigene Geschichte, aber sie machen sie nicht aus freien Stükken unter selbstgewählten, sondern unter unmittelbar vorhandenen, gegebenen und überlieferten Umständen."[5]

Globalisierung wie Innovation werden primär als Bewegungen, als Prozesse aufgefaßt. Sie verknüpfen in einem bislang unbekannten Ausmaß getrennte, abgegrenzte Orte und Systeme, verbinden Strukturen, Organisationen und Akteure über Zeit und Raum und werfen Fragen der Änderung gegenüber bisherigen Grenzen, Identitäten, Traditionen auf. Die alte Dynamik und die

---

3 Kritiker der Globalisierungsströme verfahren i.d.R. selektiv. Hinsichtlich der „Globalisierung der Stadtbevölkerung" wird Multikulturalismus als Norm beschworen; kokettiert wird zugleich mit einer Akzeptanz von Hypersegregation und den „Underclasses" im „Inner-City-Ghetto" (wer die Global City will, muß auch die Bronx akzeptieren); finanzkapitalistische, verkehrspolitische, sozialpolitische, anomische Implikate von Globalisierung werden i.d.R. aus dem Prozeßkontext abgetrennt und politisch-moralisch verworfen. Mit Globalisierung wird i.d.R. recht beliebig und selektiv umgegangen.
4 Hierzu vgl. Hirst, P./ Thompson, G. (1996): Globalization in Question, Cambridge. – Fortsetzungen, Ausweitungen und Glokalisierungen dieser Studie wären wünschenswert!
5 Marx, K. (1852): Der 18. Brumaire des Louis Bonaparte, 1852, Frankfurt, 9.

respektlosen Entzauberungen durch Kapitalismus und Moderne[6] erhalten einen neuen Schub, neue Symbole, die i.d.R. mit globalisierten Stadtstrukturen, „Global Culture" und „Global Players" verbunden werden, neu ist vor allem die starke Konzentration dieser Ströme auf Städte und Stadtregionen bzw. die neue Produktion von Räumen, die in die klassische Triade von Staatsvolk, Staatsgebiet und Staatsgewalt einbrechen (ohne das Alte zu zerbrechen oder gar aufzuheben). Globalisierung führt daher zu Grenzüberschreitungen und neuen Begrenzungen, der Ort wird nicht entwertet, sondern neu bestimmt, in neuen innerstädtischen und zwischenstädtischen Hierarchien eingestuft.

Gegenstand in folgendem ist die Differenz zwischen „Innovation" und „Innovationspolitik". Nicht jede „Innovationspolitik" ist „innovativ", so manche ist geradezu „mega-strukturkonservativ". Innovationspolitik wird näher charakterisiert, indem diese Politik – in unserem Fall getrieben vom Motiv (bzw. der Angst), Anschluß zu verlieren im Wettbewerb der Städte – mit einer Politik der „Regression", d.h. der „pathologischen", lokal bornierten Verweigerung gegenüber Realitätsprinzipien und Lern- wie Anpassungsschritten kontrastiert wird.

Was allerdings ist die Realität? Müssen doch lokale wie globale Akteure akzeptieren, daß sie beide je reduzierte Konstrukte vorlegen, wenn von ihnen die Realität, z.B. der Fragmentierung oder des „Top Down" bzw. „Trickle Down" globaler Prozesse beschworen wird. Angenommene Realitäten sind auch Realitätenwirken sich ebenfalls aus. Dies gilt um so mehr, je weniger die faktischen Komponenten der globalen Realistätskonstrukte bekannt sind. So zeigt eine empirische Studie zur Durchsetzung von Innovationsnetzwerken und Informationstechnologie, daß beide neben der Größe der Region, ihren Universitäten und Computern zusammenfassend vor allem von der Infrastruktur abhängt. Unbekannt aber, so wird ausgeführt, ist weiterhin der Einzelanteil z.B. von Straßen, Eisenbahnen, Bildung oder auch Flughäfen[7].

Als „Regression" gilt eine nachhaltige, große, heroische Weigerung gegenüber solchen Prinzipien der Globalisierung, wie sie die neue Hierarchie städtischer Zentren bestimmen. „Regression" ist ein lokaler Ausstiegsplan bzw. eine lokale Enthaltsamkeit, die besagten Wettbewerb besonders um „Hauptquartiere", Börsen und Banken, Flughäfen und Verkehrsknotenpunkte, gehobene Wohnquartiere, Konsumtempel, Forschungsstützpunkte und „high culture" den auf dem Sprung stehenden Konkurrenzorten überläßt. Regressi-

---

6 Angelehnt an Marx'/Engels' „Kommunistisches Manifest" vgl. dazu Berman M. (1988): All That Is Solid Melts Into the Air, 1982, New York.

7 Karlsson, C. (1995): Innovation Adaption, Innovation Networks and Agglomeration Economies. In: Bertuglia, C. S./ Fischer, M. M./ Preto, G. (Hg.): Technological Change, Economic Development and Space, Berlin u.a., 185 ff., bes. 205. Als Überblick über Verkehrssysteme vgl. Rimmer, P. J. (1998): Transport and Telecommunications Among World Cities. In: Fu-chen Lo/ Yue-man Yeung (Hg.): Globalization and the Work of Large Cities, Tokyo/New York/Paris, 433 ff.

on ist der lokal bornierte Gegenpart zur Glokalisierung. Verbrämt wird dies i.d.R. als die Figur der Kontinuität bzw. des Stillstands auf hohem Niveau, wobei aber die Dynamiken des Wettbewerbs um Rangplätze und die Konservierung von Positionen unbekannt sind. Globalisierung aber definiert einen Wandel, einen Wettbewerb um Vorteile in der Ungleichheit, die globalen Akteure kokettieren zumindest mit ihrem Vermögen, sich besseren Orten vergleichsweise kostengünstiger (gegenüber Standortnachteilen) zuwenden zu können. Konkurrierende Metropolen warten auf solche Signale und hofieren ggf. diese Akteure durch Standortvorzüge.

Innovationspolitik dagegen als Pendant von Globalisierung heult mit den Wölfen (wenngleich eine Variante durchaus um „Sozialverträglichkeit" bemüht ist). Innovationspolitik adaptiert die ökonomische Motorik „des" globalen Kapitalismus, will an dieser Dynamik teilhaben, möchte diese ausbeuten, um sie in Standortvorteile und Wettbewerbsvorteile umzusetzen. Vor allem infrastrukturelle Impulse bzw. global-förderliche Rahmenbedingungen sollen geschaffen oder unterstützt werden. Aus dem Mehrprodukt bzw. aus Krediten sollen in der Hoffnung auf ein „Trickle Down" künftige Erträge der Informations-, Finanz- und Dienstleistungsindustrien animiert werden, mindestens aber hält man die Aufwendungen für notwendig, um in der neuen Hierarchie von Städten die Position zu bewahren oder – noch minimalistischer betrachtet – den Anschluß nicht zu verlieren.

Innovationspolitik beobachtet die Welt, spioniert im Konkurrenzgebiet (wie früher im konkurrierenden Betrieb), sucht nach (An)Reizen, nach Fortschritten bei Produkten, Erfindungen und Organisationsprinzipien, um diese einzuführen, ggf. losgelöst von jedem lokalen Kontext. Innovationspolitik träumt in diesem Sinne von lokalen Implantaten, von einer Lokalisierung globaler Einflüsse an einem Ort, denn tatsächlich können ein Ort bzw. eine Region zum Vorreiter ganzer Technologien werden. Dies mögen z.B. Boulder und San Diego für die Biotechnologie und das Silicon Valley bzw. das San Francisco/San José-Baygebiet für PC-Technologien und Software illustrieren. Innovationspolitik träumt von solchen Erfolgsgeschichten, hofft darauf, sie in Planungs- und Implementierungsgeschichten übersetzen zu können. Pendant sind Firmentransformationen, wie sie Motorola und Mannesmann gelungen sind. Die negativen Seiten des Wandels sollen aufgefangen werden.

Die beiden in wissens- und kulturbasierten Regionen verankerten, gleichwohl aber verschiedenen Städte Frankfurt a.M. und Los Angeles – vornehmlich deren Flughäfen im Fadenkreuz projektierter Erweiterungen – dienen in lockerer Form als Folien, um Szenarien von Innovation und/oder Regression anzudeuten. Gezeigt werden politische Umfangsformen wie der „Pluralismus der Verweigerung oder Zögerlichkeit" oder der „Boosterism" des „Push". In einem Fall triumphieren Marktpostulate, im anderen Ort hat die Mangelhypothese einen schweren Stand vor einem politischen System, dessen Bedürfnishierarchie postmateriellen Wertprioritäten und allgemeinen

Risikophilosophien einen hohen Stellenwert beimißt. Innovation stellt Fragen nach „vertretbaren" Kosten gegenüber kalkulierten (und unsicheren) Gewinnen, dies beinhaltet die Abwägung beider Positionen. Innovationspolitik setzt eine für ein abgewogenes Produkt fähige Politik ebenso wie eine aufgeschlossene Gesellschaft und Interessenrepräsentanz voraus. In diesem Sinne verweisen beide gewählte Orte auf Probleme der Innovation beim Übergang vom Prozeß zu einem Resultat. Der Privatismus betont die Mikroebene des Projekts, die Geschlossenheit von Interesse, Entwicklung und Durchsetzung obsiegt, „Bottom-Up"-Strategien spielen eine große Rolle: Dies zeigen die USA und Los Angeles[8]. Für die Makroebene kann dieses privatistische Vorgehen, das mit den Figuren der „Developer" oder „Booster" personalisiert wird, Probleme aufwerfen (der Privatismus wird z.B. für die Verödung von Innenstädten mitverantwortlich gemacht[9]). Gegenüber der Freiheit wird Gleichheit betont, „Top-Down"-Strategien setzen auf staatliche Politik, auf deren Über-Blick, Integration und Kontrolle: Dies bedeutet der Frankfurter Zugriff, wobei Beratung und Information, die Mediation bis Ende 1999, eine breite Legitimation und Einbindung herstellen mögen, um die dezisionistische Qualität aus der Entscheidung herauszunehmen. Die Figur des „Boosterism" dagegen kultiviert den Einzelraum und den direkten Zugriff, die Dezision nachgerade im Sinne Carl Schmitts.

Globalisierung und internationale Städte

David Harvey, Anthony Giddens und die OECD stimmen darin überein, Globalisierung vornehmlich nach Art eines „geisteskranken Poeten" zu definieren, wie Conrad Ferdinand Meyer diesen beschreibt. „Zeit und Raum ist verwirrt", meint Meyer (1892), und die soziologischen Gewährsleute beschreiben die globale Gegenwart unter dem Stichwort des Zusammenrückens von Zeit und Raum („time-space-compression"). Für die OECD ist Globalisierung „ein Prozeß, durch den Märkte und Produktion in verschiedenen Ländern immer mehr voneinander abhängig werden dank der Dynamik des Handels mit Gütern und Dienstleistungen und durch die Bewegungen von Kapital und

---

8   Allgemeiner zu den Maximen von Revitalisierungspolitik in den USA vgl. Schneider-Sliwa, R. (1996): Kernstadtverfall und Modelle der Erneuerung in den USA, Berlin.
9   Den „Boosterism" seit der Gründergeneration macht z.B. Mike Davis für die sozialen Defizite, die Fragmentierung in Los Angeles verantwortlich (City of Quartz, New York 1992). In der Konfrontation von Internationalisierung und lokaler Politik führt Roger Keil diese Sicht weiter, lokale und globale Akteure stehen sich unversöhnlich gegenüber (Weltstadt – Stadt der Welt, Münster 1993).

Technologie"[10]. Globalisierung ist somit die Bündelung (und Verdichtung) einer Vielzahl von (im einzelnen keineswegs neuen) Prozessen, sie ist kein Zustand (das wäre die verantwortungsbewußte oder unverantwortliche „Globalität"). Diese grenzüberschreitenden Prozesse befördern, in aller Knappheit, einen „postindustriellen Kapitalismus"[11] mit den Leitsektoren der Finanz-, Informations- und Dienstleistungsindustrien; die Produktion wird in multinationalen Konzernen und durch transkontinentale Firmenfusionen organisiert; der Wettbewerb zwischen Industrie und Standorten verschärft sich, betrifft auch die Kostenstruktur der lokalen Industrie; die Kostenbilanzen von Staat (Volkswirtschaft) und Betrieben divergieren zu Lasten der Umverteilung des Mehrprodukts, je mehr sich das politische System „ökologisch" und „sozial" definiert; traditionelle Muster von Qualifikation, Arbeit und sozialen wie privaten Beziehungen weichen einer teils freiwilligen, teils leidvollen Flexibilisierung und einer „Normlosigkeit", die teils individualistisch-hedonistische, teils anomische Züge trägt.

Knotenpunkte, Schaltstellen und typische Verdichtungen dieser verschiedenen Globalisierungsströme und Flexibilisierungsprozesse sind die internationalen und/oder globalen Städte. Folgt man Saskia Sassen[12], so handelt es sich bei diesen Städten um Schaltstellen bzw. Nervenzentren der globalen Prozesse und um Produktionsstätten der Dienstleistungen für das weiträumige, globale Netzwerk von Fabriken, Ämtern und Dienstleistungsangeboten sowie die Innovationen („financial innovations") und Märkte der Finanzindustrie. John Friedmann[13] bezeichnet diese Schlüsselstädte als verbindende Basisstationen für die Raumorganisation und Darstellung der Produktion und Märkte. Die Globalisierungsprozesse und -räume in Nord-Amerika, (West) Europa und Asien (d.h. Japan und SO-Asien) werden durch diese Städte organisiert und verknüpft. Globalisierung hebt so einerseits Grenzen auf, reduziert die Rolle von Staaten, betont andererseits als sog. „Glokalisierung" aber die Schlüsselfunktionen bestimmter Städte und Regionen, führt auch zu zahlreichen neuen inter-, trans- wie supranationalen Abkommen und Organisationen. Ein Netzwerk derartiger Städte und angegliederter Subzentren überzieht den Teil des Globus, die Triade in Europa, Amerika und Asien, die in die Globalisierungsströme eingespannt sind. Friedmann bezeichnet Frankfurt

---

10 Zit. n. Polenz, R. (1996): Globalisierung – wo liegen die Aufgaben der Politik? In: Hedrich, K.-J. u.a.: Globalisierung und Politik, St. Augustin, 25. – Vgl. ferner Harvey, D. (1990): The Condition of Postmodernity, Cambridge/Oxford, bes. 260 ff.; Giddens, A. (1996): Konsequenz der Moderne, Frankfurt a.M.
11 Nelson, J. J. (1995): Post-Industrial Capitalism, Thousand Oaks/London/New Delhi; ein Raster zur Einordnung politisch-sozialer Probleme im Entwicklungsraum der 80er und 90er Jahre findet sich in meinem Diskussionsbeitrag: Große Städte in der Zeit um 2021. In: Grimmer, K./ Stabik, L. (1997): Staat und Verwaltung 2021, Kassel, hier 73.
12 Sassen, S. (1991): The Global City, Princeton (zusammenfassend bes. 5, 126 ff.).
13 Friedmann, J.: The World City Hypothesis, 1986, abgedr. in Knox, P. L./ Taylor, P. J. (Hg.) (1995): World-Cities in a World-System, Cambridge/New York/Melbourne, hier bes. 320 f.

a.M. und Los Angeles übrigens als „primäre", bedeutungsschwangere Städte in dieser globalen Hierarchie; für Sassen stehen diese beiden Städte – hinter London, New York und Tokyo – in der zweiten Reihe. Übereinstimmend wird solchen Weltstädten eine besondere soziale, ethnische und funktionale Spaltung als Polarisierung, Dualisierung und Fragmentierung oder als ein vielschichtig geteiltes Stadtsystem zugesprochen[14].

Globalisierung qua Glokalisierung bezeichnet die objektive und gleichzeitig auch subjektive Vermittlung von Ökonomie, Kultur und Politik im Netzwerk der Räume von Nord-Amerika, (West)Europa und Japan bzw. SO-Asien, der Triade. Globalisierung ist gleichzeitig Realität und Konstrukt und bezieht (1.) die Makroprozesse der Ökonomie (2.) über die Mesoebene der nach Räumen ausdifferenzierten Stadt und der stadtpolitischen Akteure[15] (3.) auf die Mikroebene global infizierter städtischer Lebensstile, Milieus und Wandlungsprozesse. Glokalisierung, „public policy" in globalen, städtischen Arenen, „Living the Global City" (J. Eade) heißen diese Makro-, Meso- und Mikroebenen, wie sie auf den Vergleich der Städte wirken.

Der Vergleich selbst wird empirisch-analytisch nicht durchgeführt, sondern lediglich angedeutet. Die Sichtweise richtet sich an folgendem, vereinfachten Funktionsschema[16] aus:

Städt. Wettbewerbsfähigkeit = f (ökonom. + strategischer Determinanten)

Dabei gelten als
ökonomische Determinanten = Produktion, Infrastruktur, Standortqualität,
Wirtschaftsstruktur, städtische Qualitäten
und als
strategische Determinanten = Effektivität der Steuerung,
städtische Strategien,
public private corporations,
institutionelle Flexibilität

---

14 Meistens werden die Positionen der „dual" oder „divided city" als ausschließender Gegensatz vorgestellt. Unstrittig aber ist ein bedeutendes Maß abnehmender sozialer Kohärenz und zunehmender sozialer Ungleichheit in diesen Städten. Zu dieser Debatte, zur Operationalisierung und als Votum für die Position der Teilung vgl. Hennig, E./ Lohde-Reiff, R./ Schmeling, A./ Völker, B.: Fragmentierung in Amsterdam, Frankfurt/Main und Los Angeles. In: Hradil, St. (Hg.) (1997): Differenz und Integration, Frankfurt/New York, 807 ff.
15 I.s. Interessen- und Interessentengruppen zwischen „Push-and-Pull", Verweigerung und Modifizierung/ Einmischung/ Verbiegen. Roger Keil zeichnet die Deutungen dieser Gruppen und malt entsprechende politische Szenarien auf (für L.A. und Frankfurt a.M.).
16 Nach Kresl, P. K.: The Determinants of Urban Competitiveness: A Survey. In: ders./ Gappert, G. (Hg.) (1995): North American Cities and the Global Economy, Thousand Oaks/ London/New Delhi, hier 51.

Besonders reformfreudige Städte weisen im internationalen Vergleich typische Muster bezüglich ihrer Positionierung und Wettbewerbsfähigkeit auf. Solche Städte verfolgen längerfristige Strategien einer nachhaltigen Entwicklung, sie mobilisieren also nicht nur punktuell neue Ressourcen, sie stärken Selbsthilfe und gesellschaftliche Organisationen. Nutzerorientierte Werte bzw. Performanz und Vernetzung nach außen mit anderen Städten spielen eine herausragende Rolle, Lernchancen ergeben sich aus wissensorientierten, offenen Kooperationen und werden entsprechend gesucht. Reformfreudige Städte betonen somit in besonderer Weise die strategischen Fähigkeiten[17].

Thematisierung

Städte, globale und internationale „World Cities" ganz besonders, sind die Standorte und Arenen der Globalisierung. Dort werden alle Seiten der Globalisierung gelebt – so oder so, z.B. (neo)liberal als „Global Player" oder grün-alternativ wie sozial-demokratisch regressiv/retrospektiv als Kommune oder „Welfarism" (D. Macarow). Sub specie Globalismus ist jede Stadt in der Triade ein wenig eine „Global City": Hier korrelieren die kleinen Schritte zum lokalen Prozeß von „Living the Global City" (J. Eade). Anthony Giddens begreift Globalisierung als diese „Intensivierung weltweiter sozialer Beziehungen"; Giddens bemerkt zu diesen neuen Verbindungen, entfernte Orte würden u.a. mit, wie ich hinzufüge, New York, London und Tokyo – Saskia Sassens „Global Cities" der ersten Reihe – solcherart verbunden, „daß Ereignisse an einem Ort durch Vorgänge geprägt werden, die sich an einem viele Kilometer entfernten Ort abspielen, und umgekehrt"[18].

Jedenfalls: Globalisierung ist ein Motor, der einerseits Grenzen überschreitet, andererseits aber auch einen „New Localism" anstachelt. Mit Blick auf den schrumpfenden und „driftenden" Globus – als Realität und Konstrukt – werden lokale Pläne geschmiedet, um im Wettbewerb besser bestehen zu können. Globalisierung vereinheitlicht und schreit zugleich nach lokaler Besonderung im Kampf um Individualität und ergo auch Standortcharakteristika bzw. -vorteile. Sinnbildlich zeigt sich dies am lokal-globalen Bedeutungszuwachs von Kultur, Kommunikation, Beratung und (Fern)Verkehr. Wichtige internationale Orte in den international orientierten Städten und Stadtregionen, den Exopolen, sind Knotenpunkte und Drehscheiben im Netzwerk globaler Prozesse. Sichtbar zeigt dies die wachsende Bedeutung der Flughäfen, die i.d.R. zu den größten Arbeitsplätzen aufsteigen: LAX zählt rd. 100 Tsd., Rhein-Main rd. 58 Tsd. Arbeitsplätze, jeweils im Janusgesicht von Wissenseliten bis zu „Dead-End Jobs", beides „Global-Players" oben oder unten.

---

17 Dazu Naschold, F. u.a. (1997): Innovative Kommunen, Stuttgart.
18 Giddens, A. (1996): Konsequenzen der Moderne, 1990 – dt. Frankfurt, 85.

Flughäfen und Krankenhäuser, nicht mehr industrielle Produktionsstätten wie Automobil- und Chemiebetriebe oder Werften, Hochöfen und Stahlwerke, sind die größten Einzel-Arbeitsstätten geworden.
Die Flughäfen von Frankfurt (FRA) und Los Angeles (LAX)

		1984	Rang	1992	Rang	1995	Rang	Δ % 1984-1995
internationale	FRA	634,6	3	989	2	1.461,3	7	130,3
Fracht (1.000 t)	LAX	249,6	11	470	12	1.597,2	3	539,9
internationale	FRA	13.348	3	23.271	2	38.179,5	7	186,0
Passagiere (1.000)	LAX	5.323	20	11.456	12	53.909,2	5	912,8

Quelle: Rimmer, P.J. (1998): Transport and Telecommunications Among World Cities, in: Fu-chen Lo, Yue-man Yeung (Hrsg.), Globalization and the World of Large Cities, Tokyo/New York/Paris, 448, 458; Start frei, Dez. 1996, S. 3

Sozialwissenschaften sind herausgefordert, Städte und Stadträume hinsichtlich ihres Umgangs mit Globalisierungsaspekten zu vergleichen. Dabei haben sie den Fallen der Folklore strikt zu entgehen. Bilder vom „brodelnden Kessel politischer Basisaktivitäten", wie sie Roger Keil zuerst für Los Angeles, dann für ein Frankfurt a.M. zwischen Zitadelle und Ghetto sowie jetzt für Toronto ausmalt, sind ebenso ein Indiz für die Fußangeln wie jene breite Titelkette, die Apokalypse und Agonie als Masche veranschaulichen: „Das Ende der zivilisierten Stadt?", „Rettet unsere Städte jetzt", „Die Zweckentfremdete Stadt", „Risiko Stadt?", „Die Krise der Städte", „Vom Zerfall des Urbanen", „Das Ende der Städte" im „Aus der Vorstädte" – so lauten aktuelle Titel im gegenwärtigen Stadtdiskurs; selbstverständlich ist der Titel „In der Falle" ebenfalls schon vergeben. Untergangsstimmungen, Aufregungen und soziale Bewegtheit dominieren. Für die USA zeigt Robert Beauregard, wie Bilder vom Aufbruch und der Bedrohung im kulturlosen Neuland – westward, ho! – in die Stadt mit dem von Camilo José Vergara fotografierten „New American Ghetto" zurückkehren. „Urban frontier", „no-go areas" versus „gated areas", „Operation Desert Storm" in South East L.A., Stadtindianer und „our Vietnam". „Bantustan" und Balkanisierung sind deutsch-amerikanische Stichworte für die Stadt im Naturzustand. „I grew up as the cities were dying", mit diesem Satz beginnt Beauregards Buch über das traurige Schicksal, den urban Blues bzw. Fado und Rembettika, der amerikanischen Städte[19].

Kurz und thetisch – ergo auch falsch, falsch insbesondere bezüglich einer Subjektivierung der Städte (aber die Akteursebene ist wissenschaftlich unterbelichtet und kann hier nicht herbeigezaubert werden): Frankfurt a.M. will ein Ganzes, will alle Vorteile und Gewinne, ohne Kosten, Nachteile und Abwägungen, die Stadt verspielt die kleinen Handlungs- und Lebensräume, fällt in die Fälle der kapitalen Mythen. Los Angeles mit seiner kleinen Utopie des „Rethinking" und dem „little fun before I die" kennt das Andere, „Decline

---

[19] Beauregard, R. A. (1993): Voices of Decline, Oxford/Cambridge.

and Restructuring" bestimmen die Geographien seines vielschichtigen städtischen Wandels. Innovation und Regression, Frankfurt a.M. und Los Angeles folgen den Gegensätzen und allen Kopplungen von Rigorismus und Pragmatismus.

Diese Vielschichtigkeit im Kreuz von Wandlungsprozessen, die sich mindestens über die Ebenen der Zeit und über eine Eingangslage, die „verbessert" bzw. verändert werden soll, bestimmen, veranschaulicht folgendes Schema. Dabei werden die Felder „früher" und „schlechter" als „Regression sowie dasjenige „aktueller" und „besser" als „Innovation" bezeichnet, um auf die implizite Kombination von Wandel und Werturteilen zu umschreiben.

Innovation und Regression: Zeit und Bewertung

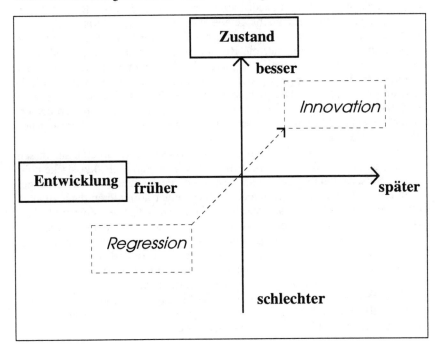

Sichtweise

Solche Sozialwissenschaftler, die neben ihrer Profession noch Andere sind, nämlich Stadtwanderer wie Sennett in N.Y.C. und Stadtflieger bzw. -fahrer wie Soja in L.A., haben ein grundlegendes Problem beim Umgang mit ihrer

Wissenschaft und den Realitäten. Es ist das Problem der Begründung der wissenschaftlichen Reduktion, der Ausschnitte und Konstrukte in einer globalen Stadt, wo – so Soja – alles zusammenkommt, wo Dritte-Welt-Viertel neben High-Tech-Zonen liegen, der Obdachlose neben dem „Global Player" lebt, Zu- und Wegzüge die Traditionen städtischer Räume, die „Urban Memory" eines Platzes, in Frage stellen.

Auch Sozialwissenschaftler wählen aus und akzentuieren, sie erzählen und zeichnen mit ihren Analysen Bilder von Fleisch und Stein z.B. in der Stadt. Jede Analyse verweist auf ein nicht behandeltes Anderes, „Thirding-as-Othering" (Soja) ist ebenso eine angemessene Haltung wie eine Simulation[20]. Städtisch-globalisierte Prozesse und Phänomene, wie sie u.a. in Los Angeles und Frankfurt Gestalt und Erzählung werden, sind ob ihrer Komplexität solche Vorgänge, die Jean Beaudrillards Simulacra und Jorge Borges Aleph hervorbringen. Ihnen entspricht gerade dann eine postmoderne Sichtweise, wenn ein empirisch-analytischer Wissenschaftszugriff gepflegt wird. Das Mysterium wird zur Realität, die Realität bleibt – zumindest partiell – geheimnisvoll. „Inside Exopolis" regieren Realität und Hyperrealität. Jeder Themenpark ist ein Doppelprodukt, in dem die Grenzen verschwimmen (sollen) und sich auflösen. Die globale Stadt, die globalen Räume in der Stadt sind ebenso real wie imaginär und imaginiert, sie sind global, folgen universellen Regeln und Stilen und versuchen gleichzeitig, ein lokales Schnäppchen herauszuschlagen.

Für die Innovationspolitik als Machen und Denken resultieren aus diesen Verschränkungen zahlreiche Probleme – Probleme, die i.d.R. klassische politische Entscheidungen behindern und eine Verfestigung vorherrschender Deutungen als Politik präsentieren. Demgegenüber dominieren dann an allen Orten der Tat handlungspragmatische Reduktionen – von der Volkswirtschaft zur Betriebswirtschaft, vom „Wealth of Nations" bzw. dem allgemeinen „pursuit of happiness" zur Fragmentierung, von der sozialen Gewaltreduktion, z.B. dem „Krieg gegen Armut", zur Tatprophylaxe und Gefahrenabwehrverordnung, vom Ideal der Urbanität zur Ausgrenzung der „street people" und „urban underclass", zu privatisiert-bewachten Räumen.

Das System der Änderungen, das zunächst einfache Schema von Innovation und Regression wird komplexer, differenziert sich aus, lädt sich dabei um so mehr mit unterschiedlichen Wert-/Zielvorstellungen auf.

---

20 Zusammenfassend sei hingewiesen auf Soja, E. W. (1996): Thirdspace. Journeys to Los Angeles and Other Real-And-Imagined Places, Cambridge/Oxford.

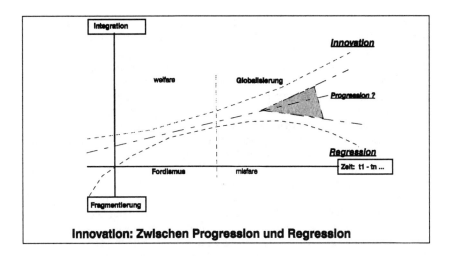

Innovation: Zwischen Progression und Regression

Innovationspolitik in globalisierten Arenen

Es geht um einen Ansatzpunkt in den Globalisierungsprozessen und um eine Perspektive, die einen Wandel jenseits von „the Reformstau" – so Ralph Atkins, Bonner Korrespondent der „Financial Times" – ansiedeln soll. Die Perspektivsetzung ebenso wie die damit verknüpften Bilder neuer, etwas verbesserter Zustände nach Einführung (Politik) von Neuerungen (Innovationen) können (gut) offen bzw. diskursiv oder (schlecht) heimlich oder (schlimm) verheimlicht angesprochen werden. Seit Max Weber ist bekannt, daß dann noch zu allen guten, schlechten oder schlimmen Wert- und Wandlungsperspektiven unbekannte, nicht intendierte Folgewirkungen hinzukommen.

„Alles", d.h. der Wandel und die Aktionen, spielt sich in vielschichtigen und sehr komplexen Räumen mit knappen Ressourcen ab. Globalisierung markiert eine Schwelle, ab der dies „alles" noch schwieriger wird, ab der Akteure und Reakteure, Aktionen und Reaktionen, Pläne, Taten und Folgen sich noch komplexer als ehedem begegnen und überlagern.

Globalisierung bezeichnet die Reduktion und Penetration, teilweise sogar die Zerstörung nationaler bzw. lokaler Grenzen und Abschirmungen bzw. bewußter Gestaltungen gegenüber den freier werdenden Bewegung von Gütern, Geldern, Nachrichten, Kulturen und Menschen. Insofern sind alle Debatten über Innovation, Konservieren und/oder Regression in Debatten vor oder nach Erfindung „der Globalisierung" einzuteilen (so wie schon John Locke den Naturzustand durch die Erfindung des Geldes zerteilt). Zu bedenken ist, daß Globalisierung als „time-space-compression" und Glokalisierung

175

neben der Entgrenzung gerade die Begrenzung neu bewertet. Die Interessen in der globalen Stadt z.b. schaffen sich ebenso neue internationale Außen- wie Innenräume, wie die Stadtstrukturen alte Grenzen der Segregation und Schichtung armieren. Emotional besetzte Sprachbilder wie „Deich", „Flut", „Verflüssigung", „Körper" und „Festung" u.a.m. reüssieren und korrelieren z.b. mit Deutungen und Projekten des Staatsreservats, der Gefahrenabwehr und der kollektiven Identität[21]; Gemeinschaft und Kommune spielen eine Rolle, die ihnen im Bilderhaushalt z.b. der nivellierten Mittelstandsgesellschaft und des Fordismus nicht zukam: Kleines und Personales ebenso wie das Große und Global-Strukturelle, das Kommunitäre und die Weltgesellschaft, fließen in Prozessen und Bildern, in Konstrukten der Globalisierung zusammen: Schwieriges Terrain für eindeutige, große Theorien und Empfehlungen, für eine auf Beratung angelegte Innovationspolitologie. Der Fortschritt wird unsicher. Das Morgen bringt mehr Angst, denn Sicherheit. Die Risikogesellschaft überschreitet ihren technologischen Ausgangspunkt und wird sozial, erfaßt die gesellschaftliche Kohäsion. Ein allgemeines Gutes weicht den besonderen Differenzen, die Anerkennung allgemeiner Normen und Institutionen wird mehr und mehr zum Problem der neuen, postmodernen Pluralität und der angesichts allgemeiner Ströme auf Besonderheit bedachten Glokalisierung, der lokalen Umsetzung, An- und Einbindung globaler Maßstäbe und Ströme. Die „neue Zeit" wird zur Bürde für Demokratie, ganz besonders für „linke Demokraten", die sich denn auch zunehmend konservativer, pessimistischer, ja: nostalgisch präsentieren, um aus dem realen Wandel auszutreten.

In dieser Situation steht das Gegensatzpaar von Politiken der „Regression" oder „Innovation" für Frankfurt a.M., das globale Strukturen hat, sie politisch aber nicht will, und Los Angeles, das sich treiben läßt, den LAX-Motor schmiert und auf kleinerer Ebene – z.b. in Santa Monica und Pasadena – kommunitäre Komponenten bis hin zu „neighbourhood-policing" als soziale Eskapaden gegenüber anomischen Trends bestärkt.

Die Hyperrealitäten: Frankfurt a.M. und Los Angeles

Regression steht für eine lokal, regional und national isolierte Wertsetzung, d.h. für eine Verweigerung gegenüber sozioökonomischen Globalisierungsaspekten. Globalisierung als Struktur ist wie ein Kommunikationsnetzwerk, das Internet, das von Server zu Server springt, das also mißliebigen

---

[21] Die 25. Römerberg-Gespräche (Ffm, 5./6.6.1998) preisen z.B. den Nationalstaat oder die fordistische Fabrik, weil sie – so die Theoretiker von heute (Negt, Sennett) – der Nur-Ökonomie und dem Verlust an Sozialstaatlichkeit trotzen und Raum für Erfahrungen und Gespräche konservieren: Alles wird ständig reinterpretiert.

oder defekten Schaltknoten im Umweg ausweicht, der sogenannte Umweg führt zum Ziel. Globalisierung ist kein Akteur, aber es gibt vornehmlich ökonomische Interessenten im Kreis der „international class", die sie definieren und i.d.R. gegen einen renitenten, bornierten Standort ausspielen. (Städte allerdings sind kein Akteur, zu analysieren wären also die Konflikte zwischen globalen und lokalen Eliten und deren Auswirkung auf unterschiedliche Teile der städtischen Bevölkerung.)

Innovation steht gegenüber Regression für ein Eingreifen und Ausnutzen. Die „trickle down"-Philosophien der i.d.R. neoliberalen und angebotsorientierten Globalisierungen sollen eingespannt, verbogen und ausgenutzt werden. Die moderne Stadt wird aus dieser Sicht „immer schon" als eine komplexe „growth machine" begriffen, die zugleich integriert und separiert, deren Räume Differenz und Akzeptanz vermitteln. Die Sichtweise der Chicago School etwa Louis Wirths fällt in diesem Punkt mit derjenigen der Los Angeles School etwa Edward Sojas zusammen; totale Lösungen erscheinen demzufolge als unangemessen. Tendenziell wird die Entwicklung von Städten der Ökonomie, dem „Boosterism", überlassen.

Innovation heißt das Wandlungskonzept der jeweils dominanten Interessen-, nicht aber der Interessentengruppen. Ein „Community Feedback" ist möglich, hat in Los Angeles aber 1965 und 1992 den Aufruhr („riots") nicht verhindern können. Diese gewaltsamen Exzesse sind Reaktionen aus der „abgehängten" Mikroebene auf die Rigidität der Modernisierungsentwürfe und Deindustrialisierungen, denen eine politische, integrierende Verankerung fehlt. So privatistisch der „Boosterism ist, so wenig politisch, wenig allgemeinbezogen reagieren die Betroffenen; Plünderungen, ethnisierte Gewalt und eine allgemeine Ausrichtung gegen „den Staat" sind wichtige Formelemente dieses anomischen Protests.

Frankfurt a.M. steht seit 1989 kommunalpolitisch für das Scheitern eines rot-grünen „local state". Grüngürtel, Fahrradwege und Sozialpaß, Verkauf städtischen Vermögens reichen gegenüber globalen Herausforderungen nicht aus[22]; das Mehrproblemgebiet Gallus/Gutleut /Bahnhof, ähnlich wie in Los Angeles gleich neben dem ökonomisch-konsumptiven Herzen der Stadt gelegen, zeigt die Grenzen einer kulturalistisch gefaßten Politik der Anerkennung von Multikulturalismen; das Projekt einer neuen Trabantensiedlung, Riedberg, wird zerrieben, Obergrenzen für Hochhäuser in einer Stadt, die ihre Hochhäuser als weltmännisches Symbol herausstellt und Investoren nachläuft, sind eine Fiktion, an der sich die Niederlage von Politik ebenso festmachen läßt wie am zögerlichen, dilatorischen Umgang mit dem Flughafen.

Politik kann Innovationsmöglichkeiten am Standort verspielen. Dies bestimmt die Flughafenpolitik in Frankfurt und Hessen: Verweigerung von

---

22 Hitz, H. u.a. (Hg.) (1995): Capitales Fatales, Frankfurt/Zürich – zur Dialektik von Zitadelle und Ghetto und den Widersprüchen, die beständig urbane Bewegungen und technologische Projekte für ein Mehr an Globalisierung nähren.

Umweltverbänden, dilatorischer Formelkompromiß, Druck durch Polarisierung und eine nicht-pluralistische, nicht-dialogische Zielformulierung seitens direkter Interessenten.

Los Angeles[23] dagegen vertraut den „urban outcomes", so Michael Dear und Steven Flusty, ist Prototyp einer fragmentierten Stadt (Fogelson, Klein). Hier wird Politik ohne Regierung betrieben, so Alan L. Saltzstein; Fred Siegel nimmt L.A.'s Stadtregime als Beispiel für den „capitalist dynamo". Der „reluctant metropolis" (W. Fulton) wird jetzt aber auch ihre ständige Geschichte des Vergessens (N.M. Klein) vorgehalten[24]. Den Flughafen behandelt das Stadtregime primär unter Gesichtspunkten des voranschreitenden Wachstums. Bürgermeister Riordan, mit Blick auf San Francisco als Konkurrenz, urteilt über die Ausbauwidersacher, sie würden „global competitiveness" mißachten:

„They are unable to grasp simple economic facts, and to them 'jobs' is just a four-letter word."

Regression ist das eine Prinzip, „Frankfurt" verweigert sich, möchte den Flughafen einfrieren; Innovationspolitik ist das andere, „Los Angeles" vertraut dem ökonomischen Selbstlauf; „wohlverstandene" Innovation dürfte beides nicht sein.

Innovation im Sinne einer Akzeptanz für globalisierte, zunehmende Differenzen, ja, sogar Fragmentierungen, verweist auf ein Aufgabenbündel, der die ausgehend von Frankfurt a.M. und Los Angeles gemalten Zukunftsbilder und Stadtstrategien beide nicht entsprechen dürften. In der Logik des globalen, ökonomischen Wettbewerbs dürften Los Angeles und sein „Inland Empire" eine weitere ökonomische Runde vorn bleiben. Los Angeles mit seinen Kokons der „gated people", mit der Dominanz segregierter Räume gegenüber dem Novum der polyethnischen, sozial aber sehr heterogenen Plätze zeigt aber auch die Schwächen einer Innovationspolitik gegenüber selbstlaufenden Innovationen[25]. Das Städtische im Sinne eines politischen Stadtregimes wird zum „Toon Town Urbanism" des Universal City Walk. William Fulton verwendet dieses Bild. Sein L.A.-Buch schließt mit dem auch auf Frankfurt a.M. zu münzenden Satz:

„We must ... learn once again to become citizens of the metropolis, no matter how reluctant a metropolis it may be."

Innovationspolitik in globalen Städten ist notwendig, steht aber erst am Anfang einer erneuten Entdeckung der Politik. Allen Scott[26] zeigt deren Pro-

---

23 Zusammenfassend vgl. Scott, A. J./ Soja, E. W. (Hg.) (1996): The City, Berkeley (Los Angeles/London).
24 Fulton, W. (1997): The Reluctant Metropolix, Point Arena; Klein, N. M. (1997): The History of Forgetting, London/New York.
25 Dazu Hennig E. (1998): Fortress L.A. = Die Engelsburg. In: Vorgänge 144, 52 ff.
26 Scott, A. J. (1991): Technopolis, Berkeley/Oxford.

bleme gegenüber dem Selbstlauf einer angebotsorientierten Ökonomie mit ihrem ökonomisch kostenmindernden Gegensatz der formellen und informellen Arbeitsmärkte am Beispiel der High-Tech-Industrien Südkaliforniens, Martin Heidenreich[27] verallgemeinert diese Argumentation und unterstreicht die Bedeutung eines institutionellen Umfeldes für industrielle Netzwerke. In diesem Bezug entwickeln sich in reformfreudigen Städten (Naschold) möglicherweise innovative Ansätze, die auf Globalisierungsströme bewußt reagieren.

Eine Umfrage unter US-Städten[28] nährt den Eindruck, Mitte der 90er Jahre konstituiere sich eine neue Phase städtischer Entwicklungsaktivitäten – eine Phase jenseits der Förderung von Infrastrukturmaßnahmen in Form von ressourcenverschwendender Bauten und Vorgaben. Glokalisierung, „Global-Local Links", und Humankapital spielen jetzt eine herausragende Rolle, Innovation rückt stärker ins Zentrum. Umschulungen, Partnerschaften mit Universitäten, Tourismus, Städtepartnerschaften im Entwicklungsbezug und Telekommunikation spielen auf dieser Stufe eine besondere Rolle. Diese Städte werden sensibel für ökonomische Prozesse und politisch-ökonomische Folgewirkungen. In diesem Kontext wird auch die Bürgerrolle neu bedacht, Innovation und Urbanität rücken ins Aufmerksamkeitsfeld, weil in diesen besonders bildungsorientierten Zentren der Malus von Folgekosten an Gewicht gewinnt.

Auch diese Städte leugnen jedoch ihre Ökonomie nicht und stellen sich deren Herausforderung: Kostenlos ist Innovation nicht zu bekommen.

---

27 Heidenreich, M. (1997): Wirtschaftsregionen im weltweiten Innovationswettbewerb, in: Kölner Zeitschrift für Soziologie und Sozialpsychologie, 49, 500 ff.
28 Clark, S. E./ Gaile, G. L. (1998): The Work of Cities, Minneapolis/London, 181 ff., bes. 184 f., 207, 214. Zur Verbindung von Entwicklung und u.a. „Citizenship" vgl. auch Bingham, R. D./ Mier, R. (Hg.) (1993): Theories of Local Economic Development, Newbury Park/ London/ New Delhi; Clark, T. N. (Hg.) (1994): Urban Innovation, Thousand Oaks/ London/ Dew Delhi.

Innovationspolitik in der Universität

Philip Shapira, Richard Barke

Teaching Science and Technology Policy: The Case of the Public Policy School at Georgia Institute of Technology

Introduction

Increasingly, many of the global policy issues that face us have significant scientific and technological dimensions. It is not difficult to think of examples, from the challenges of world climate change and the spread of new strains of infectious disease to the promotion of innovation for international competitiveness or the implications of electronic monitoring technologies for personal privacy. Formidable challenges confront the development of effective policies to address such issues. Policy design and implementation has become more complex, involving multiple interests, varied bodies of knowledge and competing scientific and technological perspectives, and conflicting claims as to expertise.

In this environment, the role of policy professionals is not to take decisions, but to facilitate the process of decision-making, undertake policy-focused analyses of problems and opportunities, and draw attention to perspectives, options, or consequences that might otherwise be overlooked. This surely requires generic skills of analysis and process facilitation that are mostly interdisciplinary in character and, for issues with high science and technology content, expertise and experience in the specific fields involved.

This paper focuses on the approach and experiences of the School of Public Policy at Georgia Institute of Technology (Georgia Tech) in educating graduate students in public policy with specializations in fields of science and technology policy. To provide context, we begin by briefly reviewing the growth of public policy as a domain of study in the United States and the place of science and technology policy within this broad field. We then examine in detail the development, structure, curriculum, and operation of the still relatively new Georgia Tech public policy school (it was founded in 1990) and explore some of the issues and challenges the school now faces. There is no assertion that the interdisciplinary approach we describe is the only way to train professionals for careers in science and technology policy fields. But the organization and structure of the program may present an interesting comparison for German universities that typically maintain strong disciplinary boundaries.

183

The Public Policy Field in the United States

Public policy, as an organized field of study within universities in the United States, has a history that goes back at least to the early years of the twentieth century with the founding of schools of public administration to provide training for careers in government and public service. The concept of a „policy science" was first enunciated in the US by Harold Lasswell in 1951, but the development of the field waited another decade until specialists began to be trained in policy analysis, computers became available for empirical studies of large data sets, and the descriptive self-consciousness of social scientists yielded to a willingness to engage in substantive prescriptive studies (Lasswell 1951; McCool 1995). In the 1960s, growing political turbulence stimulated the development of new programs in public affairs that focused on major policy problems and the analysis of policy options in addition to traditional government administration. On such issues as the state of the nation's cities, poverty, or civil rights, there was a sense that government had failed. The new public affairs programs responded by trying to promote broader thinking about these questions, to embrace greater public involvement in policy making, and to apply methods to aid improved decisions.

The growth of the field continued through the 1970s and 1980s, with schools playing particular attention to challenges of implementation. Continued emphasis was placed on developing analytical methods, although with the recognition – gained from hard experience in the 1960s – that more sophisticated methods by themselves do not automatically result in better decisions or more successful implementation. There was also an expansion in specialty fields such as urban policy, transportation, health, environment, and science and technology.

Now, in the 1990s, there are more than 220 public policy and public administration programs in the United States, according to the National Association of Schools of Public Affairs and Administration (NASPAA). (See <http://cid.unomaha.edu/~wwwpa/nashome.html>.) Some of these are in schools of public administration, business or planning, while many are in freestanding schools of public policy. Mostly, these schools offer two-year masters' degrees, which is the accepted professional qualification in the US. Many public policy schools also run doctoral programs, and a few offer undergraduate degrees.

While there are numerous detailed differences among schools, there are a series of important common elements in mainstream master's programs. Generally, these public policy programs mix theory with applied work in an interdisciplinary framework. Students are trained to research, analyze and evaluate public policy problems, to use applied methods, and to understand the challenges of implementation and management. These programs typically have a set of „core" courses that students are required to take. Usually, the elements of the core include analysis of the policy process, microeconomics, quantitative and qualitative methods, organizational theory, management, and ethics and values. Some schools require public finance or law in their core curriculum. In addition to the required core, students have discretion to take elective courses in their areas of interest. Students can usually take elective courses across the university, in addition to electives in their home school, to put together a program that matches their interests and objectives.

Although American universities have a considerable degree of flexibility in designing their own curricula, this is balanced by a measure of standardization introduced through national and regional accreditation bodies. In the public policy and administration field, NASPAA is a major accreditation influence, organized (as is common in US academic accreditation) as a self-governing association of member schools. Not all public policy and administration programs belong to NASPAA, but most do. To be accredited by NASPAA, a master's degree program must include instruction in three major areas. The first is „understanding of the public policy and organizational environment", attained through courses in political and legal institutions and processes, economic and social institutions and processes, and organization and management concepts and behavior. The second is „application of quantitative and qualitative techniques of analysis", attained through instruction in policy and program formulation, implementation and evaluation, and decision-making and problem solving. The third area is „management of public service organizations", which requires course content in human resources, budgeting and financial processes, and information, including computer literacy and applications. Compared with programs in public policy, those in public administration programs tend to give greater emphasis on the last category of topics.

Another frequent element of most policy programs is a policy internship, aimed at offering a real world situation where students can understand practice and get new insights on the applicability (or otherwise) of concepts taught in the classroom. In a two-year masters program, the internship usually occurs in the summer between the first and second years. This allows students mid-way through their training to gain experience and then return to their final year of studies. It is also a way in which students gain work experience and contacts that will help them get jobs after they graduate.

The School of Public Policy at Georgia Tech: Institutional Context

While many public policy schools at universities have roots in public administration, political science, or management education, in the Georgia Tech case there has been a somewhat different developmental path. Georgia Tech is a technological university, traditionally dominated by engineering teaching and research. In recent years, the university has sought to broaden its programs. The reasons why, and the strategies taken, fundamentally influenced the evolution of the Georgia Tech public policy school.

Georgia Tech was established in Atlanta in 1888 as part of an effort by elite decision-makers to expand the technological and industrial capabilities of the post-Civil War state (McMath et. al. 1985). Business and political communities aimed to shift the state from a mostly rural, agricultural, post-plantation economy to a more innovative, industrially capable region. A strong technical institute was seen as a key element in facilitating this shift. Since then, Georgia Tech has grown significantly. But the aim of being an institution which links research and teaching in technological fields with economic and regional development has been maintained. A series of major new state-funded investments have been placed at Georgia Tech aimed at enhancing high-technology development in Georgia.

Not surprisingly, most of the emphasis on education and research at Georgia Tech has been in engineering; other than relatively small programs in architecture, management, and the sciences, for most of the Institute's first one hundred years it was dominated by a mission of training undergraduates to become practicing engineers. But in the past two decades, a new vision of the university has emerged with a strong emphasis on graduate education and faculty research that has been crucial in the growing national and international recognition of the strength of Georgia Tech's engineering programs (recently ranked third in the US). The path by which the current School of Public Policy emerged reflects another significant change in the full meaning of „Institute of Technology", and not just a „school of engineering."

One of the fundamental changes at Georgia Tech is its emergence as a major research performer. Under President Joseph Pettit in the 1980s, Georgia Tech greatly expanded its research funding, growing from about $5 million in the 1970s to over $235 m of externally sponsored government and industrial research in 1999. Indeed, research has now become the leading business of the university, with Georgia Tech the sixth biggest recipient of private industrial research among US universities. During the late 1980s and early 1990s, as the research side of the university grew, another President – John Crecine – took the opportunity to reinvigorate Georgia Tech's academic programs. Crecine (who is notable as the first, and so far only, non-engineer to head Georgia Tech) pursued a vision to transform Georgia Tech into a fully-fledged technological university. This involved developing a broader array of degree programs and teaching units, and also training engineers, scientists, managers, and other graduates in different ways to reflect the new competencies needed in an increasingly complex and global work environment. A central element of Crecine's plan was the expansion of policy-related fields at Georgia Tech. At the same time, and most important, groups of faculty in social sciences, engineering, and planning were also keen to develop new interdisciplinary and policy-relevant educational programs at the institute.

These expansion plans did not begin with an entirely clean slate. The first general survey courses in social sciences were added to the Georgia Tech curriculum in 1934. In 1948 the Department of Social Sciences was created, but the first social science-related degree program – a one-year Master of Science in Technology and Science Policy (TASP) – was not approved until 1980. The creation of the TASP program had been the subject of some controversy inasmuch as it was the first degree program in the social sciences or humanities at Georgia Tech. Some of the engineering faculty expressed their opposition to such a curriculum at the technical institution. Nevertheless, the program was supported by the president, provost, deans, and most of the faculty and proved to be successful. Taught within the School of Social Sciences, which was comprised of historians, political scientists, philosophers, and sociologists, TASP graduated more than 50 students, many of whom moved into important policy-related positions in government and industry.

In 1988, Crecine proposed a major reorganization, particularly the merging of the old College of Management into a new college that would include the social sciences and humanities (which had been part of a College of Sciences and Liberal Studies). In 1990, new Schools of Public Policy, International Affairs (INTA), and History, Technology, and Society (HTS) were created out of the former School of Social Sciences. These Schools joined the School of Management, the School of Economics, a new School of Literature, Communication, and Culture (LCC), and the Department of Modern Languages, to form the Ivan Allen College of Management, Policy, and International Affairs (IAC). Existing faculty were reassigned into the IAC's new schools, many additional faculty were hired, and a series of new degree programs got underway. The new Ivan Allen College (named after a former mayor of Atlanta) with its new interdisciplinary schools reflected the changing vision of the university. There was also a growth in interdisciplinary programs elsewhere on the campus, exposing engineers and scientists to a wider array of other disciplines. An example was the Management of Technology program, which brought together engineers, scientists, and others with technical backgrounds to provide interdisciplinary education in understanding and managing processes of technological innovation.

Today, Georgia Tech has about 14,000 students (see *Table 1*). Some 8,500 students are in various branches of the college of engineering. Overall enrollments in the engineering college have been stable during the 1990s. A further 2,100 students are in the college of architecture and planning and the college of sciences. These two colleges have each seen some declines in enrollments since 1992. The biggest growth area of students has been in computing and information technology in the college of computing, followed by the management college and the IAC. All told, the Institute has grown in total student body, with the consequence that the share of engineering students fell from 66 percent in 1992 to 61 percent in 1998.

Table 1: Georgia Tech Enrollments by College

College	Student enrollment in 1998			Change in enrollment, 1992 – 1998		
	Under-graduate	Graduate	Total	Under-graduate	Graduate	Total
Architecture	584	237	821	13	-54	-41
Computing	1,184	235	1,419	735	2	737
Engineering	6,177	2,282	8,459	3	16	19
Ivan Allen*	457	141	598	99	93	192
Management	951	298	1,249	205	78	283
Sciences	818	462	1,280	-47	-75	-122
Total	10,171	3,655	13,826	1,008	60	1,068

* includes School of Public Policy

The reorganization and expansion of new programs in public policy and other areas at Georgia Tech was facilitated by the „entrepreneurial" character that has emerged as a major feature of the university. For example, faculty are encouraged to extend their research to applications (for example, their employment contracts permit one day per week to be devoted entirely to consulting), and many faculty have formed companies to commercialize their discoveries. Entrepreneurship is also supported in organizational terms. Of course, as in most large institutions, inertia and conservatism (dressed up as „tradition") exists. Yet, perhaps surprisingly in the light of this, new programs can be established without the need to overcome enormous obstacles. Nearly one hundred research centers have been created to serve as focal points for faculty and students working in key interdisciplinary areas. New degree programs, including joint programs between departments and with other institutions, can be established relatively speedily. (One recent example is a new Georgia Tech/ Emory University Department of Biomedical Engineering – a unique joint program between a public university and private university.) Faculty can propose new sub-degree programs („minors" and „certificates") for student specializations with relatively little formal red tape.

Nonetheless, the creation of the School of Public Policy and the other units of the Ivan Allen College did not occur without controversy. Most of the leaders of the university, from the president and provost to most deans and department chairs, supported the reorganization of the Institute. Here, lofty academic goals of interdisciplinary learning and breadth of educational opportunity were joined by practical concerns. For example, there was increasing pressure from the engineering accrediting board to broaden the education of engineering majors to include more social sciences, humanities, and communications skills. Another interest was to provide students with a reason to remain at Georgia Tech if they decided partway through their undergraduate programs that engineering was not their preferred career. However, in a repetition (although at a larger scale) of controversies seen in the TASP, some faculty, particularly in the engineering departments, and a few alumni saw the new programs as threats to the traditional identity of the Institute and the role of engineering within the university. These fears were overblown. As the student numbers indicate, there has been a slight fall in the relative share of engineering enrollments, but engineering is still predominant in the university and the current external standing of the Institute has never been higher. Regardless, the friction generated as a by-product of Crecine's institutional re-engineering led, in part, to his departure as President of the Institute. Additionally, in 1998, the management school left the IAC and re-established itself as the Dupree College of Management.

Yet, despite these turns, the IAC and its component schools have taken root. After less than a decade, the new programs in the Ivan Allen College have generally been very successful, attracting new types of students to Georgia Tech, broadening the educational options for traditional students, and gaining recognition for innovative curricula. The current Georgia Tech president, Wayne Clough, has supported the new units and degree programs and has embraced the expertise in science and technology policy found within the School of Public Policy as a resource to be used in the guidance of not only university policy, but also policy at the state and national level.

The School of Public Policy: Programs, Rationale and Organization

On its founding in 1990, the School of Public Policy inherited the TASP degree and expanded it into a two-year Master of Science in Public Policy (MSPP). The first MSPP class was admitted in 1991 and graduated in 1993. During its first seven years the MSPP program has graduated almost seventy students. The MSPP program now takes in around 20 new students a year, with efforts underway to expand enrollment.

In 1996 the School created a Ph.D. program. This currently has about 10 enrolled students, with around 4 or 5 new students admitted annually. 1997 saw the addition of a joint Ph.D. program with nearby Georgia State University. Georgia State has units and expertise dealing with public policy, but with particular strengths in areas of social policy, economics, fiscal policy. At the same time, Georgia Tech has strengths in science and technology policy and related areas. The result is a joint doctoral program that offers expanded opportunities to students, using existing resources, in a collaborative inter-institutional framework.

The Bachelor of Science in Public Policy was originally designed and approved in 1995, but for several reasons, including the announcement of a conversion from a quarter system to semesters and the interruptions caused by the 1996 Summer Olympics (for which the Georgia Tech campus was the Olympic Village), the implementation of the BSPP was postponed. In 1998 the School accepted its first majors into the undergraduate BSPP program.

The School contributes to other programs and units at Georgia Tech. First, the School offers elective courses open to graduate students across the university. More than half the enrollments in public policy courses at the Masters' level are students from other programs, especially engineering, computing, management, and city planning. Second, the School contributes to certificates (clusters of courses in specialized areas). Most significant for S&T policy is the Management of Technology certificate program offered by the units in Management, Industrial and Systems Engineering, and Public Policy. There is a shared curriculum to give students with technical backgrounds or industrial experience a broader interdisciplinary exposure to the management of technology. Finally, faculty members also conduct a significant amount of service teaching in required courses in government for undergraduates across the university and make a leading contribution to an undergraduate minor in the philosophy of science and technology. Of particular importance is the expanded effort to provide education in ethics to most of the engineering students at Georgia Tech.

The research and teaching interests of the faculty are diverse within the field of science and technology broadly defined – to include research management, innovation, technology transfer, technology assessment, telecommunications, information, risk communication, analytical methods, environmental policy, regional development, and evaluation. The School's faculty is also explicitly interdisciplinary. Among the School's 18 full-time faculty are individuals trained in political science, economics, philosophy, planning, law, organizational theory, and public administration. The School also has seven joint appointments, including civil engineers, planners, industrial engineers, psychologists, and atmospheric chemists. This is worth some comment. One of the strategies of the school is to have joint appointments with other units across the university. These are not honorary or symbolic positions. As far as possible, these are „hard" joint appointments where the School pays a portion of the salary of the faculty member, and as a result they have clear responsibilities (and voting rights) with the School. The School also has a number of adjunct faculty – experts in other units of the university or from outside organizations that are associated with the school and who may offer special courses in their areas of expertise (such as environmental engineering, government affairs, and telecommunications). Many faculty members have extensive public or private organizational and policy experience, as well as academic expertise. Furthermore, many of the School's faculty with doctoral degrees in social sciences or humanities obtained their undergraduate or masters' degrees in the sciences and engineering.

The formal mission statement of the School of Public Policy calls for it to provide students with „instruction and research experience that will equip them to perform at their maximum potential in a society with a technological base." This parallels the Strategic Plan of Georgia Tech, which emphasizes „education in engineering, architecture, computing, management, science, and the technology-oriented aspects of the humanities and social sciences." Georgia Tech joins about twenty other public policy schools in the US that have significant capabilities in the science and technology policy area. What is the rationale for offering a specialty in science and technology policy within the field of public policy?

Science and technology (S&T) is of growing importance across an array of issues and arenas of human activity. S&T is clearly important to economic globalization and international competitiveness, and to the development and commercialization of innovation. But the growing relevance of science and technology goes beyond purely economic concerns. For example, there are immense challenges related to the human impact on environment and ecology or the future of energy supplies. The list can be extended, but the main point is that many of the major issues that confront us today are ones that involve science and technology in significant ways. It is also true that decision making about these issues with science and technology content has become more complex. The days when science could be left to the scientists or policy to the politicians have gone. Decision-making and implementation now occurs in more complex, multi-actor arenas (see Kuhlmann 1998).

These developments underlie the case for public policy training with an emphasis in science and technology in two specific ways. First, society requires professionals trained in policy sciences who have some expertise in science and technology, so that they can work in a serious and substantive way in these policy areas with high levels of science and technological content. Second, there is also another element – one that is particularly important for universities with strong engineering and science schools – which is that engineers and scientists, in today's world, need a better understanding of public policy processes. Engineers and scientists, as they advance through their careers, need to have an understanding of the political and social dimensions of their inventions, discoveries, and activities, including a critical perspective on technological solutions to social challenges. In recent years the centrality of the topics addressed by School of Public Policy to the mission of Georgia Tech has been reinforced by the criteria of the US Accreditation Board for Engineering and Technology. The Board requires that engineering education include „a sensitivity to the socially-related technical problems which confront the profession [and] an understanding of the ethical characteristics of the engineering profession and practice." (See <http://www.abet.org/eac/EAC_99-00Criteria.htm>.)

An example of this new thinking is Georgia Tech's decision in the 1990s to move to the forefront of engineering schools with a major initiative to integrate concepts of sustainability into the engineering curriculum, beginning with the freshman year and continuing throughout the undergraduates' programs. Public policy faculty with expertise in environmental ethics, environmental economics, public participation, science shops, and philosophy of technology have participated in the formation of course content, pursuit of external funding, and development of a campus-wide vision statement for sustainability.

Curriculum and Pedagogy

The degree programs in the School of Public Policy are designed to provide an education that combines strong analytical skills with a solid understanding of the political, social, and economic forces that shape public policies. Students are expected to master a range of methodological tools, but also to use them in awareness of the ethical implications of how policy questions are asked and answered. They also acquire in-depth knowledge of at least one specific area of public policy. This learning occurs mostly in small classes, in seminars, or in actual policy research conducted in student groups or with faculty.

The School's teaching curriculum offers a mixture of technical, analytical, and values-based courses. It prepares students for multiple work environments and complex, non-linear careers. This of course includes government, but many students find employment in the private sector. Students are also placed in non-profit organizations. In this sense, the School has a variety of „end users" and possible job placements for graduates.

The masters' curriculum has a core of required courses that occupy about one-half of student time in the program (see *Figure 1*). A graduate policy seminar introduces students to the field. In subsequent core courses, students learn about policy processes, the actors and institutions that shape the formulation and implementation of policy, how organizations operate, and the challenges of making policy in democratic governance systems in a technologically and socially complex world. Emphasis is given to the vital role of ethical frameworks in establishing the criteria by which policies should be evaluated, and attention is paid to the implications of different forms of logical inquiry used in policy analysis. Courses in microeconomics and public finance acquaint students with tools for understanding and analyzing the economic behavior of individuals and institutions. Methodological courses in research design and statistics offer extensive training in how to construct and implement policy analyses and research designs that asks the right questions and allows confidence in the results. An integrative case- and exercise-based course in public policy analysis allows students to address addresses tangible policy issues and various approaches to analyzing them. Generally, these core courses differ from equivalents taught in traditional discipline-based departments in their greater use of policy examples and cases (particularly in S&T fields) and their emphasis on issues and methods of prescription as well as analysis.

Students can then choose electives from an array of courses in the School of Public Policy and from other courses offered at Georgia Tech. Students can also pursue electives elsewhere, and do so – particularly at Georgia State University. Initially, the School of Public Policy had four concentrations: science and technology policy, environmental policy, economic development,

Figure 1:   Requirement for Masters of Science Degree in Public Policy (MSPP) at Georgia Institute of Technology

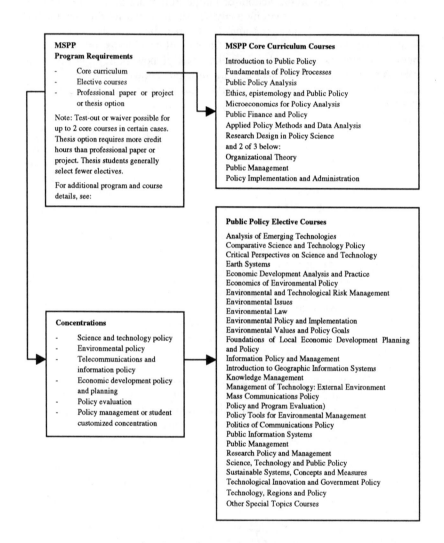

and telecommunications and information policy. Recently the School has added new elective areas in policy evaluation and public management. Students also have the option of designing their own course of elective study. As a capstone activity, students can chose between a professional paper (which is a professionally-focused paper designed around a real-world problem for a client) or a more academic masters' thesis. A public policy internship usually occurs between the first and second years, while many students also have assignments as graduate research assistants with faculty research projects.

It has been said that „societies have problems, but universities have departments", so an important objective of the program is to provide students with an understanding of the challenges of combining various disciplinary approaches to solve real policy problems. Students develop their interdisciplinary skills through the variety of courses, their internship and project experiences, and the capstone research paper or thesis that allows students to demonstrate their professional and intellectual skills in an individual or group policy analysis, often conducted for a public or nonprofit agency. Many students also pursue certificates, minors, or double majors in fields such as pre-law, management of technology, economics, history, international affairs, management, the sciences, or engineering, reflecting their multiple interests and skills. Finally, there are many opportunities for learning outside the classroom – guest speakers, seminars, workshops, conferences, research assistantships, internships, coops (a curricular program where students attend courses and work in relevant organizations in alternating terms), etc. – that expose students to wider intellectual and career opportunities.

Students in the graduate masters program are diverse. Some students come with private sector experience or are mid-career students who plan to return to the private sector. About one half have backgrounds in science and engineering. The median age of students is relatively high – at 28. There are many mid-career students.

The alumni of the School of Public Policy have met with success in finding professional positions that match their skills and interests. Graduates of the Masters program have been hired by federal agencies and the US Congress, state and regional agencies, universities, business associations, consulting firms, and private companies. Although the label of „public policy" as the field of expertise sometimes requires explanation that it extends beyond government service, the MS students take into the job market analytic and problem-solving skills that are sought by diverse employers, mainly in public, non-profit, and consulting spheres, but also including private corporations. Several MS students have gone on to pursue Ph.D. degrees.

The new School of Public Policy quickly established a clear reputation as a leader in science and technology policy. In 1998, the School was ranked among the top three graduate schools in the US for programs in „technology and information policy" (US News and World Report 1998).

Research

Sponsored research has increased substantially during the short history of the School of Public Policy. During the past four years, sponsored research has moved from about $150,000 annually to more than $1,000,000, which is especially striking given that many of the School's faculty, particularly those in philosophy and political science, are in fields that traditionally are not likely to draw external support. Currently, there are more than 30 externally funded projects in the School. Research grants and contracts have come from three principal sources. First, public agencies, such as the National Science Foundation, National Institute of Standards and Technology, Economic Development Administration, the US Department of Energy, Department of Commerce, Environmental Protection Agency, Centers for Disease Control, and the Army Environmental Policy Institute. Second, non-profit organizations and foundations, including Resources for the Future and the Aspen Institute. Third, private companies, such as Eastman Kodak. This success in generating external sponsors of research has permitted extensive research and publication activity and, just as significantly, has permitted the School to provide research assistantships to virtually all of its full-time students. It also is extremely important in the School's educational mission by allowing students to participate in research projects and by bringing practical policy research methods and problems into the classroom.

Many faculty are research associates of interdisciplinary centers located in the School of Public Policy, including the State Data and Research Center, the Technology Policy and Assessment Center, and the Center for Science, Policy, and Outcomes (a joint program with Columbia University, based in Washington, D.C.). Faculty also collaborate with other Georgia Tech centers, such as the Georgia Tech Economic Development Institute, the Center for International Business, Education, and Research, and the University of Georgia European Union Center, and are engaged other research centers and policy institutes at national and international levels.

In addition to external funding of research, the School of Public Policy has been very successful at connecting with policymakers in other ways. Because public policy is not a traditional academic discipline, research and teaching in the field requires interaction with practitioners. It is of direct benefit to the research and educational missions of the School that its faculty have served as consultants to the EPA Science Advisory Board, the Hastings Institute, the World Wildlife Fund, the Governor's Commission on Effectiveness and Economy in Government, the Carnegie Commission on Science, Technology, and Government, the Department of Energy's Waste Education Research Consortium, the Georgia Center for Advanced Telecommunications Technology, the National Academy of Sciences, the Institute of Medicine, the

European Union, OECD, and the World Bank. In recent years the School's faculty have been invited to participate in research projects, advisory panels, and presentations in many countries around the world.

Issues and Challenges

The School of Public Policy faces the usual budgetary and logistical issues, but of particular interest are the strategic concerns related to the substance of what is taught and how the School is positioned in a US educational environment in which there are many choices offered to potential student recruits. The position of the School within the university and the challenges of managing in an interdisciplinary environment also offer valuable insights.

There has been ongoing discussion in the School about its focus on science and technology policy, the brand footprint that this projects, and its attractiveness to potential students. Concerns have been expressed that science and technology policy is not as recognized as a business degree or even a general public policy degree. Indeed, it is often necessary to explain what is meant by „public policy", what is taught to students and the degree of rigor in the field, and what value the education of public policy students offers to potential employers. This is a challenge likely to grow with the development of the School's teaching at the undergraduate level, where the BS in Public Policy will compete with numerous other more well known fields of study in attracting students.

Related to this, once students have entered the School, they have sometimes defined themselves too narrowly. For example, there have been master's students wishing to pursue special interests in environmental conservation policy for forest lands, but if they take all of their elective courses around this, they may find when they graduate that it is not easy to find a job. The faculty have discussed how much to support students to pursue highly specialized interests versus encouraging them to gain more breadth, for example to be able to work in multiple areas of environment policy rather than a single one. In practice, many students have found very successful careers in policy fields different than the substantive area on which they focused in their studies, indicating that the curriculum provides a flexible education to the graduate students.

Thus, the School continues to debate whether to be a school specializing in science and technology policy and related areas, or whether it should grow to be a broader public policy school – for example, by adding more emphasis on other areas of policy such as housing or social policy. The majority of the faculty see an advantage to continuing to focus on S&T, recognizing that as a new program in a technological university this is a field within which it can be especially competitive. While there are resource issues here (e.g. comparisons with general public policy schools in other universities with far more resources), the nub of the issue is about the best way to focus the School's contribution and the nature of institutional context in a technological university.

In fact, the strength of the School's research portfolio, the quality of students in the degree programs, and their success on the job market together indicate that the niche of S&T policy is not so narrow that it will constrain the growth of the School. The range of issues that can relate to the intersection of science, technology, and policy can be extended into areas that would not normally be considered relevant to S&T policy. For example, consider the challenges to policymakers of an aging population: programs such as public housing and transportation will need to be adjusted as the demographic disruption of the aging „baby boom" cohort requires technological adjustments to current designs for buildings, buses and subways, and other public amenities. Biotechnology is presenting enormous challenges and opportunities for policymakers, and the mission of Georgia Tech's School of Public Policy can be naturally extended into this domain. The School already is developing stronger connections with practising attorneys with an interest in technology and law. Numerous other extensions are possible, so the identification of the School as a center for „science and technology policy" is more of an opportunity than a limitation.

A very fundamental question is on the position of the School relative to the larger body of engineers and scientists around the university. There is a risk that the School, and the field of policy studies, could become a „policy appendage" to the technical projects that attract the most funding. Many US granting agencies now require applicant scientists and engineers to explicitly describe how the social, environmental, or economic impacts of a proposed research project will be considered, but some comply with this requirement by attaching a rather short policy component to the end of their proposals without thoroughly addressing the actual policy implications of their work. The faculty of the School could devote a large proportion of their time to being the „token policy conscience" that adds legitimacy to the work of others, but it is important that it undertake the more challenging task of educating engineers about the centrality of policy-related issues and the applicability and rigor of policy methodologies for what have traditionally been conceived as „pure" engineering questions.

Students in the program are deliberately chosen from different undergraduate backgrounds, bringing diverse questions and perspectives to the courses, but presenting a particular challenge to the masters program: with only two years to train a mixture of engineers, scientists, social scientists, philosophers, and even journalists, the design of the masters curriculum requires constant reevaluation. One great tension in an interdisciplinary program is that individual faculty may forcefully argue that their own specialty, be it economics, political science, policy analysis, methods, ethics, or another subject area, must be taught in the core. The danger is that this will result in an over-extended core and inadequate integration of subjects with one another. The School had some experience with this phenomenon during a recent university conversion from quarter-based academic system (with ten-week terms) to semesters (fifteen-week terms). As a result, some faculty sense a need to reduce the current core to allow students more time to pursue electives. The process of doing this will likely rekindle debates about the orientation of the School as a general or specialized program. Notwithstanding this particular issue, there is in any case an ongoing need to re-examine the content of the core curriculum taught to public policy students to ensure the centrality and integration of required topics. Such re-examinations need to be as much about approach and method as they are about balance and integration of disciplines. For example, attention needs to be paid to the balance between quantitative and qualitative approaches, the role of case study and practice-based teaching methods, and the degree to which students acquire broad professional analytical and presentation skills versus in-depth research capabilities.

In part, the refinement and integration of teaching in the School will be stimulated by external review and benchmarking. The School's own external advisory panel, comprised of prominent academics, policy analysts, and government representatives contributes here. But, beyond this, the process by which all colleges and universities are accredited increasingly requires formal procedures for assessment of educational programs. In most cases this entails the explicit description of educational objectives and the establishment of routinized processes for measuring learning outcomes (such as exit interviews with graduating students or surveys of post-employment alumni). For the School of Public Policy this formalization of evaluation presents several challenges, principally because of its extreme multidisciplinarity: with the exception of the core curriculum, there is not a standard body of knowledge that graduate students are expected to master. Students who focus on research evaluation will emphasize different methodological skills and policy knowledge than those who concentrate on environmental ethics. The formal assessment requirements are forcing the faculty of the School to address the commonalities and differences across the disciplines they represent.

This process will expose one of the inherent weaknesses in an interdisciplinary program: depending on the breadth of the range of disciplines, faculty must often agree to not disagree. What is an appropriate research question, technique, or criterion in one profession may differ widely from those in another field equally relevant to public policy: consider, for example, a methodological discussion between a philosopher of science with interests in the historical development of scientific disciplines and an economist trained in the application of geographic information systems. Although very interesting ideas may emerge from this discussion, there is also likely to be a lack of a common body of knowledge or a shared mode of discourse and analysis. In this case, the colleagues will most likely defer to the unknown but presumably respectable criteria of each other's discipline as apparently judged by each other's peers in their field. The result for faculty is a series of stimulating discussions (and some challenges in assessing performance for promotion, tenure, and salary increases). Recent faculty discussions indicate that progress can be made on these issues by focusing not so much on specific disciplines that should be highlighted above others, but on the core values that the School should promote in its teaching, research, and service. Nonetheless, the challenge for students is to weave a cloth with a meaningful pattern from the various brightly-colored threads of ideas with which the faculty equip them.

The formation of the Public Policy school was prompted, at least in part, by institutional desires to respond to new demands and needs in a more complex and globalized society. Yet, while internationalization and globalization present many opportunities to the Public Policy school, it also presents important challenges. One challenge is about the balance between focusing on state and local concerns versus issues broader afield (albeit that many local issues often have far broader dimensions). Globalization notwithstanding, the university remains a state institution and the state needs to see some direct relevance from what the faculty and students in public policy are doing, particularly in applying an developing tools of science and technology policy to aid state and local decision-making and evaluation. School faculty already have many close links at the state and local levels. It continues to be a priority to continue to strengthen these relationships.

Like all scholarly public policy programs, Georgia Tech's policy school will confront occasional political sensitivities, particularly as its analyses touch on issues of direct relevance to the state government and its political leaders. As a state institution, receiving substantial financial support from state lawmakers, Georgia Tech has a mission to support state policies, especially in economic development. With the state's current emphasis on high-technology economic growth, a possibility exists that policy analyses conducted by the School regarding S&T policy and economic development issues will occasionally contradict the policy preferences of institutional leaders or elected officials. Similarly, in practicing the philosophy of drawing attention to perspectives that might otherwise be overlooked, faculty and even students are likely to be involved with analyses and public interest groups whose recommendations differ from those favored by powerful political and business interests. Although political realism will inevitably influence how the School manages any resulting strains, the School will best serve the institute and the state through robustly ensuring not only scholarly independence and informed dialogue, but also high-quality and policy-relevant analyses and recommendations.

A second challenge related to globalization relates to the content and orientation of the School's curriculum. The research and policy experience of School faculty extends widely, to include developed, developing, and post-communist societies in Europe, Asia and the Pacific Rim, Latin America, and Africa. Drawing on this experience, faculty have opportunities to incorporate into their courses the particular circumstances facing these different societies, particularly in multiple areas of science and technology policy. Yet, even in a globalized world, location does matter – and the School, being located in an advanced technological institute in the southern United States, inevitably is dominated by the environment of values and experiences within which it finds itself. Particularly in the core curriculum, there remains a tendency to focus on US (and to a much lesser extent, European) policy processes, perspectives, and strategies. The challenge of systematically internationalizing the curriculum remains, although significant progress has been made as a result of a growing number of international students, visiting faculty, international exchanges, and projects, and cross-national distance teaching collaborations. As it continues to find appropriate partnering relationships with programs in other countries, the international breadth of the School of Public Policy will be enhanced.

In terms of where the School will go in the future, there are several likely directions. The School is already pushing for tighter institutional links with other parts of Georgia Tech in terms of collaboration with campus research centers. Collaboration with units of other universities is also a thrust, for example to develop joint programs and joint research centers; one possibility is a center for the study of biotechnology ethics and law, connected to the new joint graduate program in biomedical engineering between Georgia Tech and nearby Emory University. The School also plans to extend its teaching in new ways, particularly in continuing education, executive seminars and courses, and distance learning such as internet-based courses. Research efforts will continue to deepen, probably with a shift from individual faculty projects to team-based research projects often on a multi-institutional basis and with a growing number of international collaborations. In the high technology community that is emerging in the state, at the national level, and internationally, the School is well positioned to extend its role in building up the field of science and technology policy.

Conclusions

The still evolving experience of the Georgia Tech School of Public Policy presents several insights. The case illustrates the importance of institutional context in prompting the founding and direction of the School, especially in its focus on science and technology policy. The entrepreneurial framework found at the university encouraged the development of new interdisciplinary programs. Also critical were institutional leadership, faculty direction and involvement, and integration with related educational programs. The School's experience validates the real value of broad interdisciplinary approaches to public policy teaching, yet also the need for specialized areas of expertise to offer a series of science and technology policy concentrations. But with an interdisciplinary approach, there are also many challenges and debates in ongoing efforts to balance curriculum and manage growth. Finally, the increasingly global nature of the field and its subject matter raises issues related to state and local needs, institutional tensions, and curriculum content. We have tried to describe the nature of these issues, and how we have tried to address them.

Science and technology policy is a small, yet established field of study in the US in terms of programs and students. Yet, it is a field whose objects of inquiry are large in scale, scope, and importance. American industry and government will spend more than $200 billion on research and development in 2000, and expertise is needed to analyze and recommend the design and evaluation of those efforts. Furthermore, S&T policy has direct connections with a very wide range of other policy issues, including not only those with obvious technological connections (such as environmental, defense, energy, and transportation policy), but, increasingly nearly all other areas of policy (including employment, education, and criminal justice).

The significance of the field and its links with other domains provides many potential opportunities for growth. Perhaps the greatest challenge to programs such as the Georgia Tech School of Public Policy is not how it should broaden itself, but how it can retain a sharp focus on the specialized questions and methodologies of S&T policy while finding new applications for these tools in non-traditional policy areas. In its actual institutional environment this will require a major effort at educating the leaders of the university, state policymakers, and students about the central position of science and technology policy within the larger universe of diverse policy issues. Much progress has been made in the past few years toward achieving this task, in large part because of the strength of the School's faculty and the hard work of its students. As part of a modern university that will continue to evolve at a faster pace, keeping up with the changes in educational technologies, new demographic patterns and employment practices, and its fluid strategic position within the larger institutional environment, the School of Public Policy at Georgia Tech will undoubtedly have an exciting future.

References

Kuhlmann, S. (1998): Moderation of Policy-Making. Science and Technology Policy Evaluation Beyond Impact Measurement – The Case of Germany. In: Evaluation, 4:2, 130-148.

Lasswell, H. (1951): The Policy Orientation. In The Policy Sciences, 3-15. Edited by Daniel Lerner and Harold Lasswell, Stanford, CA.

McCool, D. (1995): Public Policy Theories, Models, and Concepts, Englewood Cliffs, NJ.

McMath, R. C., Jr., et al. (1985): Engineering the New South: Georgia Tech, 1885-1895, Athens, GA.

US News and World Report (1998): US Graduate Schools Ranking, US News Online, February.

Klaus Grimmer

Neue Anforderungen an die politikwissenschaftliche Lehre angesichts globalisierter Policy-Arenen

Vorbemerkung

Mein Beitrag ist keine wissenschaftliche Abhandlung. Ich bin weder Hochschul- und Berufsfeldforscher noch professioneller Studiengangsplaner – obwohl dies in der Vergangenheit ein deutscher Professor auch immer können mußte: neue Studiengänge organisieren, neue Studien- und Prüfungsordnungen entwickeln.

Mein Beitrag will Erfahrungen reflektieren und fragen wohin und wie kann es weitergehen mit der politikwissenschaftlichen Lehre in Diplom- und Magisterstudiengängen, in Lehramtsstudiengängen und als Service- besser Aufklärungsleistung für andere Studiengänge im Blick auf globalisierte Policy-Arenen.

Globalisierte Policy-Arenen – was ist das? In Vorbereitung dieses Beitrages ging ich schlicht von der Formel aus: Weltweite Interdependenzbezüge im ökonomischen, kulturellen, politischen und sozialen (ich wähle bewußt diese Reihenfolge) ohne klare Strukturen und vollständig bestimmbaren Ursachen – Wirkungsverhältnissen – oder wissenschaftlich ausgedrückt: Aufhebung halbwegs klarer Systemgrenzen, unklare Akteurkonstellationen und Prozeßabläufe[1].

1. Aspekte des Themas

Vor diesem Hintergrund verlangt mein Thema zwei Antworten – zum einen, was hat Inhalt politikwissenschaftlicher Lehre angesichts globalisierter Policy-Arenen zu sein, zum anderen, wie ist diese Lehre zu organisieren, damit sie Zuhörer, Abnehmer findet. Dies will ich nicht allgemein für einen beliebig globalisierten Ort diskutieren, sondern es geschieht von mir in Rücksicht auf die Universität Gesamthochschule Kassel und ihren Fachbereich Gesellschaftswissenschaften, ihre Fachgruppe Politikwissenschaft (womit wir trotz aller Globalisierung einen überschaubaren und lebenswerten Ort haben).

---

1 Hierzu in diesem Band die Beiträge von Meyer-Krahmer, S. 39, Grande, S. 79ff., Martinsen, S. 128

Natürlich erfolgt die Thematisierung ortsübergreifend, denn politikwissenschaftliche Lehrinhalte haben sich vielerorts zu bewähren. Auch die Entwicklung und Fortschreibung von politikwissenschaftlichen Studiengängen ist von der Organisation her heute ein die einzelne Hochschule übergreifendes Problem. Ortsgebunden sind die einsetzbaren Ressourcen, die Anknüpfungsmöglichkeiten an Vorhandenes und die Chancen zu interdisziplinären Vernetzungen. Mit dem Bezug auf die Universität Gesamthochschule Kassel ergibt sich als Gestaltungshintergrund eine sehr facettenreiche, noch junge und entwicklungsfähige Universität mit einem nicht sehr großen sozialwissenschaftlichen Fachbereich, aber einer guten Verwurzelung der Sozialwissenschaften in verschiedenen Studiengängen.

2. Studiengänge und Lehrinhalte

(2.1) Die herkömmliche politikwissenschaftliche Lehre behandelt als ihre Kernbereiche bzw. zentralen Problemfelder politische Theorie und politische Philosophie, das politische System der Bundesrepublik Deutschland, Analyse und Vergleich unterschiedlicher politischer Systeme (Komparatistik), internationale und intergesellschaftliche Beziehungen, differenziert sich dann eventuell weiter in Entwicklungspolitik, politische Ökonomie, politische Bildung und vor allem Methoden der Politikwissenschaft. Sie versucht in den einzelnen Feldern und insgesamt Systemstrukturen auszumachen, Interessen und Akteurkonstellationen zu benennen und Prozesse zu beschreiben. Grundkategorien – andere sprechen von Dimensionen – sind Macht, Ideologie, Normen, Kommunikation.

Zweifelsohne kann all dies zu wissen auch künftig interessant sein, vermittelt es doch ein Verständnis über einige politische Zusammenhänge und verschafft Handlungskompetenz.

(2.2) Nur, genügt es? Letztlich liegt dem Lehrkanon, wie er auch von der Kultusbürokratie abgesegnet ist, eine schön geordnete, strukturierte Welt zugrunde mit bestimmbaren Akteuren und Fahrplänen für Prozeßabläufe. Solche Vereinfachungen sind durchaus sinnvoll, um überhaupt ein politisches Verständnis aufbauen zu können und Chancen der Gestaltbarkeit und Mitgestaltung annehmen zu können.

Nur, wenn Globalisierung mehr Komplexität und mehr Interdependenz bedeutet, dann kann eine so ausgerichtete Ausbildung – hier unterstelle ich, daß Lehre immer auch auf Bildung und Ausbildung zielt – illusionäre Vorstellungen vermitteln.

Nehme ich beispielsweise das Buch von Altvater / Mahnkopf „Grenzen der Globalisierung" (3. Aufl. München 1997), dann verlangt dies, um es zu verstehen und kritisch nachvollziehen zu können umfassende ökonomische Kenntnisse und ich muß die Zusammenhänge von Gesellschaft und Ökonomie verstehen, muß Kenntnisse über die Logik des Kapitals aktivieren – die ich vielleicht schon mal während einer frühen marxistischen Studienphase besessen hatte, muß geographisches Verständnis haben und wissen, wie sich politische Macht aufbaut, muß Freund-Feind-Konstellationen, hier kann ich an Carl Schmitt anknüpfen, kennen, ich muß die Bedeutung von Information und Kommunikation und von Logistik wissen, muß Verhaltensweisen und Verhaltensreaktionen einschätzen und Möglichkeiten politischer Steuerung abschätzen können, und ich muß Einblick haben in die Nützlichkeit von Werten und ihre Bedeutungslosigkeit bei bestimmten ökonomischen und politischen Auseinandersetzungen und gegenüber bestimmten ökonomischen Interessen, muß etwas von Legitimation und Selbstbegründung menschlicher Lebensformen verstehen, ich muß einsehen, daß Demokratie nicht immer und Diktatur auch eben manchmal als politisch nützlich angesehen werden, und ich muß geschult sein hinsichtlich Fragmentierung, Verkoppelung und Entkoppelung und muß schließlich den Begriff governance – was soviel heißt wie alles ist irgendwie vernetzt – verwenden können und weiß letztlich, wenn ich nun studiert und aufgeklärt bin, wie wenig ich weiß und weiß, daß politikwissenschaftliche Lehre in globalisierten Arenen auch nur eine subjektiv begründete Auswahl ist von gerade aktuellem Wissen – wobei ich glücklicherweise nicht weiß was ich nicht weiß – oder?

Nehme ich als ein anderes Beispiel einen Antrag an die Deutsche Forschungsgemeinschaft auf Einrichtung eines Graduiertenkollegs zur Thematik „Globalisierung und Lokalisierung", also etwas eingeschränkt gegenüber dem Thema meines Beitrages, dann geht es um Strukturen, Deutungen und Handlungsorganisationen, um globale Räume und lokale Plätze, globale Prozesse und lokale Strukturen, globale Netze und lokale Entscheidungen als ein Beziehungsgeflecht, als „Reziprozität der Perspektiven". In dem Antrag wird beispielsweise empfohlen, Begleitveranstaltungen anzubieten zu Themen wie Globalisierung, Internationalisierung und Regionalisierung; vergleichende Institutionenanalyse; Konzepte und Methoden vergleichender Kommunal- und Regionalforschung, Untersuchungsmethoden und Techniken. Da dies aber noch sehr konventionell klingt, soll es außerdem Vertiefungsveranstaltungen geben, deren Themata sich mittelfristig aus den allgemeinen Fragen, die in Forschungskolloquien auftauchen, zu bestimmen haben, hierzu könnten gehören ein Kompaktseminar zu Theorie und Analyse (post)moderner und globaler Städte oder eines zur institutionellen Theorie der Organisation und zu qualitativen Organisationsgestaltungen. Diese Themenbeschreibung ließe sich fortsetzen, würde ich noch die in dem Kolleg wünschenswerten Promotionsvorhaben vorstellen. Das hier kurz skizzierte Studienprogramm wurde in der Begutachtung gelobt. Es stellt also sinnvolle Bausteine politikwissenschaftlicher Lehre zu globalisierten Policy-Arenen dar. Gleichzeitig aber wurde über all das, was ich bereits ausgeführt habe, eine Erweiterung verlangt, um rechtswissenschaftliche und wirtschaftliche Aspekte, eine noch weitere Ausgestaltung des Globalisierungsaspektes – und all dies in einem gesicherten theoretischen Zusammenhang. Womit sich letztlich doch wieder Unsicherheit auch anerkannter Fachvertreter darüber zeigt, wie politikwissenschaftliche Studiengänge künftig auszugestalten sind, um einerseits die Tradition und ihre Erkenntnisinhalte weiterzuvermitteln, andererseits aber auch Wissen und Gestaltungskompetenzen für neue politisch-gesellschaftliche Herausforderungen zu geben[2].

Also keine abgeschlossenen Antworten. Als wichtig werden angesehen Aussagen zur Struktur von Systemen und Prozessen, Analysefähigkeit, um Veränderungen erfassen, Wirkungszusammenhänge ausmachen, Antworten entwickeln zu können. Mit all dem ist aber noch nicht, wenn ich mich auf das übergreifende Thema „Innovationspolitik in globalisierten Arenen" beziehe, die Frage beantwortet, welcher Ausbildung bedarf es für Innovationspolitik in globalisierten Arenen[3]. Sicherlich all das Gesagte und Kenntnisse über den Verlauf von Innovationsprozessen[4], aber es kommt noch eine weitere Dimension hinzu, die normative – wonach ist diese zu bestimmen, nach der Machbarkeit, nach der Lebenserhaltung, nach Kapitalverzinsung oder Beschäftigungsstandard, nach Werten – welcher Art auch immer?

(2.3) Dies alles verlangt sehr viel von politikwissenschaftlichen Studiengängen und von der politikwissenschaftlichen Lehre: Vermittlung solider Grundlagen und Fähigkeiten, um nicht nur gegebene Systemstrukturen und Prozesse zu verstehen, sondern ihre tendenziellen Weiterwirkungen erfassen zu können. Dies erfordert mehr als früher, auch wenn es Wissenschaftsminister nicht gern hören, eine intensive Verbindung zwischen Forschung und Lehre[5]. Es ist deshalb fraglich, ob die alten Fachstrukturen auch künftig noch tragen. Jedenfalls zeigt es sich, daß politisches System oder internationale Politik oder Komparatistik nicht mehr allein in der bisherigen Form zu lehren sind, sondern gerade auch in ihren Verflechtungen erfaßt werden müssen[6]. Es erscheint mir auch fraglich, ob es genügt, einfach überall ein „und" anzufügen, also politisches System und globale Strukturen oder internationale Politik und internationale Ökonomie oder wie auch immer. Es wird in jedem dieser Felder viel wichtiger werden, einerseits die feldübergreifenden Inter-

---

2 Hierzu in diesem Band der Beitrag von Simonis, S. 97.
3 Zu Technologie- und Innovationspolitik in diesem Band Meyer-Krahmer, S. 35f., Grande, S. 84ff.
4 Hierzu in diesem Band Simonis, S. 99f.
5 Hierzu in diesem Band Meyer-Krahmer, S. 52.
6 Zu Politiken auf nationaler Ebene und jenseits des Nationalstaates in diesem Band Martinsen, S. 131, S. 140ff.

dependenzen und Wechselwirkungen aufzuzeigen und andererseits die feldspezifischen Grundstrukturen und Gestaltungsmöglichkeiten zu benennen[7] und dies in unsteten Prozessen, und es bedarf der Kenntnis eines vielfältigen Methodeninstrumentariums, um beispielsweise Innovationspolitik von der Ideenproduktion (im Labor, aber auch am Markt) bis zur soziotechnischen Innovation in Wirtschaft und Gesellschaft in den Blick zu nehmen, politische Rahmenbedingungen auszumachen, die wachsende Bedeutung von betrieblichen und überbetrieblichen Netzwerken, Internationalisierung und Globalisierung von Märkten sowie die wachsende Verflechtung von Produktion und Dienstleistung zu erfassen.

3. Entwicklung neuer Studiengänge

Ich wende mich meinem zweiten Schwerpunkt zu, Organisation politikwissenschaftlicher Studiengänge und also Entwicklung des hier skizzierten Lehrangebotes unter den eingangs genannten Bedingungen.

Die Antwort könnte konventionell und einfach sein: Wir berufen eine Hochschullehrerin, einen Hochschullehrer zum Beispiel eine oder einen der jüngeren Wissenschaftlerinnen oder Wissenschaftler, welche sich in diesem Band als profunde Sachkenner ausweisen und die oder der werden es schon richten, das heißt die üblichen universitären Mechanismen über Berufungsverhandlungen, Forschungseinrichtungen, neue Studiengangskommissionen und anderes geben uns das gewünschte (Von wem erwünscht: Fachbereichen, Dekanen, Hochschulpräsidenten, Kultusministerien, Verbänden und Industrie, Öffentlichkeit?) Ergebnis. Doch ich meine, so einfach war es einmal (wenn es einfach war).

(3.1) Zunächst, wie lassen sich Studiengänge heute entwickeln? Ein Verständnis davon, was künftig Lehrinhalte sein sollen, sagt nichts über die künftige Praxis von Studiengängen und die Realität universitärer Lehre. Die erste Schwierigkeit ergibt sich hinsichtlich dem was Inhalt sein soll. Wenn wir vorhin gewisse Leitlinien entwickelten, so handelt es sich dabei nicht um kanonisierte Inhalte, welche selbstverständlich sind. Wer entscheidet darüber, was künftig sinnvolle Lehre ist: die vergangenheitsbezogene Gewißheit einzelner oder der Spürsinn anderer, der faire Ausgleich zwischen jedermanns Interesse mit der Folge, daß die Professoren zu entsprechenden Pflicht- und Wahlpflichtveranstaltungen, die Studenten zu entsprechenden Scheinleistungen verpflichtet werden?

---

[7] Hierzu in diesem Band Grande, S. 92.

(3.2) Fragen wir weiter, wie gewinnen wir das inhaltliche Profil eines Diplom- oder Magisterstudienganges oder für die Lehramtsausbildung – also gekennzeichnet als wichtig, unerläßlich für schulische Allgemeinbildung bzw. politische Bildung. Ein Weg wäre, jeder lehrt nach seiner Fachkompetenz und jeder macht was er will – das mag angehen für Magisterstudiengänge, wo mit der Wahlfreiheit den Studierenden das Risiko der sinnvollen Profilbildung überlassen ist. Anders bei Diplomstudiengängen, hier übernimmt die Universität bzw. der Fachbereich eine gewisse Verantwortung, daß es für den Diplomstudiengang entsprechende Berufsfelder gibt und die Ausbildung dafür qualifiziert, in dem Berufsfeld erfolgreich tätig zu sein. Die Besinnung auf das Bewährte ist hier eine sichere Grundlage, aber nicht zukunftsicher. Etikettierung des Neuen, global-real als richtig und notwendig, bedarf seiner näheren Bestimmung, oder anders gewendet, wie „unsicher" darf ein Studiengang sein.

Meine These ist, die bisherigen Formen der Studiengangsentwicklung – es setzen sich drei oder vier Professoren, zwei Dozenten, einige Assistenten und mehrere Studenten zusammen, diskutieren und rechnen (Auslastungsquoten, Mitteleinsatz und Zumutbarkeit) – sind obsolet. Ein Blick in die Hochschulen – nicht nur hier in Kassel – zeigt, daß zum Leidwesen der Präsidenten und Kultusbürokraten kaum mehr ein Fachbereich in der Lage ist, einen Studiengang sinnvoll zukunftsfähig weiterzuentwickeln, noch weniger einen neu zu entwickeln – sollen es mehr als ästhetische Worthülsen oder sollen es mehr als programmierte Schein-Pflichten sein. Es bedarf einer neuen Funktionsteilung. So wie der Richter nicht gleichzeitig die Verfahrensordnung aufstellt und danach judiziert, bedarf es eigener Einrichtungen in den Hochschulen, welche Rahmendaten für die Weiterentwicklung von Studiengängen und Schwerpunkte in der Lehre festlegen. Letztlich geht es dabei immer um ein magisches Fünf- oder Siebeneck. Es ist ein Ausgleich zu schaffen zwischen sicherem Grundwissen, neuen Erkenntnissen, persönlichen Forschungsinteressen, institutionellen Vermittlungsfähigkeiten, Kombinationsfähigkeiten zwischen verschiedenen Lehrpersonen und also auch Lehrinhalten, Rezeptionsfähigkeit von Studenten, arbeitsmarktpraktischen Erwartungen, und es ist eine sinnvolle Strukturierung in Grund- und Hauptstudium, Vertiefungsstudium und Schwerpunktbildung vorzunehmen[8] – und all dies ist durch ein gutes Marketing als Verkaufsschlager anzubieten, um im universitären Wettbewerb Spitze zu werden. Ich spreche damit nicht für eine weitere Bürokratisierung der Studiengänge und Lehrinhalte, sondern mir geht es darum, das Mögliche zu beschreiben, um das Notwendige entwickeln zu können.

Möglich ist auch eine weitere Modularisierung von Studiengängen und Studienangeboten. Solche Module werden zwischen Hochschulen oder zwischen Hochschulen und freien Trägern ausgetauscht, kapitalkräftige Hoch-

---

8   Hierzu in diesem Band Simonis, S. 107f.

schulen können sich teure Module einkaufen, die anderen müssen sie vielleicht selbst produzieren. Das Wahlrisiko bleibt bei den Studenten, das Erfolgsrisiko bei den Professoren. Die Hochschul- und die Fachbereichsverwaltungen können „verschlankt" werden zu Vermittlungs- und Angebotsagenturen.

Empfehlenswert ist in jedem Fall die Etablierung von Aufbau- und weiterbildenden Studiengängen, um Absolventen alter politikwissenschaftlicher Studiengänge oder aus anderen Fachgebieten an neue Fragestellungen und Entwicklungen zu Innovationspolitik angesichts globalisierter Policy-Arenen heranführen zu können und so auch als Hochschule innovativ zu wirken[9].

(3.3) Wir sprachen bislang vor allem über Studieninhalte der Politikwissenschaft angesichts globalisierter Politikarenen und die Organisation solcher Studieninhalte zu neuen Studiengängen.

Universitäten sind selbst Teil dieser globalisierten Policy-Arenen, und wenn es demnächst nicht mehr so sehr darauf ankommt, zum Beispiel hessisch-spezifische Strukturelemente (vielleicht noch in der professionellen Lehrerausbildung) und auch nicht mehr so sehr bundesrepublik-spezifische Inhalte zu studieren, dann gibt es keinen Grund, warum ein Student nach Kassel und nicht nach Enschede, Tilburg, Bern oder Wien, vielleicht auch Krakau gehen soll.

Oder, vielleicht aus Gründen der eigenen Dummheit, weil er nicht genügend Sprachkenntnisse hat oder weil er ungenügend ökonomisch begabt ist, um Lebenshaltungskosten und Studienkosten zu vergleichen (welcher Vergleich einfacher wird, wenn es überall Studiengebühren gibt und alles in Euro zu bezahlen ist) – ein solcher Student hat die praktische Relevanz globalisierter Policy-Arenen für sich selbst noch nicht verstanden.

(3.4) Und welche Chancen gibt es für mittelgroße Universitäten mit wenigen politikwissenschaftlichen Professuren, welche im Zweifelsfall zum Nutzen von Technik oder Naturwissenschaften (beide haben sich längst globalisiert) gestrichen werden – ganz im Sinne globaler Wettbewerbe: immer größer, immer mehr oder gar nicht.

Die Antwort liegt bereits in dem zuvor Ausgeführten: immer größer, immer mehr scheidet aus, Rückzug aufs Provinzielle – Regionaluniversität mit regionalbezogener Politikwissenschaft, welche hin und wieder ein Fenster in die weite Welt öffnet, widerspricht den zuvor formulierten Ansprüchen. Es bedarf einiger arbeitswütiger, geschäftstüchtiger, kluger und intelligenter, realistischer Idealisten, welche auch an einer solchen Hochschule global, regional und lokal verbinden, für die es ein Vorteil ist, daß es nicht mehr die Sicherheit eines kanonisierten Studienganges gibt, sondern neue, theoretisch interessante und praxisrelevante Studienangebote gefragt sind. Es gilt der

---

9   Hierzu in diesem Band Balthasar, S. 121.

Versuch, durch besondere Konstruktionen und solide Grundausstattungen das scheinbar Provinzielle zum allgemein Interessanten zu machen. Es gilt, Verbindung von organisierter Persönlichkeit (für qualitativ hochstehende Forschung) mit der personalisierten Organisation für studentennahe Lehre zu schaffen. Ich halte diesen Weg nicht für aussichtslos. Da sich alle Hochschulen um Profilbildung bemühen müssen und einem Differenzierungsdruck unterliegen, verbessern sich sogar die Chancen für kleine Universitäten, etwas Besonderes zu sein – die Rechtsfakultät in Tilburg ist ein Beispiel dafür. Es bedarf aber auch neuer Formen engagierter Lehre.

(3.5) Abschließend eine Nachbemerkung. Wenn die Zeichen nicht täuschen, haben wir es mit einer zunehmenden Entkoppelung zwischen dem Hochschulsystem und dem übrigen politischen System zu tun. Die Hochschulen erhalten Kompetenz zur Eigenentwicklung, sie individualisieren sich. Die Koppelung zum politischen System besteht nur noch in der geforderten Einhaltung administrativer Verfahren und der Bereitstellung von Ressourcen. Manche sehen darin eine neue „operative Autonomie" der Hochschulen (Hans Brinckmann, Die neue Freiheit der Universität, Berlin 1998). Eine pessimistische Deutung wäre, die Gesellschaft hat die Hochschulen aufgegeben, es wird nur noch gefördert, was unmittelbar verwendbar und kurz- oder mittelfristig gewinnträchtig verwertbar ist, dies betrifft vor allem rasch umsetzbare Forschungsarbeiten. In Lehre, Ausbildung und Bildung ist es dann Aufgabe der Hochschulen, jungen Menschen zwischen Schule und Arbeitslosigkeit einen kurzweiligen und manchmal lehrreichen Aufenthaltsort zu bieten, manchmal auch die Fähigkeit zur Selbstentfaltung und arbeitsgebundener Gesellschaftsgestaltung zu vermitteln.

Die Autoren

Andreas Balthasar, Interface Institut für Politikstudien, Luzern

Richard Barke, School of Public Policy, Georgia Institute of Technology, Atlanta

Edgar Grande, Technische Universität München, Lehrstuhl für Politische Wissenschaft

Klaus Grimmer, Universität - Gesamthochschule Kassel, Fachbereich Gesellschaftswissenschaften und Forschungsgruppe Verwaltungsautomation

Eike Hennig, Universität - Gesamthochschule Kassel, Fachbereich Gesellschaftswissenschaften

Stefan Kuhlmann, Fraunhofer-Institut für Systemtechnik und Innovationsforschung (ISI), Karlsruhe

Renate Martinsen, Institut für Höhere Studien, Wien

Frieder Meyer-Krahmer, Fraunhofer-Institut für Systemtechnik und Innovationsforschung (ISI), Karlsruhe, und Université Louis Pasteur, Straßburg

Rolf-Dieter Postlep, Universität - Gesamthochschule Kassel, Fachbereich Wirtschaftswissenschaften, und Deutsches Institut für Wirtschaftsforschung, Berlin

Philip Shapira, School of Public Policy, Georgia Institute of Technology, Atlanta

Georg Simonis, Fernuniversität Hagen, Institut für Politikwissenschaft